Helmut Hark / Mechthild Pouplier / Ingrid Riedel / Gert Sauer

TIER-TRÄUME

TIER-TRÄUME

Von der Klugheit unserer Instinkte

Mit Beiträgen von
Helmut Hark, Mechthild Pouplier, Ingrid Riedel und
Gert Sauer

Herausgegeben und mit einem Vorwort von
Helmut Hark

Walter Verlag Zürich und Düsseldorf

Die Deutsche Bibliothek – CIP-Einheitsaufnahme

Tier-Träume : von der Klugheit unserer Instinkte / mit Beitr. von Helmut Hark ... Hrsg. und mit einem Vorw. von Helmut Hark. – Zürich ; Düsseldorf : Walter, 1998
ISBN 3-530-40043-2

Satz: Utesch GmbH, Hamburg
Druck und Bindung: Grafo
ISBN 3-530-40043-2

Inhalt

Anhang

Einführung

Von Helmut Hark

Von Tieren zu träumen kann eine Vielzahl von Reaktionen auslösen und innerseelische Erlebnisqualitäten erwecken. In meiner therapeutischen Praxis träumten wiederholt Männer von verhungerten oder kranken Tieren und wurden dadurch angerührt und animiert, eine Begegnung mit diesen Tieren zu suchen und sich um sie zu kümmern oder sich für den Schutz der Tiere zu engagieren. Andere wurden durch derartige Träume an eigene körperliche Verletzungen erinnert und bemühten sich um die Heilung dieser bisher wenig beachteten Störungen. Eine Frau erlebte nach dem Tod ihres geliebten Katers so etwas wie Tröstung und Hilfe bei der Trauerarbeit, wenn der «Bär» – so hieß der gestorbene Kater – in den Träumen sein lustiges Treiben zeigte oder mit der Träumerin schmuste. Ähnliches bezeugt die bekannte Schriftstellerin Luise Rinser, wenn sie schreibt: «Es gibt Augenblicke, in denen ich die ewige Verbundenheit meiner Seele mit der meines Hundes fühle, und mein Hund, auf seine Weise, dasselbe fühlt.»

Weitere Erkenntnisse können Sie, verehrte Leserin, und Sie, verehrter Leser, gewinnen, wenn Sie bei Ihren eigenen Tierträumen überlegen, ob sich das geträumte Tier anläßlich einer früheren Begegnung tief in Ihre Seele eingeprägt hat und warum es gerade zu diesem Zeitpunkt vor Ihr inneres Auge tritt. Wer erinnert sich nicht an die zärtlichen Gefühle in der Kindheit beim Streicheln des geliebten Haustieres? Andererseits gibt es auch die Angstträume, die uns daran erinnern, wie wir von einem Hund gebissen wurden oder beim Reiten vom Pferd gefallen sind und uns den Arm gebrochen haben. Noch wesentlicher für die Deutung von Tierträumen als die Beachtung der im Unbewußten gespeicherten Eindrücke früherer Erlebnisse ist nach therapeutischen Erfahrungen der sogenannte Ausdruckscharakter des Tieres im Traum. In der Traumtherapie ist es immer wieder erstaunlich zu sehen, daß die Seele im geträumten Tier den bestmöglichen Ausdruck findet für ein gestörtes Körpergefühl, für psychoneurotische Blockaden oder geistige Höhenflüge unserer Gedanken. Um diesen Ausdruckscharakter des Tieres im Traum mit wachem Bewußtsein nachzuerleben, empfiehlt es sich, in einem der vielen Tierbücher nachzuschlagen und das typische Verhalten des jeweiligen Tieres zu der eigenen Lebenshaltung in Beziehung zu setzen, um dadurch bisher unbewußte Persönlichkeitsanteile zu verstehen.[2]

Im Bereich der Geriatrie ist die positive Wirkung, die der Umgang mit Tieren auf alte Menschen hat, durch zahlreiche Untersuchungen belegt. Professor Erhard Olbrich vom psychologischen Institut der Universität Erlangen-Nürnberg schreibt dazu: «Tier- und Humanmediziner, Biologen und Psychologen, Sozial- und Humanwissenschaftler entdecken eine uralte Erfahrung wieder: Eine intakte Beziehung zur Natur und zu unseren Mitlebewesen – den Menschen, Tieren und Pflanzen – fördert ein Erleben von Einbettung in Gemeinschaft und Umwelt, sie beugt der Vereinsamung vor und wirkt sich positiv auf die psychische und physische Gesundheit und Lebensqualität von Menschen aus.»[3]

In dieser Studie werden zahlreiche Ergebnisse über die Verbesserung der Lebensqualität und der geistig-seelischen Gesundheit aufgrund der Beziehung zwischen Menschen und Tieren angeführt. Der Umgang mit Tieren, insbesondere Haustieren, führt zu folgenden positiven Effekten:

- Sie sind Gefährten.
- Wir müssen für sie sorgen, werden von ihnen gebraucht.
- Sie regen uns zu angenehmen Aktivitäten an.
- Sie sind konstante Bezugspersonen in unserem ständig sich verändernden Leben.
- Sie geben uns ein Gefühl der Sicherheit.
- Sie bringen uns wieder zum Spielen und Lachen.
- Sie sind ein Stimulus für körperliches Training.
- Sie trösten uns durch ihre Berührung.
- Es macht Spaß, ihnen zuzuschauen.[4]

C. A. Meier, ein Zeitgenosse und Mitarbeiter von C. G. Jung, hat in seinen wissenschaftlichen Forschungen aufgezeigt, daß wir

Menschen aufgrund unserer archetypischen Anlage – die auf unserer Evolution aus dem Tierreich beruht – auf den Umgang mit Tieren angewiesen sind. In einer Zeit, in der viele Menschen, insbesondere in Städten, infolge der beengten Wohnverhältnisse oder aus anderen Gründen keine Tiere halten können, haben Träume von Tieren eine wichtige Ersatzfunktion. Die sinnlichen Gefühle, die Menschen nicht mehr beim persönlichen Umgang mit Tieren erleben können, scheinen in ihre Träume ausgewandert zu sein. Im Sinne der Tiefenpsychologie von C. G. Jung sprechen wir von einer kompensatorischen Funktion derartiger Erfahrungen, indem wir in unseren Träumen das erleben, was im realen Leben keinen Platz hat. Es scheint ein psychodynamisches Grundgesetz des seelischen Erlebens zu sein, daß diejenigen Gefühle und Erfahrungen, die wir am Tage und in unserem bewußten Erleben nicht wahrnehmen oder nicht wahrhaben wollen, sich nachts, wenn die Kontrollinstanzen ausgeschaltet sind, in den Träumen zeigen. Wenn wir den «animalischen» Teil unserer psychischen Potentiale, den die Tiere in den Träumen an den Tag bringen, unbeachtet lassen, schränken wir unsere grundlegenden Erlebnisqualitäten ein.[5]

Wie schon erwähnt, scheint es für unsere seelische Balance, für unsere körperliche Gesundheit und letztlich wohl auch für unsere bewußte geistige Orientierung von großer Wichtigkeit zu sein, uns mit den Tieren um uns und in uns zu beschäftigen. Dies kann geschehen, indem wir Tiere in unserer Umgebung und im Zoo genau beobachten und ihr Verhalten auf uns wirken lassen, wie dies Rainer Maria Rilke meisterhaft und mit eindrucksvollen Sprachbildern in seinem bekannten Gedicht *Der Panther* beschrieben hat:

Sein Blick ist vom Vorübergehn der Stäbe
So müd geworden, daß er nichts mehr hält.
Ihm ist, als ob es tausend Stäbe gäbe
Und hinter tausend Stäben keine Welt.

Der weiche Gang geschmeidig starker Schritte,
Der sich im allerkleinsten Kreise dreht,

♈ Widder	Allgemein eher Raubtiere, angreifende, jagende Tiere, Geschlecht vor allem männlich; z. B. Widder, Wolf, Jagdhund, Ratte, Raubvogel, Mustang, Tiger, Schafe
♉ Stier	Allgemein eher domestizierte Tiere, Pflanzenfresser, in Gruppe lebend, Geschlecht weiblich; z. B. Kuh, Büffel, Haushund, Taube, Hirtenhund, Kaltblutpferd, Brauereipferd, Dackel, Basset, Hausschwein, Nashorn
♊ Zwillinge	Allgemein eher Tiere der Luft, Insekten, bewegliche, gelehrige Tiere, Geschlecht männlich; z. B. Bienen, Hummeln, Gänse, Mücken(schwärme), Pudel, Affen, Hühner
♋ Krebs	Allgemein eher anhängliche Haustiere, friedlich, schutzbedürftig, weiblich, pflanzenfressend, fruchtbar sich vermehrend; z. B. Kaninchen, Hase, Ente, Krebs, Frosch, Seehund, Robbe, Flußpferd, Hamster, Meerschweinchen, Muscheln, Seestern, Hohltiere, Seegurke, Würmer, Schnecken
♌ Löwe	Allgemein eher Raubtiere, vor allem der Katzenfamilie, männlich, Einzelgänger, schwer domestizierbar, prunkvoll; z. B. Löwe, Luchs, Katze, Panther, Dogge, Vollblutpferd, Adler
♍ Jungfrau	Generell eher Haus- und Nutztiere, arbeitsam, gelehrig, weiblich; z. B. Insekten der Erde wie Ameise, Käfer, Haflingerpferd, Schlittenhund, Marabu, Fuchs (der Schlaue)
♎ Waage	Generell eher Ziertiere und grazile Tiere; z. B. Lippizaner, Pfau, Flamingo, Zierpudel (franz. Schnitt), Yorkshire-Terrier, Paradiesvogel, Dalmatiner, Collie, Reh, Hirsch

♏ Skorpion	Allgemein eher Raubtiere, aber auch Echsen, Reptilien, Aasfresser, Amphibien; z. B. Krokodil, Schlange, Spinne, Skorpion, Geier, Hyäne, Truthahn, Römischer Kampfhund, Dobermann, Kröte, Hai, Bulldogge, Nashorn, Polyp, Tintenfisch, Chow-Chow, Ratte, (große) Bären
♐ Schütze	Generell eher gutmütige wuchtige Tiere wie Pferde allgemein, Bernhardiner, Schwan, Pelikan, Schwein, Elefant, Eule, Uhu
♑ Steinbock	Generell eher Einzelgängertiere, genügsam, Arbeitstiere, Bergtiere; z. B. Steinbock, Ziege, Esel, Rabe, Bergdohle, Schäferhund, Muli
♒ Wassermann	Generell vor allem Vögel, aber auch skurrile, bizarre Tiere; z. B. Känguruh, Zebra, Giraffe, Krähen, Eisvogel, Star, Eichelhäher, Afghane, Windhund, Schmetterling, Libelle, Pekinese, Yorkshire-Terrier, Rehpinscher
♓ Fische	Generell eher Fische (weniger Raub-), Mischformen zwischen Pflanze und Tier, zerbrechlich-zarte Tiere; z. B. Einzeller, Plankton, Qualle, Seepferdchen, Muschel, (Silber-)Reiher, Promenadenmischung-Hund, Weichtiere, Lurche

Zuordnung von Tieren zu den Sternzeichen
(aus: R. Klein und R. Dahlke: Das senkrechte Weltbild. Symbolisches Denken in astrologischen Urprinzipien. © Hugendubel, München 1986)

Ist wie ein Tanz von Kraft um eine Mitte,
In der betäubt ein großer Wille steht.

Nur manchmal schiebt der Vorhang der Pupille
Sich lautlos auf. – Dann geht ein Bild hinein,
Geht durch der Glieder angespannte Stille –
Und hört im Herzen auf zu sein.

Ich möchte die ausdrucksstarken Sprachbilder von Rilke im Hinblick auf die Deutung von Tierträumen mit einigen Anmerkungen erweitern: Wenn wir unsere animalischen Triebkräfte verdrängen, können sie im Traum ebenfalls eingesperrt oder krank erscheinen, wie der Panther hinter tausend Stäben. Eine weitere Erfahrung spiegeln die Sprachbilder der zweiten Strophe. Von vielen Analysanden und Träumerinnen habe ich Alpträume gehört, in denen sie mit ihrem Willen vergebens versuchen, ein angstmachendes Tier zu bekämpfen oder sich vor ihm in Sicherheit zu bringen. Integrieren wir die Triebkräfte, die im «Tanz von Kraft um eine Mitte» des Panthers zum Ausdruck kommen, in unsere Lebensgestaltung, statt sie zu bekämpfen, indem wir sie wie ein Pferd oder ein Zugtier vor unseren Lebenswagen spannen, dann können uns diese animalischen Kräfte dienen, unser Leben bereichern und unsere Lebenskraft stärken.

Die Astrologie gibt uns durch ihre Zuordnungen der Tiere zu den zwölf Tierkreiszeichen (siehe S. 12 f.) weitere Anregungen zum Verständnis der Tierträume.[6] Da jeder Mensch in den entsprechenden Lebensphasen an diesen archetypischen Mustern Anteil hat, kann auch dieses Modell hilfreiche Anregungen geben, warum wir zu einem bestimmten Zeitpunkt (die alten Griechen nannten ihn «kairos») von einem bestimmten Tier träumen.

In manchen Träumen mit besonders beeindruckenden Tiersymbolen kann unser «Seelentier» auch eine spirituelle Bedeutung haben. Dazu schreibt C. G. Jung:

«Die Macht der Gottheit offenbart sich nicht nur im Geiste, sondern auch in der wilden Triebhaftigkeit der Natur innerhalb und außerhalb des Menschen.»[7]

Aniela Jaffé, eine seiner engsten Mitarbeiterinnen, schreibt in diesem Zusammenhang:

«*Vom psychologischen Gesichtspunkt aus weisen die Tierattribute Christi darauf hin, daß auch der Sohn Gottes, die höchste Menschengestalt, der Instinktnatur ebenso wenig entraten kann wie seiner überlegenen Geistnatur. Nicht nur das Geistige, auch das Naturhafte wird als numinos erlebt. Beides transzendiert die Ich-Persönlichkeit und wird darum dem Bereich des Göttlichen zugeordnet. Aber beide – Instinkt- und Geistnatur – gehören zur Ganzheit des Menschen, zum Selbst.*»[8]

Es ist nicht zuletzt diese spirituelle Lebensqualität der Tiere, die den Apostel Paulus veranlaßte, in seinem Brief an die Römer insbesondere diejenigen, die sich im Glauben als Söhne und Töchter Gottes bezeichnen, zu ermahnen, das sehnsüchtige Warten der ganzen Schöpfung – und damit auch der Tiere – auf Erlösung zu beachten.[9] Der Theologe Paul Althaus schreibt dazu, daß durch den ganzen Kosmos eine Klage und eine Sehnsucht nach Erlösung zu hören sei.[10] Vielleicht machte auch Jesus am Anfang seiner öffentlichen Wirksamkeit, als er vierzig Tage in der Wüste fastete, eine spirituelle Erfahrung mit den Tieren, denn der Evangelist Markus schreibt: «Er lebte bei den wilden Tieren, und die Engel dienten ihm.»[11]

Aus der Vielfalt der Tiere, die in den Träumen als Bilder der seelischen Triebkräfte vorkommen, wurden für dieses Buch vier Tiere ausgewählt, die oft als Traummotiv in Erscheinung treten: Vogel, Fuchs, Fisch und Schlange.

Mein Beitrag handelt von Vogelträumen. Vögel verweisen durch ihr Leben im Luftraum auf die seelische und geistige Dimension unseres Lebens, insbesondere sind sie ein Ausdruck für innere Entwicklungsprozesse. Mit den Vögeln in den Träumen bekommt unsere Seele Flügel und enthebt uns eine Zeitlang der Erdenschwere und der Alltäglichkeit. Wenn wir ihnen im Traum unsere liebevolle Aufmerksamkeit widmen und in der Phantasie mit ihnen fliegen, dann ahnen oder spüren wir etwas von der

Leichtigkeit des Seins. Schwarze Vögel in Träumen können uns andererseits ermahnen, uns mit negativen Gedanken oder Stimmungen auseinanderzusetzen, oder sie erscheinen als Boten des nahenden Todes.

Anhand des Traumbildes Fuchs zeigt *Ingrid Riedel* beispielhaft, daß Tiere uns an die Klugheit unserer Instinkte erinnern. Im Fuchs zeigt sich unsere instinktiv-intuitive Seite in ihrer hilfreichen und in ihrer bedrohlichen Form. In vielen Träumen erweist er sich als ein wissender, hilfreicher Ratgeber aus dem Unbewußten. Ist unsere Beziehung zu unserer Instinktseite jedoch zu sehr vernachlässigt, können uns Träume vom tollwütigen Fuchs auf dieses Problem aufmerksam machen.

Den wesentlichen Bedeutungen des Traumsymbols Fisch geht *Mechthild Pouplier* nach. Fischträume geben Aufschluß vom Leben in der Tiefe unserer Psyche. Die Fische können Symbol sein des stummen und unsagbar erscheinenden Leides, sie erscheinen aber auch als Fruchtbarkeitssymbol, das bisher unbeachtete kreative Kräfte ins Bewußtsein bringt. Besonders faszinierende und außergewöhnliche Fische können ein Symbol des Selbst sein, des innersten Zentrums der Persönlichkeit.

Auf die vielfältigen Bedeutungen von Schlangenträumen geht *Gert Sauer* ein. Schlangen in Träumen erinnern ganz besonders an das geheimnisvolle Zusammenwirken von Leib und Seele. Sie haben mit dem Körpergefühl zu tun und lassen sich daher häufig mit psychosomatischen Erkrankungen in Verbindung setzen. Schlangen in Träumen tragen aber auch in besonderer Weise zur Selbsterkenntnis und Selbstverwirklichung bei.

In den bisherigen Ausführungen haben wir die Bedeutung der Tiere und deren Symbolisierung in unseren Träumen in bezug auf unser Wohlergehen betrachtet. Häufig benutzen Menschen dabei die Tiere in einer egoistischen Weise. Daher ist mir ein Anliegen, in einem Schlußkapitel über den Schmerz der Tiere und ihre Todesschreie deutlich zu machen, welche Verantwortung wir für das Leben der Tiere, ihren Schutz und ihre artgerechte Haltung haben.

Für diejenigen Leserinnen und Leser, die einen eigenen Tiertraum deuten möchten, habe ich im Anhang eine Checkliste mit sechzehn Fragen zum Selberdeuten von Träumen zusammengestellt. Sie soll Ihnen ermöglichen, einen Zugang zu der ganz persönlichen Bedeutung Ihrer Tierträume zu finden. Vier zentrale Gesichtspunkte, die Sie beim Erkunden Ihrer eigenen Tierträume beachten sollten, möchte ich Ihnen schon jetzt auf den Weg geben. Sie werden diesen Fragestellungen in den nun folgenden Beiträgen immer wieder begegnen:

1. Als erstes mögen Sie das geträumte Tier in Ihrem *lebensgeschichtlichen Kontext* anschauen und sich fragen, welche persönlichen Erfahrungen Sie mit dem geträumten Tier gemacht haben.
2. Als nächstes mögen Sie nachspüren, ob das geträumte Tier *Ausdruck ist von bestimmten Gefühlen* oder ob es solche erweckt und damit verschüttete emotionale Kanäle zu Ihrem Unbewußten öffnet. Solche Träume führen uns zur emotionalen Dimension unseres seelischen Erlebens.
3. Als dritter wesentlicher Gesichtspunkt ist die *symbolische Bedeutung* des geträumten Tieres zu nennen, die aus der Kulturgeschichte und aus den Religionen erschlossen werden kann.
4. Schließlich eröffnen uns die Tiere im Traum manchmal auch eine *spirituelle Dimension* und verweisen damit auf eine religiöse Bedeutung für uns.

Ich wünsche Ihnen spannende Erlebnisse und hilfreiche Erkenntnisse beim Lesen der nun folgenden Traumbilder.

Anmerkungen

1 Luise Rinser, in: E. Drewermann: *Über die Unsterblichkeit der Tiere*. Hoffnung für die leidende Kreatur. Walter, Olten 1990, S. 9.

2 Zum Beispiel B. Grzimek (Hrsg.): *Grzimeks Enzyklopädie Säugetiere*. Kindler, München 1988. H. Egner (Hrsg.): *Tier – Pflanze – Mensch*. Walter, Solothurn und Düsseldorf 1993.
Wer weder durch reale Erfahrungen noch durch Träume einen Zugang zu Tieren gefunden hat, könnte dies in kreativer Weise durch das indianische

Tier-Tarot finden. J. Sams und D. Carson: Karten der Kraft. Windpferd, Durach 1989. Es handelt sich um ein schamanistisches Einweihungsspiel mit 44 Tier-Karten und einer Deutung dieser Tiere.
Ferner danke ich der Biologielehrerin Elisabeth Send für die fachkundige Beratung.

3 E. Olbrich: Die Bedeutung von Heimtieren für Gesundheit und Lebensqualität älterer Menschen. In: K. Mertens (Hrsg.): *Aktivierungsprogramme für Senioren.* Verlag modernes Lernen, Dortmund 1997.

4 a.a.O.

5 C. A. Meier: *A Testament to Wilderness.* Daimon, Zürich 1985.

6 N. Klein und R. Dahlke: *Das senkrechte Weltbild.* Symbolisches Denken in astrologischen Urprinzipien. Hugendubel, München 1986, S. 212.

7 C. G. Jung: *Gesammelte Werke*, Bd. 12. Walter, Olten 1972, S. 528.

8 A. Jaffé, in: C. G. Jung et al.: *Der Mensch und seine Symbole.* Walter, Olten 1968, S. 238.

9 Römer 8,19. Das sehnsüchtige Warten der Tiere auf Befreiung kann nach dem griechischen Urtext dieser Stelle übersetzt werden: «Mit vorgestrecktem Kopf auf etwas zu lauern, indem man der zu erwartenden Befreiung mit Spannung entgegensieht.»

10 Paul Althaus zur Stelle, in: *NTD*, Der Brief an die Römer. Vandenhoeck und Ruprecht, Göttingen 1954.

11 Markus 1,13, nach der ökumenischen Einheitsübersetzung.

TRÄUME VON VÖGELN

Von Helmut Hark

Einleitung

Es gibt mehrere Beweggründe, warum ich mich in diesem Sammelband über Tierträume gerade mit den Vögeln und dem Federvieh in den Träumen befasse. Einige will ich kurz benennen: Als Bauernjunge bin ich in Pommern zwischen dem Federvieh aufgewachsen und habe oftmals mit kindlichem Staunen miterlebt, wie die Küken, die kleinen Gänse und Enten aus dem Ei schlüpften und heranwuchsen. Ebenso beobachtete ich gerne Vogelnester und konnte oft stundenlang zusehen, wie die Vögel brüteten und die Jungen versorgten. Auf diesem Hintergrund dürfte es verständlich sein, daß in meiner eigenen Traumanalyse die gespeicherten Eindrücke über Vögel zum Symbol wurden, um seelische Empfindungen oder geistige Ideen auszudrücken. Durch die genannten äußeren Erfahrungen und die inneren Traumbilder wurde ich besonders sensibilisiert und analytisch gebildet, um für die vielen Tierträume meiner Patienten und Patientinnen und speziell für die Vogelträume meiner zahlreichen Seminarteilnehmer und -teilnehmerinnen ein spezielles Augenmerk zu haben.

Sie, verehrte Leserin, und Sie, geehrter Leser, können aus meinen Erfahrungen bereits einen ersten Erkenntnisgewinn ziehen, indem Sie überlegen, welche Erinnerungen Sie an einen Vogel haben, der letzthin in einem Ihrer Träume erschienen ist. Der Traum könnte diese Erinnerungen als den bestmöglichen Ausdruck eines Gedankens oder eines Wunsches in der Gegenwart – vielleicht die Sehnsucht, frei zu fliegen wie ein Vogel – aufgenommen haben. Daher mögen Sie überlegen, welche Wechselwirkungen und Wechselbeziehungen es in Ihrem Traum gibt zwischen den gespeicherten Eindrücken einer bestimmten Erfahrung mit dem betreffenden Vogel und dem, was Sie zur Zeit des Traumes bewegt hat. Für eine vertiefte Auseinandersetzung mit solchen symbolischen Verdichtungen in unseren Träumen möchte ich auf die Checkliste im Anhang verweisen mit den sechzehn Fragen zum Selberdeuten der persönlichen Tierträume.

Bevor ich auf den Praxisbezug näher eingehe, werde ich in gebotener Kürze einen Blick werfen auf die Kultur- und Geistesgeschichte der Menschheit, weil gerade die Vögel und das Federvieh – neben anderen Tieren – immer ein besonderer Ausdruck waren für die geistige Orientierung der Menschen.

Vogelsymbole finden wir in allen Kulturen zu allen Zeiten der Menschheit. Bereits in Höhlenmalereien der Altsteinzeit gibt es immer wieder Abbildungen von Vögeln. Sie hatten in jenen frühen Zeiten magische Bedeutung und scheinen ein Bild gewesen zu sein für den Geist des Lebens und für die menschliche Seele. Bei rituellen Tänzen dienten Vogelmasken dazu, eine numinose Macht zu beschwören und zu vergegenwärtigen. Damals glaubten die Menschen, daß das Essen eines Adlerherzens auf magische Weise Mut verleiht und das Fleisch von Eulen Weisheit. Die den Vögel zugeschriebenen Eigenschaften wurden auch durch ihre Federn auf denjenigen übertragen, der ein Federgewand trug, zum Beispiel bei den Indianern in Nordamerika. Das Vogelgewand war bei vielen Schamanen ein Symbol für die Reise in die geistige Welt.

In der späteren geistesgeschichtlichen Entwicklung der Menschheit wurden bestimmte Tiere und insbesondere auch Vögel mit Göttinnen identifiziert. Ein Beispiel dafür ist die Taubengöttin aus Kreta, die mit vielen Vögeln gekrönt ist.[1] Bekannt ist ferner die Eule als Symboltier der Athene, der griechischen Göttin der Weisheit. In der biblischen Sintflutgeschichte werden der Rabe und die Taube zu Botschaftern, die anzeigen, daß die Flutkatastrophe vorüber sei. Es ließen sich aus den verschiedenen Religionen und Kulturen noch zahlreiche Beispiele anführen für die spezifische Bedeutung der Vögel in diesen Zusammenhängen.

Wir machen nun einen großen Sprung in der Geistesgeschichte bis ins Mittelalter, wo in der Alchemie die Vögel wichtige Symbole für geistige und seelische Entwicklungsprozesse waren. Erwähnen möchte ich in diesem Zusammenhang C. G. Jungs Studien zur Alchemie, in denen er auf viele Vogelsymbole – zum

Beispiel den Pelikan, den Adler, den Raben und den Pfau – eingeht und zeigt, daß diese für die geistigen Aspekte des Individuationsprozesses eine ganz besondere Bedeutung haben.[2] Dieselbe Bedeutung haben Vögel in den Märchen. So gehört es zum Beispiel in dem Grimmschen Märchen «Der Vogel Greif» zu der letzten und schwersten Aufgabe des Helden, eine Feder vom Schwanz des Vogel Greif zu erhalten, um die Königstochter, das heißt die große Kostbarkeit, zu bekommen.[3]

Soviel zum kulturgeschichtlichen Rückblick. Um die Symbolik und die Bedeutung der Vögel in den Träumen anschaulich zu machen, wenden wir uns kurz den Bildern und Gedanken von Marc Chagall zu. Ähnlich wie die Alchemisten des Mittelalters, die im Symbol der Vögel geistige Prozesse darstellten, bringt der große Maler unserer Zeit mit seinen verschiedenen Vogelgestalten innerseelische Figuren zum Ausdruck, die wir in der Tiefenpsychologie nach C. G. Jung Animus und Anima nennen. Zunächst möchte ich ihn selbst sprechen lassen über den Zusammenhang zwischen Träumen und Vögeln. Er schrieb: «Meine Träume habe ich auf den Wolken verborgen. Meine Seufzer fliegen mit den Vögeln.»[4] Für unser Thema – die Vögel in den Träumen – fasse ich die erste und die letzte Zeile zusammen, um damit die Bedeutung der Vögel in der praktischen Traumarbeit zum Ausdruck zu bringen: «Meine Träume [...] fliegen mit den Vögeln.»

Anders ausgedrückt: Die Vögel in den Träumen symbolisieren gewisse innerseelische Prozesse, durch die wir in unseren oftmals niederdrückenden Lebenssituationen und/oder in schmerzlichen körperlichen Leiden beflügelt werden und eine Ahnung bekommen von der «Leichtigkeit des Seins». Chagall hat ein Bild gemalt mit dem Titel «Die Vogelfrau»[5]. Zu diesem Bild fragt einer der besten Kenner und Interpreten des Künstlers, Klaus Mayer: «Warum gibt Marc Chagall der Frau Vogelgestalt?» und gibt selbst die Antwort: «Die Frau ist beschwingt, ihr sind Flügel gemalt und sie vermag den Mann zu beschwingen.»[6] Anschließend an dieses schöne Sprachbild möchte ich sagen, daß die Vögel in unseren Träumen besondere Schwingungen auslösen und unserer Seele Flügel verleihen.

Vögel in Träumen sind also meistens ein Symbol für die geistigen Erlebnisqualitäten der Seele. So wie die Vögel sich frei im Luftraum bewegen, so können sich unsere Gedanken und Phantasien in den Träumen in Gestalt der Vögel zu geistigen Höhenflügen verdichten. Wie bei allen anderen Tieren in den Träumen ergeben sich die konkreten Bedeutungen aus der genauen Beachtung der Trauminszenierung und aus dem lebensgeschichtlichen Kontext der Träumerin oder des Träumers. Wenn jemand zum Beispiel einen kranken oder halbtoten Vogel im Traum sieht, kann dies eine «seelische Röntgenaufnahme» sein für eine seelische Not oder psychische Niedergeschlagenheit. Ganz anders dagegen ist die Gemütslage und die seelische Stimmung, wenn jemand von einem farbenprächtigen Vogel träumt, der singend auf einem Baum sitzt. So wie die Farbigkeit und die Schönheit eines realen Vogels das Auge erfreut, so können uns diese Bilder in den Träumen ähnliche Erlebnisqualitäten in Erinnerung rufen. Durch zahlreiche Vogelträume wurde mir bestätigt, daß gerade die Vögel ein bestmöglicher Ausdruck sein können für seelische Empfindungen und ein besonderes Symbol für den geistigen Höhenflug unserer Gedanken.

Die nachfolgenden Beispiele sind entlang der großen Lebensabschnitte geordnet und bieten Ihnen damit für den Umgang mit Ihren eigenen Träumen bereits erste Verstehensmöglichkeiten. Ich beginne mit dem Vogeltraum einer jungen Frau am Ende der Adoleszenz, also im Übergang ins junge Erwachsenenleben. Die besonderen Aufgaben in dieser Phase sind: seinen Platz im Leben zu suchen und seine persönliche Identität zu finden. Ein weiterer Höhepunkt des Lebens ist die Lebensmitte mit mancherlei Lebenskrisen und psychoneurotischen Erkrankungen, die zu einer existentiellen Wandlung herausfordern. Der dritte und letzte Lebensabschnitt beginnt beim Übergang in den Ruhestand und fordert zum Rückblick auf das Leben auf und zum Blick in die Zukunft, das heißt auf den Ausgang des Lebens und die notwendige Auseinandersetzung mit Sterben und Tod.

Jetzt lade ich Sie, verehrte Leserin, und Sie, geehrten Leser, ein, sich an dem schönen Traum der jungen Frau zu erfreuen.

Der Traum von der Taube – ein Interview

Elisabeth, eine angehende Krankenschwester, träumte einige Wochen nach ihrem Abitur im Herbst 1995 von einer Taube, die fortwährend von einem Dach zum anderen hin- und herflog. Zu jenem Zeitpunkt fühlte sich die damals 19jährige Träumerin ziemlich orientierungslos, zum einen was die für sie unbefriedigende Beziehung zu ihrem Freund betraf, bei dem sie wohnte, und zum anderen was ihre Berufswahl betraf. Elisabeth ist die älteste von zwei Schwestern und zwei Brüdern. Sie berichtet, daß sie in einer intakten Familie aufgewachsen sei und ihre Eltern einundfünfzig Jahre alt seien.

Meine Empfehlung für den persönlichen Umgang mit dem nachfolgenden bildhaften und klaren Traum ist, daß Sie auf dem kurz genannten biographischen Hintergrund selber versuchen mögen, sich in die Bilder und den Verlauf des Traumes einzufühlen und eine erste Deutung des Traumes zu wagen. Danach mögen Sie nachlesen, was Elisabeth und ich zu dem Traum im Interview besprochen haben. Jetzt also zunächst der Traum:

Ich stehe in einem Hinterhof, von vier Häuserwänden umgeben. Der Hof ist viereckig, nicht sehr groß und geteert. Die Häuserwände um mich herum sind sehr hoch. Das Stück Himmel, welches ich über mir sehe, viereckig wie der Hof, ist strahlend blau, und davor die warme Herbstsonne, die in den Hof auf mich herabscheint. Ich schaue nach oben, werde aber nicht geblendet, da zwischen mir und der Sonne eine Taube fliegt. Sie fliegt immerzu hin und her, von einem Dach zum gegenüberliegenden und wieder zurück. Mir gibt es ein sehr großes Glücksgefühl, immerzu diese Taube vor dem strahlend blauen Himmel zu beobachten. Doch mit einem Mal beschleunigt die Taube ihren Flug, so daß ich mitten in die Sonne schaue. Es blendet mich so stark, daß ich zu Boden falle, doch nur für einen Augenblick. Schnell rapple ich mich wieder auf, um die Taube weiterhin beobachten zu können, wie sie ruhig, ja majestätisch, immer und immer weiterfliegt, hin und her, im Hintergrund der blaue Herbsthimmel.

Hark (H): Elisabeth, ich bitte Sie, zunächst einiges zum lebensgeschichtlichen Kontext zu erzählen. Jeder Traum ist eine seelische Reaktion auf bestimmte Erfahrungen und spiegelt uns bestimmte Situationen oder Probleme.

Elisabeth (E): In der Zeit nach dem Abitur habe ich mir viele Gedanken gemacht über meine Zukunft und meinen Beruf, denn ich wußte zunächst nicht, was ich machen sollte. Im persönlichen Leben gab es ein ziemliches Wirrwarr in der Beziehung zu meinem Freund, bei dem ich damals lebte. Ich war mit der Wohnsituation und der Beziehung überhaupt nicht mehr zufrieden. Daher habe ich viel überlegt, was ich machen und wie ich mich entscheiden sollte. Wenn ich im nachhinein meine Lebenssituation zu dem Traum in Beziehung bringe, entspricht das Hin- und Herfliegen der Taube meinen Gedanken und meiner Unzufriedenheit. Ich sehe mich abgeschlossen in diesem Innenhof stehen, allein mit meinen Gedanken und Sorgen. Ich schaue nach oben und sehe ein klares Bild mit dem schönen blauen Himmel. In meiner unklaren Lebenssituation war es für mich tröstlich, der Taube nachsehen zu können.

H: Macht es für Sie Sinn, das Hin- und Herfliegen der Taube nicht nur mit dem Wirrwarr Ihrer Gedanken, sondern auch mit der Ambivalenz Ihrer Gefühle zu Ihrem damaligen Freund in Beziehung zu bringen?

E: Ich überlegte damals fortwährend, ob ich die Beziehung verändern oder beenden sollte. Ich war tatsächlich ziemlich zwiespältig in meiner Haltung und in meinen Gefühlen. Einiges fand ich bei meinem Freund durchaus positiv, vieles störte mich jedoch und berührte mich negativ.

H: Schauen wir noch genauer nach der Taube. Anscheinend schützt sie Ihre Augen vor dem blendenden Sonnenlicht. Welche Erfahrungen hatten Sie mit Tauben, gab es zum Beispiel darüber Gespräche mit ihrem damaligen Freund?

E: Mein Freund fand Tauben ekelhaft, ja er haßte sie sogar, weil sie auf den Straßen und Plätzen im Dreck nach Futter suchen.

Ich dagegen habe seit meiner Kindheit die Taube immer mit Frieden in Verbindung gebracht und kenne sie auch als Friedenssymbol in der Friedensbewegung. Ferner bringe ich die Taube mit Gott in Verbindung, weil ich im Religionsunterricht die Geschichte von der Arche Noah so beeindruckend fand. Die Taube kam mit einem Ölzweig zurück und machte damit deutlich, daß die Sintflut vorbei sei. Für mich ist die Taube ein Bild für etwas Friedliches und Schönes.[7]

H: Befassen wir uns noch etwas weiter mit der Symbolik der Taube. Die Taube ist das Symboltier der Liebesgöttin Venus. Daher ist die Frage, ob Ihre unglückliche und unbefriedigende Liebesbeziehung durch das schöne Bild im Traum kompensiert wird, das heißt die Funktion hat, eine ausgleichende Wirkung zu verschaffen?

E: Ich erzählte bereits, daß ich mit der Beziehung zu meinem damaligen Freund nicht zufrieden war. Ich konnte mich jedoch damals noch nicht entscheiden und mich trennen. Ich kann mir gut vorstellen, daß die Taube eine ideale Liebesbeziehung darstellt. Ich suchte sie und schaute danach aus, aber ich hatte sie noch nicht.

H: Unser nächster Gedanke kreist um Ihren Standort im Traum in jenem abgeschlossenen Innenhof. Sie sind dort ganz alleine, ohne Ihren Freund, ohne eines Ihrer Geschwister oder Ihre Eltern oder sonst jemand. Dies könnte ein Doppeltes bedeuten, indem der Traum wie eine Art Röntgenbild der Seele Ihr derzeitiges tatsächliches Alleinsein widerspiegelt oder zum anderen die Empfehlung ausspricht, zur Neubesinnung und Sammlung sich zurückzuziehen und eine Zeitlang tatsächlich allein zu sein.

E: Das Bild spiegelt tatsächlich meine Situation. Ich war ganz alleine auf mich gestellt und mußte mir überlegen, was ich will oder was ich nicht mehr will. Ich mußte für mich Klarheit finden, dabei konnte mir niemand helfen. Es war ein gutes Gefühl im Traum, daß ich im Innenhof ganz alleine stand. Es stimmte so für mich.

H: Bitte erzählen Sie einiges über Ihre Beziehung zu den Eltern oder Geschwistern.

E: Wir hatten ein intaktes Familienleben. Beide Eltern sind für mich ganz arg wichtig. Von beiden habe ich viel Liebe erhalten. Zu meiner Mutter habe ich in manchen Fragen einen besseren Draht als zu meinem Vater, aber ich mag ihn auch gerne.

H: Der Blick zum Himmel läßt die Frage aufkommen, wie es mit Ihrer religiösen Orientierung aussieht oder, ganz allgemein, mit Ihrer Beziehung zur geistigen Welt?

E: Meine Eltern haben uns nicht besonders fromm erzogen. Sie haben uns aber viel von Schutzengeln erzählt, daß jeder von uns Kindern einen Schutzengel hat. Es war auch klar, daß es Gott gibt. Dadurch hatte ich ein gutes Urvertrauen und fühlte mich im Leben geborgen. Zum Zeitpunkt des Traumes jedoch war manches im Umbruch, und ich suchte Gott in der Natur und in vielen natürlichen Erfahrungen.

H: Zu ihrem Aufblick zum Himmel ist mir der Spruch aus den biblischen Psalmen eingefallen: «Ich hebe meine Augen auf zu den Bergen, von welchen mir Hilfe kommt ...» Was bedeuten Ihnen diese Sprachbilder?

E: Der Aufblick zum Himmel vermittelte mir das gute Gefühl, daß ich durch Gottes Hilfe bei mir Klarheit finden werde.

H: Betrachten wir noch die Farben im Traum, die meistens bestimmte Gefühle widerspiegeln und eine Wirkung ausüben. Wie wirkten der blaue Himmel und die Sonnenstrahlen auf Sie? Welche Farbe hatte die Taube?

E: Die Sonne war goldgelb. Die Taube war grau und erschien durch das Sonnenlicht weiß, irgendwie beides gleichzeitig. Die Häuser waren braun und gräulich. Den blauen Himmel empfand ich wie im Sommer und hatte dabei ein Glücksgefühl. Die Sonne wärmte mich, und ich fühlte mich geborgen. Diese schönen Farben überstrahlten für mich die grauen Wände des Innenhofes.

H: So wie Sie es beschreiben, haben die eindrucksvollen Farben offensichtlich eine kompensatorische Wirkung im Traum, indem sie den sogenannten «grauen Alltag» jener Tage überstrahlen, wie Sie sagen. Wie erlebten Sie das Zusammenspiel der Farben?

E: Diese Hauswände im Traum hatten etwas Bedrückendes für mich, genauso wie die bedrückende Wohnungssituation bei meinem Freund. Unsere Familie dagegen wohnt sehr schön, und das ist für mein Lebensgefühl wichtig. Weil die Farben des Himmels und der Sonne im Traum so schön waren, habe ich die grauen Häuser nicht so bedrückend erlebt.

H: Als die Taube ihren Flug stark beschleunigte, blickten Sie direkt in die Sonne und fielen zu Boden. Was ist hier geschehen?

E: Ich fühlte mich diesem Licht in dem Augenblick nicht gewachsen. Wahrscheinlich habe ich das Gleichgewicht verloren. Vielleicht wurde ich auch etwas ohnmächtig. Doch das war überhaupt nicht beängstigend, und ich rappelte mich schnell wieder auf, wie ich auch sonst im Leben ein Mensch bin, der relativ schnell immer wieder aufsteht.

H: Als ich Ihren schönen Traum las und auf mich wirken ließ, erschien er mir ein Stück weit märchenhaft. Nach der tiefenpsychologischen Traumarbeit nach C.G. Jung gibt es mancherlei Beziehungen zwischen unseren Träumen und den Märchen. Weil die Taube in Ihrem Traum eine zentrale Rolle spielt, ist mir das Märchen von Schneewittchen dazu eingefallen.[8] Als die Zwerge das tote Schneewittchen in einen gläsernen Sarg gelegt hatten, kamen auch die Tiere und beweinten es, erst eine Eule, dann ein Rabe, zuletzt ein Täubchen. Ist dies eines Ihrer Lieblingsmärchen aus der Kindheit?

E: Meine Geschwister und ich haben oft Märchen vorgelesen bekommen. Schneewittchen war ganz oft dabei. Merkwürdigerweise habe ich diese Szene mit den genannten Vögeln nicht in Erinnerung behalten. Für mich liegt der Haß meines Freundes auf die Tauben näher. Dennoch kann ich nicht ausschließen, daß mein Unbewußtes die Taube auch aus dem Märchen gespeichert hat und zur Beschreibung meines Problems zu neuem Leben erweckte. Auch mein Ohnmachtsanfall im Traum könnte eine Ähnlichkeit haben mit dem Scheintod von Schneewittchen im Glassarg.

H: Wenn ich einzelne Menschen in der therapeutischen Traumarbeit längere Zeit begleite, gebe ich manchmal die Empfehlung, einen wichtigen Lebenstraum aus der Anfangszeit der Analyse (einen sogenannten Initialtraum) daraufhin zu reflektieren, was inzwischen aus den Lebensentwürfen so eines Traumes in der Realität geworden ist. Wir kennen dieses Verfahren aus wissenschaftlichen Untersuchungen ehemaliger Krankengeschichten, wenn abgeklärt wird, wie sich die Gesundheit und das Befinden eines Patienten nach Jahren entwickelt haben. Ihr Traum liegt jetzt etwa drei Jahre zurück. Was ist inzwischen in Ihrem Leben geschehen, und was hat dazu vielleicht dieser eindrucksvolle Lebenstraum beigetragen?

E: Es hat sich inzwischen vieles geändert in meinem Leben, und vieles habe ich bereinigen können. Der Traum hat mir dazu Mut gemacht, die Beziehung zu beenden und die Situation klarer zu sehen. Ich habe angefangen, auf die innere Stimme zu hören und mir klar zu werden, was ich ganz alleine für mich will. Ich bin mir klar geworden, daß ich die Schwesternausbildung machen will, und habe auch einen Ausbildungsplatz gefunden. Ich bin damit ganz zufrieden und fühle mich in der Gemeinschaft der anderen Schülerinnen und Schüler wohl. Ich habe jetzt meinen Frieden gefunden und empfinde auch heute noch die Taube in meinem Traum als ein Symbol dieses Friedens. Ich habe durch den Traum erfahren, daß ich mich auf meine innere Stimme verlassen kann, und will versuchen, weiterhin auf wichtige Träume zu achten.

Empfehlungen zum persönlichen Umgang mit Träumen

Nach diesem Gespräch mit Elisabeth möchte ich für Sie, verehrte Leserin, und für Sie, geehrter Leser, noch einige Gedanken und Empfehlungen aussprechen in bezug auf den persönlichen Umgang mit den eigenen Träumen. Es geht vor allem darum, sich so intensiv und anschaulich wie möglich in die Bildergeschichte eines Traumes und seinen Verlauf hineinzufühlen. Bei meinen Fragen an die Träumerin werden Sie unschwer alle jene Fragen wiedererkennen, die ich im Anhang in der Checkliste mit den sechzehn Fragen zum Selberdeuten der eigenen Träume zusammengestellt habe. In der praktischen Anwendung wollen diese Fragen zum eigenen Nachdenken anregen und damit den Sinn und die Bedeutung eines Traumes erschließen helfen.

Aus dem vorliegenden Beispiel und dem Gespräch mit Elisabeth können Sie ferner die Erkenntnis gewinnen, daß nicht nur die genaue Lebenssituation zum Zeitpunkt des Traumes zu berücksichtigen ist, sondern auch das Lebensalter der Träumerin. Elisabeth befindet sich am Ende ihrer Adoleszenz, also am Übergang zum jungen Erwachsenenalter, ähnlich wie Schneewittchen, die sich mit ihrer Mutter auseinandersetzt und mit ihr rivalisiert. Die heutige Entwicklungspsychologie weiß uns über diesen wichtigen Lebensabschnitt beim Übergang in das Erwachsenenleben einiges zu sagen.

Kommentar zu Träumen in der Adoleszenz

Unsere junge Träumerin befindet sich in der Phase der sogenannten Adoleszenz (zirka achtzehn bis zweiundzwanzig Jahre), in der es einerseits in geistiger, seelischer und körperlicher Hinsicht um den Abschluß der Jugend geht und andererseits um die Eingliederung in die Welt der Erwachsenen, um seinen Platz im Leben zu finden und sich in partnerschaftlichen Beziehungen zu erproben. Es kann hier aus räumlichen Gründen nicht darum gehen, diese vielschichtigen Probleme und Aufgaben im einzelnen darzulegen (dazu wäre ein psychologisches Fachbuch zur Persönlichkeit des jungen Erwachsenen zu empfehlen), ich möchte aufzeigen, wie sich diese Prozesse in Träumen allgemein und speziell in dem vorliegenden Traum widerspiegeln. Vielleicht können die folgenden Ausführungen eine Lebenshilfe für junge Erwachsene sein und deren Eltern ermöglichen, sich in das seelische Erleben besser einzufühlen und Verständnis zu gewinnen für diese schwierige Zeit des Übergangs ins Erwachsenenalter.

In der Analyse des Traumes wurde bereits auf die zentrale

Aufgabe in der Adoleszenz hingewiesen, eine eigene Identität aufzubauen und ein selbständiger Mensch zu werden. Dazu gehört, sich von den Eltern abzulösen und sich mit den verinnerlichten Elternbildern auseinanderzusetzen. Eine weitere Aufgabe ist, neue Beziehungen zu Altersgenossen herzustellen und einen Status als junger Erwachsener zu erwerben. Ganz wichtig ist, Selbstvertrauen zu entwickeln und ein eigenes Weltbild und ein persönliches Wertsystem zu finden. Speziell im seelischen Erleben zeigt sich ein reiches inneres Phantasieleben, wobei die Grenzen zwischen Realität und Phantasie oftmals verschwimmen. Dazu gehört neben der Schwärmerei für Freunde oder Filmstars eine intensive Sehnsucht nach Liebe, verbunden mit dem Gefühl der Einmaligkeit. Damit einher geht häufig auch das Gefühl der Einsamkeit und der Isolation, wie es bei der Analyse des Traumes bereits angesprochen wurde. Elisabeth befindet sich mutterseelenallein in diesem grauen Innenhof, und der einzige Ausblick besteht zum Himmel und zur vorbeifliegenden Taube, was wir in diesem Zusammenhang auch als verschlüsselte Sehnsucht nach Liebe verstehen können. Der Möglichkeit nach kann der Schwächeanfall oder die kurzzeitige Ohnmacht darauf hinweisen, daß die Ich-Identität und das Bewußtsein noch nicht so stark sind, die kosmische Energie der Sonne zu verkraften. Theoretisch könnte es ferner auch das Echo oder der Nachklang eines tatsächlichen Orgasmus sein oder die Nachahmung desselben. Das kurzzeitige Niedersinken auf dem Boden könnte auch eine Angstreaktion sein, weil plötzlich mit dem Symbol der Sonne seelische Lebensenergien wahrgenommen werden, denen das Ich-Bewußtsein zu diesem Zeitpunkt noch nicht gewachsen ist. Nach therapeutischen Erfahrungen und tiefenpsychologischen Erkenntnissen zur Adoleszenz führt das Verhältnis zwischen sexuellem Begehren und Verdrängung häufig zu Angstreaktionen und macht die emotionale Unsicherheit offenbar. Der damit einhergehende innere Kampf zwischen natürlichem sexuellem Begehren und romantischen Liebesgefühlen regt zur weiteren Reifung des jungen Erwachsenen an. Es besteht die Notwendigkeit, andere Wege der Befriedigung zu suchen, wie etwas Kreatives zu tun oder zum Beispiel über seine Träume nachzudenken.

Abschließend noch eine kritische Anmerkung für Eltern, Psychologen und andere Erwachsene, in den Träumen und Phantasie von jungen Menschen nicht vorschnell krankhafte Prozesse zu diagnostizieren. Gerade in dieser Entwicklungsphase des jungen Erwachsenen ist es äußerst schwierig, zwischen normalen und krankhaften Reaktionen, also zwischen Abnormität und gesundem Erleben zu unterscheiden. Der Zwiespalt der Gefühle, die Labilität des noch nicht hinlänglich gefestigten Ich und die manchmal übertriebenen schönen und märchenhaften Träume sollten nicht vorschnell als Krankheitserscheinungen angesehen werden. Es handelt sich meist um Selbstregulierungsprozesse der Seele, die eine Balance anstreben in den Lebensstürmen. Träume haben dabei, wie im Falle von Elisabeth, eine heilende Funktion und fügen ein wesentliches Puzzleteilchen ein in das sich entwickelnde Selbstbild des jungen Menschen.

Auf der Suche nach der eigenen Identität in der Lebensmitte[9]

Nachdem wir in dem ersten Traumbeispiel einige Probleme des Übergangs ins Erwachsenenleben kennengelernt haben, wenden wir uns jetzt den Aufgaben in der Lebensmitte zu und der Frage, wie dabei Vogelträume behilflich sein können. Sara, eine Lehrerin in der Lebensmitte, hat während einer fünfjährigen gesundheitlich bedingten Lebenskrise angefangen, ihre Träume zu beachten, und zunehmend mehr Lebenshilfe in ihren Träumen gefunden. Während eines intensiven Traumworkshops bei mir hatte sie folgenden Traum:

Ich sehe einen großen farblosen Saal ohne Bilder und ohne Fenster. Der Raum erscheint mir düster und wirkt unfreundlich und kalt auf mich. In der Mitte des Saales ist u-förmig eine Festtafel aufgestellt, weiß gedeckt, und alles Geschirr und Essen des Buffets ist weggeräumt. Das Fest ist vorbei, und alle Leute, Gäste und Bedienung, sind weg. An der linken Ecke der Tafel steht noch als einziges Überbleibsel eine Torte. Beim genaueren Hinsehen erkenne ich, daß der Kuchen zerbröckelt ist und teilweise zerschmolzen.

In einem nächsten Traumbild erscheint nochmals die gleiche Szene. Diesmal sehe ich in der Mitte der Tafel ein weißes Blatt Papier, das von einem Grafiker mit Buchstaben und Zeichen beschrieben worden ist. Beim genaueren Hinsehen erkenne ich, daß alles in einem hellen Silbergrau gestaltet ist. Zunächst will ich das Blatt nicht beachten. Dann nehme ich es trotzdem in die Hand, um es genauer anzuschauen und die geheimnisvollen Buchstaben und Zeichen zu lesen. Aus den wahllos erscheinenden Buchstaben wird schließlich mein Name SARA deutlich sichtbar. Dadurch erkenne ich, daß dieses Blatt mit der merkwürdigen Schrift für mich bestimmt ist.

Anschließend befinde ich mich in einem großen Park am Bodensee mit alten duftenden Lindenbäumen. Es scheint frühmorgens zu sein, und ich bin allein. Zu meinem Erstaunen sehe ich wieder die Tafel aus den anderen Szenen und auch das schöne Papier mit meinem Namen. Neugierig geworden über das wiederholt erscheinende Papier, nehme ich es in die Hand und sehe, wie die Schrift sich dreidimensional hervorhebt, und in silbrigen Buchstaben erscheint die Frage: «Sara, wer bist du?» Während ich darüber nachdenke, werde ich durch ein immer lauter werdendes Schwirren in der Luft auf einen Vogelschwarm aufmerksam, der flach über den See herangeflogen kommt. Beim Anflug erscheinen mir die Vögel in einem blassen blau-grünen Farbton. Direkt vor meinen Augen verwandelt sich die Farbe und erscheint jetzt in einem intensiv leuchtenden Smaragdgrün und Saphirblau, das mit zunehmender Entfernung des Vogelschwarms mit dem Azurblau des Himmels zu verschmelzen scheint. Genau über der Tafel im Park erhebt sich der Schwarm in Augenhöhe zum Himmel. Während die kleinen Vögel beim Anflug eng aneinandergedrängt waren, verteilten sich vor meinen Augen die Hunderten von Vögeln in einem immer weiter werdenden Fächer zum Himmel.

Noch ganz vertieft in den wie ein kosmischer Tanz am Himmel erscheinenden Vogelschwarm und den Farbklang des Gefieders, wende ich mich nach rechts zum See und sehe eine schneeweiße Ente neben mir. Anstatt des Gefieders hat sie ein weiches Fell.

Aus der Kenntnis der Lebensumstände und der Lebensschwierigkeiten der Träumerin kann gesagt werden, daß die erste Szene des Traumes in bildhafter Weise die reale Lebenssituation widerspiegelt. Sara fühlt sich in ihrem schönen Haus eingesperrt ohne Ausblick auf neue Lebensperspektiven draußen im Leben. Ihr Haus und seine Räume erscheinen im Traum düster und wirken kalt auf sie. So erlebt sie auch die Wirklichkeit. Oft ist sie alleine, und es kommen keine Leute mehr, wie im Traum die Bedienung und die Gäste alle weggegangen sind. Die Festtafel ist leer, das bedeutet, daß es nichts Festliches mehr in ihrem jetzigen Leben gibt. Auch die letzte Torte ist nach genauerem Hinsehen bereits zerbröckelt und würde nicht mehr schmecken. Dieser Kuchen ist ein Hinweis auf eine Eßstörung der Träumerin, die sich bisher mit Hilfe von Kuchen und Süßigkeiten über die Leere ihres Lebens hinweggetäuscht hat.

Das zweite Traumbild führt uns nochmals an den gleichen Ort und zeigt als Neuerung das weiße Blatt Papier mitten auf der Tafel, das von einem Grafiker mit geheimnisvollen Buchstaben und Zeichen beschriftet ist. Die Träumerin liest ihren Namen und erkennt im dritten Teil, daß die Frage für sie bestimmt ist: «Sara, wer bist du?» Nach dem deprimierenden Erleben der leeren Räume im «Lebenshaus» und dessen Bedeutungslosigkeit wird Sara mit der existentiellen Frage nach der eigenen Identität radikal auf sich selbst verwiesen. Wurde bisher die Leere des Lebens durchs Essen und durch Festtafeln mit Gästen übertüncht, so passen diese Ablenkungen jetzt nicht mehr. Wichtig ist nur noch die Frage: Wer bist du? Verschlüsselt wurde diese von einem Grafiker mit Buchstaben und Zeichen auf das Blatt geschrieben, und damit wurde für Sara eine neue Seite in ihrem Lebensbuch aufgeschlagen. Das Blatt ist in einem hellen Silbergrau gestaltet, also in einer Farbe, die dem Mond und der Weiblichkeit zuzuordnen ist. Im Gespräch wurde herausgearbeitet, daß es um die eigene Weiblichkeit geht. Es geht auch darum, diese Aufgabe zu erkennen und das Frausein bewußt zu leben. In der weiteren Bearbeitung des Traumes begann Sara den Grafiker in sich kennenzulernen als Animusgestalt, die ihr in der gegenwärtigen Lebenskrise kurz und knapp etwas ins Lebensbuch geschrieben hatte. Oder war es schon lange in ihre Seele und in ihr Innerstes geschrieben gewesen, nur daß sie es bisher nicht gelesen hatte, weil die vielen Ablenkungen im Leben und die Versorgung des Hauses es verhindert hatten?

Die entscheidende Bewußtseinserweiterung und Weitung des geistig-seelischen Erlebnisraumes ereignen sich aber in der dritten Traumszene. Die Weitung des Raumes beginnt bereits mit der neuen Ortsangabe, daß Sara sich im Park am Bodensee befindet mit den blühenden und duftenden Lindenbäumen. Vergleichen wir diesen Park mit dem farblosen Saal der vorhergehenden Szenen, dann sehen wir zwei total verschiedene Welten vor uns. Die neuen Traumbilder da draußen sprechen alle Sinne an. Mit etwas Vorstellungskraft und durch Aktivierung der sinnlichen Wahrnehmungskanäle können wir die alten, duftenden Lindenbäume riechen. Dann wird das Hören einbezogen, indem das leise Rauschen in der Luft den nahenden Vogelschwarm ankündigt. Vor dem inneren Auge entfaltet sich darauf eine Farbpalette von bisher nicht gesehener Schönheit. Der blasse, blau-grüne Farbton verwandelt sich durch den steilen Himmelsflug des Schwarmes in ein intensiv leuchtendes Smaragdgrün und ins Saphirblau, das schließlich mit dem Azurblau des Himmels verschmilzt zu einem neuen, nicht mehr zu benennenden Farbton. Diese eindrucksvolle Farbpalette ist ein symbolischer Ausdruck für den Beginn einer neuen Farbigkeit im seelischen Erleben der Träumerin. Nicht daß auf einmal ein Wunder geschehen wäre, das den grauen Alltag von Sara total verwandelte, sondern es ist eine Vision und eine Antizipation (gedankliche Vorwegnahme) einer kommenden Farbigkeit des Lebens, die in den Gedanken und der sich wandelnden geistigen Einstellung ihren Anfang nimmt. Alleine so etwas im Traum geschaut zu haben, bewirkt eine Wandlung, von der man eben nur träumen kann. Aus den weiteren Gesprächen mit Sara weiß ich, daß jeder farbige Vogel für sie ein Gedanke ist, der ihre Seele zum Himmel erhebt. Auch wenn sie real auf ihrem Platz im Leben steht, so beflügelt doch dieser Traum ihre Seele und hebt damit ihre seelische Stimmung.

Der Anstieg des Vogelschwarms in den Himmel und die wunderbare Farbkomposition des Traumes sind jene Heilkraft im

Traumgeschehen, wo nicht mehr die Maßstäbe des Ich und die Deutungskriterien der Vernunft vorherrschen, sondern die transzendente Funktion der Seele erfahrbar wird. In dem aufwärts fliegenden Schwarm schwingt sich die Träumerin auf in eine geistige Dimension, ohne daß sie den Boden unter den Füßen verliert.

Diese neuen und farbigen Bilder des Traumes öffnen Sara eine neue Identität ihrer Person. Auch wenn diese Farbigkeit des Vogelschwarmes zunächst in seiner Bedeutungsfülle noch gar nicht genügend erfaßt werden kann, so ist die Träumerin dennoch von der Schönheit und der Kraft, die im aufstrebenden Vogelflug vor Augen steht, derart angerührt, daß sie sich, wie die Traumbilder zeigen, in ihrer gefühlsmäßigen Stimmung aus einem seelischen Tief in eine Hochstimmung versetzt fühlt.

Dem Leser und der Leserin kann dieser Umschwung der Stimmung auch ohne genauere Kenntnis der Lebensschwierigkeiten deutlich werden, wenn sie die Farblosigkeit und Trostlosigkeit des ersten Traumteiles mit diesem farbigen Vogelschwarm vergleichen. Mit dem Verlassen des tristen Saales, dem Hinaustreten in den Park mit den duftenden Linden und mit dem nochmaligen Ansichtigwerden der Tafel mit dem geheimnisvollen Spruch scheint die Voraussetzung geschaffen worden zu sein, daß die Seele ins Schwärmen kommt für neue Lebensmöglichkeiten, die im Vogelschwarm erscheinen.

Der Anflug erfolgt vom See her, also aus jener Lebensdimension, die ein Symbol für die Seele ist. So können wir auch sagen, daß die in den Vögeln repräsentierten neuen Gedanken und die neue Farbigkeit des Erlebens aus der eigenen Seele hervorbrechen, nachdem sich Sara wirklich ernsthaft zum ersten Male in ihrem Leben der existentiellen Frage gestellt hat: Wer bist du? Nach der Bewußtwerdung ihrer eigenen Identität kommt es zur Bewußtseinserweiterung und danach zur Öffnung eines bisher nicht gekannten und gesehenen geistigen Horizontes.

Schließlich noch ein paar Verstehensmöglichkeiten zu den Farben des Vogelschwarms, den genannten blassen, blau-grünen Farbtönen, die sich beim Aufstieg des Vogelschwarms verwandelten in ein intensiv leuchtendes Smaragdgrün und Saphirblau.

Es sind die beiden Lieblingsfarben der Träumerin, in denen sie sich gern kleidet und die sie bei Bildern bevorzugt. Durch die persönliche Arbeit mit dem kabbalistischen Lebensbaum sind Sara diese Farben auch vertraut durch das Erlebnisfeld von Nezach (mit der Farbe Grün) und Chessed (mit der Farbe Blau), beide auf der linken Anima-Seite dieses Symbol-Systems[10]. Da die Träumerin seit Jahren an der Entwicklung ihrer Weiblichkeit arbeitet, empfand sie diese Farben als eine Bestätigung und als Zeichen, auf diesem Wege der Selbstverwirklichung fortzuschreiten, indem sie aus den Energiekanälen von Nezach neue Vitalität und Lebensenergien schöpft und diese mit romantischen Liebesgefühlen und Erotik aus dem Energiefeld von Chessed verbindet. Im Gespräch war es Sara sehr wichtig, noch den Glanz und die Schönheit der nur annähernd zu beschreibenden Farben zu erklären. Nach dem erweiterten Animakonzept von C. G. Jung gehören das ästhetische Empfinden und der Blick für das Schöne zu den Wesensmerkmalen der Anima und ihren Erscheinungen in Träumen. Wir haben somit mehrere Charakteristika für die Anima in dieser Szene vereint: die Vögel als Symbol der Seele (der Anima)[11] sowie die Farbigkeit des Vogelschwarms, was sich beides positiv auf Saras Erleben der eigenen Weiblichkeit auswirkte.

Nun richten wir zusammen mit Sara unsere Aufmerksamkeit auf die Ente am Ufer des Sees. Das weiche Fell erinnert die Träumerin an ihren Kater, den sie seit siebzehn Jahren innig liebt wie ein Kind. Dieser Kater ist für sie längst kein Tier mehr, sondern hat die Bedeutung eines «Tierbräutigams» erlangt, von dem in den Märchen die Rede ist. Zu diesem Kater hat Sara häufig zärtlichere Gefühle als zu Menschen, die in dem ganzen Traum in keiner Weise in Erscheinung treten. Als Amplifikation wurde Sara im Gruppengespräch der Schluß von Hänsel und Gretel erzählt, wo die Ente die Funktion hat, die heimkehrenden Kinder über das Gewässer zu tragen. Da die Träumerin zusammen mit einem Bruder aufgewachsen ist, konnte sie von der Familiensituation her die genannte Funktion der Ente für Brüderchen und Schwesterchen bejahen. Auch das symbolische Verständnis der Ente als Sinnbild für die Seelenbilder von Anima und Animus konnte akzeptiert werden. Der Schluß des Traumes läßt es offen, ob die

Ente für den Transfer über das Wasser tatsächlich bestiegen wird. Dennoch stehen hilfreiche Symbole bereit, die Sara benutzen kann, um nach den Irrwegen und Suchbewegungen der Seele heimzukehren zu sich und heil zu werden, was sich in den weiteren Träumen deutlich abzeichnete.

Noch einige Amplifikationen zur *weißen* Ente, die häufig in Märchen und Mythen als ein besonderer Seelenvogel auftritt.[12] Die animalische Energie der Seele erscheint in diesem Tiersymbol, das einen Transfer ans andere Ufer ermöglicht, was wir in tiefenpsychologischem Sinne als Heimkehr zum wahren Selbst verstehen können. Eine mythologische Parallele finden wir in den germanischen Walküren als Botinnen des obersten Gottes Wodan-Odin, die zuweilen in Gestalt weißer Enten erscheinen. In dem Märchen von Grimm: «Die weiße und die schwarze Braut» offenbart sich die weiße Braut in Gestalt einer weißen Ente. Schließlich noch ein Hinweis auf den Ort des Geschehens am Seeufer, wo diese weiße Ente mit dem weichen Fell eines Katers zu sehen ist. Es ist symbolisch gesehen die Verbindungsstelle zwischen dem Bewußtsein und dem unbewußten Bereich.

Kommentar zur Selbstwerdung in der Lebensmitte

In der Lebensmitte ist eine wesentliche Aufgabe, seine Mitte zu finden und aus dieser heraus zu leben. C. G. Jung hat das Werden und Wachsen dieses Lebensmusters als Individuationsprozeß bezeichnet.[13] Die Zentrierung auf eine Mitte finden wir auch in dem vorliegenden Traumbild: In der Mitte des Tisches oder der Tafel wird das weiße Blatt Papier gefunden, das von einem Grafiker mit Buchstaben und Zeichen beschrieben worden ist. Als die Träumerin es genauer anschaut, erkennt sie ihren Namen und die Frage: «Sara, wer bist du?» Welche Gestalt und welche Kraft erscheinen in diesem Grafiker, speziell in bezug auf die persönliche Selbstverwirklichung? Es ist der innere Partner, der geistreiche Mann, den wir in der analytischen Psychologie C. G. Jungs den Animus nennen. Er kann in vielerlei Gestalten erscheinen, zum Beispiel als Naturbursche wie Tarzan, als romantischer Held oder, wie im vorliegenden Falle, als geistreicher Mann des Wortes. Hier hat er die Lebensfrage nach der eigenen Identität auf den Zettel geschrieben, den Sara sieht und liest.

Nach dem Sehen ereignet sich das Hören, wie wir es als innerseelische Abfolge im Märchen von Hänsel und Gretel schon kennengelernt haben. Es ist ein leises Rauschen, in dem sich der Vogelschwarm ankündigt, ähnlich wie der Prophet Elia in seiner Gotteserfahrung «ein stilles, sanftes Säuseln» vernahm.[14] Merkwürdig ist nun, daß neben dem Hören das Sehen eine neue Funktion bekommt, nämlich im Wahrnehmen der Farben des Vogelschwarms und in deren detaillierten Beschreibung der Farbtöne. Wenn wir alle Farben des Traumes zu einer Farbskala zusammenstellen, ergibt sich folgende Reihenfolge, die für die Selbstwerdung von grundlegender Bedeutung ist: Am Anfang ist der dunkle Raum, der kalt und unfreundlich auf Sara wirkt. Nach der Auffassung der Alchemie ist das Dunkle und Schwarze, die sogenannte Nigredo, stets der Anfang eines schöpferischen Prozesses. Der Grafiker in der zweiten Szene gestaltet das Lebensskript in Silbergrau. In der Farbpalette des Vogelschwarms erscheinen die schon mehrfach genannten Farbtöne, die im kabbalistischen Lebensbaum (siehe S. 38) alle den Erlebnisfeldern auf der Herzseite des Menschen zugeordnet sind.[15] Damit verweisen nicht nur die Vögel, sondern auch die Farben auf die Anima der Träumerin. Dieses Faktum ist ein schönes Beispiel für das erweiterte Konzept von Anima und Animus, wie es gegenwärtig diskutiert wird: Im Individuationsprozeß der Frauen wirkt nicht nur der Animus als innerer Seelenpartner, sondern auch die Anima in vielgestaltiger Form.

Abschließend noch ein Wort zum Baum[16], der uns symbolisch gesehen mit dem Wurzelgrund der Seele verbindet und in jedem Selbstwerdungsprozeß von zentraler Bedeutung ist. Als Sara endlich den dunklen Raum verläßt und damit aus der Unbewußtheit aufbricht, gelangt sie in einen großen Park mit alten, duftenden Lindenbäumen. Nach dem Brauchtum und insbesondere in der Traumsymbolik ist die Linde der Liebesbaum. Davon erzählt uns das bekannte Lied «Am Brunnen vor dem Tore», in dem es heißt: «Ich schnitt in seine Rinde so manches liebe Wort.» Dieses Einkerben von Liebesworten gehört zu dem gleichen Symbolfeld wie die Inschrift des Grafikers im vorliegenden Traum. Die duftenden

Lindenbäume spiegeln ferner einen realen Tagesrest, denn Sara hatte diesen Traum in der Blütezeit der Linden und atmete abends gerne ihren berauschenden Duft ein. Und welch ein Zufall, daß Sara nach dem Keltischen Baumkreis eine Linde ist (11.–20. März) mit der Charaktereigenschaft, «liebend am Leben zu leiden». Auch Albert Einstein war ein Linden-Typ, in seinem universellen Geist war er bemüht, seinem Wesen und seinem Lebensmuster gerecht zu werden, und in seiner Lebensphilosophie sann er darüber nach, wie die gespaltene Welt bewahrt werden könne. Nach meinen Erfahrungen in Traumtherapien haben Linden-Persönlichkeiten häufig besondere Träume, die meistens viel schöner sind als die Wirklichkeit. Sie leiden vermehrt an den Problemen des grauen Alltags sowie an tragischen Partnerschaftskonflikten. Durch ihre größtenteils poetischen Träume können sie das Leiden an den unbefriedigenden Lebensumständen eine Zeitlang vergessen und fühlen sich durch die schönen Traumbilder getröstet.

Nach meiner Befragung von über fünfhundert Personen träumten 72 Prozent der Frauen und nur 28 Prozent der Männer von Bäumen.[17] Dieses Ergebnis läßt nicht nur auf eine größere Naturverbundenheit vieler Frauen schließen, sondern auch auf ihre besonders sensible Wahrnehmungsfähigkeit, mit Hilfe der geträumten Bäume das seelische Wachstum zu erleben und Wege zum Wurzelgrund der eigenen Seele zu suchen.

Nach diesen Erkenntnissen dürfen wir gespannt sein, wie und wann Männer von Vögeln träumen.

Vögel in den Träumen von Männern

Ich habe es schon erwähnt, nach meinen Erfahrungen – und nach Rückfragen bei Kolleginnen und Kollegen – träumen Männer nicht so häufig von Vögeln wie Frauen. Ihre Seele bringt die Triebkonflikte und die Körperprozesse häufiger in Landtieren zum Ausdruck, zum Beispiel Pferden oder Stieren, Löwen, Hunden etc. Wenn sie von Vögeln träumen, dann spiegelt das Traumbild eindrucksvoll sowie kurz und bündig das seelische Problem oder den neurotischen Konflikt. So träumte ein junger Mann von

Ende Zwanzig, wie ein Vogel an der Brust einer mütterlichen Frau pickt. Im Gespräch wurde sehr schnell deutlich und verständlich, wie sehr er noch an seiner Mutter hing und seine Seele von der milchspendenden Mutterbrust abhängig war. Zu einem späteren Zeitpunkt seiner Entwicklung träumte der gleiche Analysand von einem großen Vogel, der aussah wie ein Geier, der eine große schwarze Spinne mit seinem kräftigen Schnabel tötete. Zu diesem Zeitpunkt seiner seelischen Entwicklung war sein inneres Selbst so stark geworden, daß es das verinnerlichte Mutterbild symbolisch töten konnte. Aus der Traumarbeit ist bekannt, daß die Spinne häufig als ein Symbol für die verinnerlichte Mutter erscheint, die den Betreffenden umgarnt und einspinnt, wie die Spinne, die ihr Opfer in ihrem Netz gefangenhält, es lähmt und ihm die Lebensenergie aussagt. Der Vogel dagegen symbolisiert in diesem Traum jene Ich-Stärke und geistige Kraft, die zur Lösung des Problems beiträgt.

In anderen Träumen von Männern können Vögel auch eine erotische oder sexuelle Bedeutung haben. Dies wird ersichtlich aus den einzelnen Traumbildern, und das führte wohl auch zu der häufig von Jugendlichen und Männern verwendeten Redensart vom «Vögeln». So träumte zum Beispiel ein Mann in der Lebensmitte während seiner Ehekrise infolge seiner Sexualstörung von einem schönen bunten Vogel, der sich in einem Gebüsch zwischen ganz vielen Fäden verfangen hatte. Weil dieser Träumer bisher seine realen Konflikte weitgehend verleugnet hatte, machte ihn dieser Traum sehr betroffen, denn er zeigte ihm wie ein Röntgenbild seine innere Not. Da er sich seit längerer Zeit mit den Sprachbildern der Träume befaßte, wurde ihm die Bedeutung seines Traumes sehr schnell einsichtig. Die einstige Farbigkeit und Lebendigkeit seines Lebens war ihm zunehmend abhanden gekommen, und er ließ sich immer mehr in Streitigkeiten mit seiner Partnerin verwickeln, so wie dieser Vogel in einem Gewirr von Fäden gefangen war. Die Lösung für diesen Mann bestand in den folgenden Monaten darin, sich aus der neurotischen Ehebeziehung zu lösen und für seine eigene Seele zu sorgen. Zu einem späteren Zeitpunkt der Analyse träumte er von frei herumlaufenden Tieren und von Vögeln, die sich frei in die Luft erheben konnten. Da Herr F. aus einem religiösen Elternhaus stammte, fand er auch durch seinen Glauben jene Kraft zur Befreiung und Lösung aus den neurotischen Verstrickungen. In einer der späteren Stunden brachte er seine Dankbarkeit für die erkämpfte Freiheit mit einem Spruch aus den Psalmen[18] zum Ausdruck:

> «Meine Seele ist wie ein Vogel dem Netz des Jägers entkommen;
> das Netz ist zerrissen und ich bin frei!»

Der erotische Fasanentraum von Goethe

Als nächstes befassen wir uns mit einem farbigen und sprachlich eindrucksvoll gestalteten Traum von Goethe, der folgendermaßen lautet:

Ich landete mit einem ziemlich großen Kahn an einer fruchtbaren, reich bewachsenen Insel, von der mir bewußt war, daß daselbst die schönsten Fasanen zu haben seien. Auch handelte ich sogleich mit den Einwohnern um solches Gefieder, welches sie auch sogleich, häufig getötet, herbeibrachten. Es waren wohl Fasanen, wie aber der Traum alles umzubilden pflegt, so erblickte man lange, farbig beaugte Schweife, wie von Pfauen oder seltenen Paradiesvögeln. Diese brachte man mir schockweise ins Schiff, legte sie mit den Köpfen nach innen, so zierlich gehäuft, daß die langen bunten Federschweife, nach außen hängend, im Sonnenglanz den herrlichsten Schober bildeten, den man sich denken kann, und zwar so reich, daß für den Steuernden und die Rudernden kaum hinten und vorn geringe Räume verblieben. So durchschnitten wir die ruhige Flut, und ich nannte mir indessen schon die Freunde, denen ich von diesen bunten Schätzen mitteilen wollte. Zuletzt, in einem großen Hafen landend, verlor ich mich zwischen ungeheuer bemasteten Schiffen, wo ich von Verdeck auf Verdeck stieg, um meinem kleinen Kahn einen sicheren Landungsplatz zu suchen.[19]

Goethe hatte diesen Traum im Oktober des Jahres 1785. Er war zu diesem Zeitpunkt sechsunddreißig Jahre alt und lebte seit etwa zehn Jahren am Hofe des Herzogs in Weimar. In jene Jahre fiel seine bekannte erotische, aber platonische Liebesbeziehung zu Charlotte von Stein. Der Traum fällt in die Zeit der Planung seiner Italienreise, die er im September des folgenden Jahres von Karlsbad aus spontan antrat, wo er zusammen mit dem Herzog, mit Herder und Frau von Stein zur Kur weilte. Die Traumbilder spiegeln die in der Phantasie vorweggenommene Ankunft in Italien wider. In bezug auf den bekanntlich bis ins hohe Alter an Liebeserfahrungen reichen Dichter entschlüsselt sich für uns dieser Traum sogleich, wenn wir das Wort «Fasanen» auswechseln gegen das Wort «Frauen». Dann liest und entschlüsselt sich der Anfang des Traumes wie folgt: «Ich landete mit einem ziemlich großen Kahn an einer fruchtbaren, reich bewachsenen Insel, von der mir bewußt war, daß daselbst die schönsten Frauen zu haben seien.» Wie eine Traumdeutung innerhalb des Traumes fügt der Dichter ein: «Es waren wohl Fasanen (Frauen!), wie aber der Traum alles umzubilden pflegt, so erblickte man lange, farbig beaugte Schweife, wie von Pfauen oder seltenen Paradiesvögeln.»

Diese Erkenntnis des Träumers von der Umbildung in der innerseelischen Traumarbeit und die Verschlüsselung der erotischen Phantasien und der sexuellen Wünsche scheinen also dem Dichter bereits zweihundert Jahre vor der Traumdeutung von Freud intuitiv vertraut gewesen zu sein. Die große Fülle der ins Schiff gebrachten Fasanen oder Pfauen dürften ein symbolischer Ausdruck sein von überbordenden erotischen Phantasien. Bereits im Traum überlegt der Dichter, welchen Freunden er «von diesen bunten Schätzen mitteilen wollte» (sprich: von seinen phantasierten oder realen Liebesabenteuern vorschwärmen wollte). Der Schluß des Traumes läßt uns den Minderwertigkeitskomplex des Dichters erahnen, als er mit seinem kleinen Kahn «zwischen ungeheuer bemasteten Schiffen [...] seinen Landungsplatz suchte». Im Sinne der Psychoanalyse können wir in diesem Bild ein phallisch-sexuelles Symbol sehen für die phantasierten italienischen Männer und Liebhaber, denen gegenüber der Träumer sich in seinem kleinen Kahn minderwertig vorkommen muß. Mit diesen Entschlüsselungen der Traumbilder des Dichters haben wir ein weiteres eindrucksvolles Beispiel kennengelernt, wie die Seele die geheimsten Wünsche und Sehnsüchte in farbigen Bildern und schönen Symbolen zum Ausdruck bringen kann.

Nach diesen Träumen von Männern wenden wir uns wiederum dem Vogeltraum einer Frau zu, den die Träumerin beim Übergang in die dritte und letzte Lebensphase träumte.

Ein Vogeltraum nach den Wechseljahren

Träume von Vögeln haben für viele Menschen in bestimmten Lebenssituationen eine wichtige Funktion und oftmals eine wegweisende Bedeutung. So kann zum Beispiel ein Vogel mit seinem nahezu schwerelosen Flug die Träumerin oder den Träumer in seinen schweren und niederdrückenden Problemen im Traum daran erinnern, daß es eine aufsteigende Lebensbewegung geben wird oder sogar die Sehnsucht nach der Leichtigkeit des Seins in den Bildern zum Ausdruck kommt. Während in vielen Traumbüchern die Träume von Vögeln wegen ihres Lebensraumes in der Luft oft nur auf die geistige Einstellung und Orientierung von Träumerin und Träumer bezogen werden, sind mir verschiedentlich auch Vogelträume berichtet worden, die ein Ausdruck des Körpergefühls waren oder an ein intensives Lebensgefühl beim Fliegen erinnerten. Als Beispiel dafür möchte ich den Vogeltraum der 61jährigen Helga mitteilen, die träumte:

Ich sehe mich an einem großen Greifvogel hängend, der so groß ist wie ich. Er hält in seinen Fängen eine Stange, an der ich mich mühelos festhalte. Wir fliegen zunächst über eine bewohnte Landschaft mit Häusern und erheben uns zunehmend in die Lüfte. Mein Lebensgefühl und mein Körpergefühl sind unwahrscheinlich intensiv und erhebend. Schwerelos schwebten wir in den blauen Himmel. Zu meiner Überraschung erscheint unerwartet ein zweimotoriges Sportflugzeug neben uns. Ich bin gespannt, wie der Pilot reagiert, wenn er mich an dem Vogel hängen sieht. Zu meiner Enttäuschung beachtet er uns nicht. Wir werden anscheinend nicht gesehen.

Dieser Traum von vor etwa drei Jahren ist Helga aus mehreren Gründen eindrucksvoll in Erinnerung geblieben. Zum einen fand sie einige Tage nach dem Traum einen soeben verendeten Habicht bei einer Wanderung am Feldweg liegen. Sie hob den Vogel auf und fühlte, daß er noch etwas warm war und erst vor kurzem verendet sein mußte. Weil der Vogel sie spontan an ihren Vogelflug im Traum erinnerte, nahm sie ihn mit, ließ in ausstopfen und gab ihm einen Ehrenplatz an der Wand neben ihrem Schreibtisch. Da die Träumerin Mathematik, Physik und Astronomie am Gymnasium unterrichtete, beschäftigte sie sich seit Jahren auch mit derartigen Zufällen und Synchronizitätsphänomenen und deren Verständnis nach der Tiefenpsychologie von C. G. Jung.[20] In unserem Gespräch berichtete Helga, daß sie vor Jahren in den Lebenserinnerungen von Jung von dessen zufälliger Auffindung eines Eisvogels gelesen habe und ihr diese Erfahrung zu dem gefundenen Habicht spontan eingefallen sei.

Zu der gesundheitlichen Befindlichkeit und der realen lebensgeschichtlichen Situation teilte Helga folgendes mit: In den Wochen und Monaten vor diesem Traum hatte sie unter starker seelischer Erschöpfung und körperlicher Kraftlosigkeit gelitten, die sie auf die intensive Pflege ihres erkrankten Partners zurückführte und die im Zusammenhang stand mit der vorgezogenen Pensionierung aufgrund einer Erschöpfungsdepression. Dieser Traum nun mit dem Gefühl der Erhebung in die Lüfte vermittelte eine starke Lebensfreude, die viele Tage angehalten hat. Durch die Erinnerung an den Traum und die Verinnerlichung des erhebenden Lebensgefühles und der körperlichen Leichtigkeit veränderte sich zunehmend die Erschöpfung. Die neue Kraft, die in Helga durch den Traum ausgelöst und freigesetzt wird, sieht sie auch in der Größe des Vogels abgebildet. Der Raubvogel war nach ihrer Schilderung so groß wie die Träumerin selber. Indem er sich erhob und seine Schwingen ausbreitete, wirkten seine Flügel noch gewaltiger und größer. Da Helga sich als gläubige Christin gut in den biblischen Symbolen auskannte und gerade in Zeiten der Niedergeschlagenheit und Kraftlosigkeit auch aus ihrem Glauben neue Hoffnung und Lebensmut schöpfte, erinnerte ich sie an das Trostwort des Propheten Jesaia[21]:

«Die aber, die dem Herrn vertrauen, schöpfen neue Kraft. Sie bekommen Flügel wie Adler. Sie laufen und werden nicht müde, sie gehen und werden nicht matt.»

Dieser bekannte Spruch wirkte sehr anrührend und ermutigend auf Helga und führte in unserem weiteren Gespräch zu der Einsicht und Erkenntnis, daß derartige Sprüche nicht nur auf dem Papier stehen, sondern durch einen Traum zu einer persönlichen Erfahrung werden können. Nach einer Zeit der Erschöpfung kann durch das Vertrauen in das Leben und durch das Urvertrauen (nach Erikson) eine Quelle in der Seele aufbrechen, aus der man neue Kraft bekommt und der Seele wieder Flügel wachsen.

Den Traum vom Fliegen erfüllt sich Helga seit vielen Jahren ganz konkret, indem sie ein einmotoriges Sportflugzeug fliegt. Schon oft konnte sie sich von belastenden Problemen und von dem Streß im Berufsalltag im Gymnasium dadurch distanzieren, daß sie beim Fliegen auch körperlich und seelisch eine Leichtigkeit empfand. Das Überraschende und Neue in dem geschilderten Traum ist, daß sie kein technisches Flugobjekt brauchte, sondern daß sie jetzt den Vogel entdeckte und durch die Einheit mit ihm eine wunderbare Einheit mit der Natur erlebte, ähnlich wie sie es auch beim Ausreiten mit ihrem geliebten Pferd körperlich empfindet. Für sie ist das Flugerlebnis mit dem Vogel eine Steigerung des Gefühls beim Fliegen. Wörtlich sagt sie dazu: «Sonst bin ich geflogen, jetzt fliegt mich der Vogel mit seiner Kraft!» Trotz dieser erhebenden Erfahrung im Traum ist auch das auf das Ansehen bedachte Ich der Träumerin eingeschaltet, indem sie gespannt erwartet, daß der Pilot in der zweimotorigen Sportmaschine beachtet, wie sie, nur an einer Stange hängend, an ihm vorbeischwebt. Gerne wollte sie mit ihrer außergewöhnlichen Erfahrung gesehen werden und vielleicht dafür auch etwas Anerkennung finden. Dies geschieht nun nachträglich in der Weise, daß der Traum erzählt werden konnte und auch gerne für diese Veröffentlichung als Beispiel zur Verfügung gestellt wurde.

Zusammenfassend sei gesagt, daß dieser Traum einen Wendepunkt im Erleben von Helga bedeutete, indem ihre Kraftlosigkeit durch das Getragenwerden von dem großen Vogel verwandelt wurde. Wörtlich heißt es dazu im Traum: «Mein Lebensgefühl war unwahrscheinlich intensiv und erhebend. Schwerelos schwebten wir in den blauen Himmel.»

Nach dieser kurzen Deutung des Traumes wollen wir ihn jetzt auf dem Hintergrund der durchlebten Wechseljahre von Helga analysieren. Zu den grundlegenden seelischen Erfahrungen in und nach den Wechseljahren gehört die Auseinandersetzung mit den inneren Seelenpartnern Anima und Animus. Auf der innerseelischen Erlebnisebene ist der Greifvogel, der so groß ist wie die Träumerin, ein Symbol für die Anima und der Pilot ein Sinnbild für den Animus. Die Anima erscheint nicht nur in personalen Symbolen, also in verschiedenen Frauengestalten, sondern auch in Tieren. Unter den unendlich vielen Tierarten sind die Vögel ein besonderer Ausdruck für den geistigen Aspekt der Anima. Deren seelische Energie wird in dem vorliegenden Traum in dem intensiven Körpergefühl und in dem erhebenden Fluggefühl wahrgenommen.

Während der Wechseljahre traten die Lebensenergien bei Helga überwiegend in den das Klimakterium begleitenden Symptomen in Erscheinung, wie vegetativen und nervösen Beschwerden, Depressionen, Schlafstörungen, Hitzewallungen, Schweißausbrüchen etc. Allgemein wird nach den Wechseljahren eine neue Kreativität spürbar, indem die «fliegende Hitze», wie eine Redensart es ausdrückt, verwandelt und die ganze Person beflügelt und von dem Seelenvogel in die Lüfte getragen wird. Während Helga in der Realität Sportfliegerin ist und die Leichtigkeit beim Fliegen genießt, ist das Neue und Überraschende im Traum, daß sie von ihrem Seelenvogel getragen wird und sich ihm anvertraut. Nach der Erschütterung des Selbstwertgefühls im Klimakterium zeigt dieses poetische Traumbild, daß es mit positiven Gefühlen bergauf geht.

Der männliche Seelenpartner, der Animus, erscheint in diesem Traum in Gestalt des Piloten, der überraschend im Sportflugzeug erscheint. Die Träumerin ist gespannt, wie er reagiert, wenn er das Flugexperiment mit dem großen Vogel sieht, und ist enttäuscht, nicht beachtet und nicht gesehen zu werden. In diesem Traumbild spiegelt sich das Trauma ihres Lebensschicksals als

Kriegskind. Bereits als kleines Kind verlor sie ihren Vater im Krieg, konnte daher von ihm nicht angesehen werden und sich nicht in seinem Angesicht spiegeln. In der therapeutischen Arbeit begegnen wir oft solchen Schicksalen der Kriegsgeneration, die von den Vätern nicht genug liebevoll angesehen werden konnte. Die Folge ist bei vielen, daß sie subjektiv unter einem zu geringen persönlichen Ansehen zu leiden und ständig das Gefühl haben, nicht beachtet zu werden. Viele kompensieren diesen Mangel, indem sie sich durch eigene Leistungen im Beruf oder in anderen Lebensbereichen Ansehen verschaffen. So hat auch Helga durch das Studium der Physik und Mathematik und durch den Unterricht dieser Fächer im Gymnasium Ansehen und Erfolg erworben. Doch für ihre Seele und das Selbstwertgefühl scheinen solche Leistungen nicht auszureichen, um das mangelnde Angesehenwerden in der Kindheit zu kompensieren. Daher wird der Animus im Traum in der Gestalt des Piloten, der die Träumerin nicht beachtet, als enttäuschend erlebt. Die Bewußtwerdung eines negativ erlebten Animus ist von grundlegender Bedeutung, um sich mit solchen Reaktionen auseinandersetzen und seine Erwartungen verändern zu können. C.G. Jung leitet die prägende Wirkung dieser inneren Seelenpartner von den Erfahrungen mit der Mutter und dem Vater ab, indem er schreibt: «Wie die Anima dem mütterlichen Eros entspricht, so der Animus dem väterlichen Logos.»[22] Es handelt sich also um eine väterliche Geistigkeit, die eine vermittelnde Funktion hat zwischen dem Bewußtsein und dem Unbewußten.

Verehrte Leserin, sollten Sie sich derzeit in den Wechseljahren befinden oder an einer spirituellen Lebenskrise leiden, dann könnte Ihnen das Beispiel von Helgas tröstlichem Traum den Lebensmut stärken und Sie daran erinnern, daß auch für Sie nach der Krise eine kreative Zeit kommen wird, in der der Seele Flügel wachsen werden und Sie wieder mehr die angenehmen und schönen Seiten des Lebens genießen können. Vielleicht betrachten Sie das Wort «Wechseljahre» als symbolisches Sprachbild, denn es geht in dieser Lebensphase um einen Wechsel zu einer neuen Kreativität und einer neuen Lebensqualität. Bei dieser Wandlung in den Wechseljahren können die Träume eine hilfreiche Funktion und eine heilende Wirkung haben. Sie sind ein Geschenk der Seele, genauer gesagt der symbolbildenden Funktion der Seele, durch die vor allem die körperlichen Symptome des Klimakteriums in wirkungsvolle Symbole verwandelt werden können. Die Selbstheilungskräfte des seelischen Organismus wirken durch die Symbole. Eine heilende Kraft lebt in ihnen, die das, was uns körperlich und/oder seelisch zerreißt und Qualen bereitet, wieder zusammenfügt und heilt. So wie Helga nach den Wechseljahren eine neue, kreative Lebensphase erlebt, so mögen auch Sie diese neuen Lebensqualitäten als Lebensziel vor Augen haben. Sicherlich können als Wegbeschreibung auch die Bücher von C. G. Jung eine Lebenshilfe werden, zum Beispiel das gut verständliche Buch «Der Mensch und seine Symbole».[23]

C. G. Jungs Träume vom Eisvogel und von der Taube

Nachdem wir bereits durch Helgas Assoziationen auf C. G. Jungs Traum vom Eisvogel hingewiesen worden sind, wollen wir uns jetzt diesem Traum zuwenden. Zu dem größeren lebensgeschichtlichen Kontext ist zunächst anzumerken, daß Jung in den Jahren 1912 und 1913 nach seiner Trennung von Freud eine Zeit innerer Unsicherheit bis hin zur Desorientiertheit durchleiden mußte. In seiner Auseinandersetzung mit dem Unbewußten lag ihm besonders daran, eine neue und ganzheitliche Einstellung zu seinen Patienten zu gewinnen. Zunehmend ließ er alle theoretischen Gesichtspunkte beiseite und war seinen Patienten und Patientinnen behilflich, die Traumbilder aus sich heraus zu verstehen. In diesem entscheidenden Prozeß einer therapeutischen Neubesinnung wurden für ihn seine eigenen Träume von grundlegender Bedeutung. Es erschien ihm zum Beispiel ein weißer Vogel, eine Taube, die sich in ein achtjähriges Mädchen mit goldblonden Haaren verwandelte. In weiteren Träumen sind es innere Gestalten, denen er die Namen Salome, Elias und Philemon gab. Von letzterem, den er als einen unsichtbaren Lehrer empfand, träumte er folgendes:

Es war blauer Himmel, aber er schien wie das Meer. Er war bedeckt – nicht von Wolken, sondern von braunen Erdschollen. Es sah aus, als ob die Schollen auseinanderbrächen und das blaue Wasser des Meeres dazwischen sichtbar würde. Das Wasser war aber der blaue Himmel. Plötzlich schwebte von rechts her ein geflügeltes Wesen herbei. Es war ein alter Mann mit Stierhörnern. Er trug einen Bund mit vier Schlüsseln und hielt den einen so, wie wenn er im Begriff stünde, ein Schloß aufzuschließen. Er war geflügelt, und seine Flügel waren wie diejenigen des Eisvogels mit ihren charakteristischen Farben.[24]

Im Anschluß an diesen Traum erzählt Jung in seinen Erinnerungen einige Begebenheiten, die uns die Bilder dieses Traumes verständlicher werden lassen. Um sich den alten Mann des Traumes besser zu veranschaulichen, malte er Philemon über seinem Bett in Bollingen an die Wand. Das geflügelte Wesen des Traumes bringt Jung mit einem Zufallserlebnis, einer sogenannten Synchronizitätserfahrung, in Verbindung, das er wie folgt beschreibt:

> «In den Tagen, als ich damit beschäftigt war, fand ich am Seeufer meines Gartens einen toten Eisvogel! Ich war wie vom Donner gerührt! Nur ganz selten sieht man Eisvögel in der Umgebung von Zürich. Darum war ich von diesem anscheinend zufälligen Zusammentreffen so betroffen. Die Leiche war noch frisch, höchstens zwei bis drei Tage alt, und wies keine äußeren Verletzungen auf.
>
> Philemon und andere Phantasiegestalten brachten mir die entscheidende Erkenntnis, daß es Dinge in der Seele gibt, die nicht ich mache, sondern die sich selber machen und ihr eigenes Leben haben. Philemon stellt eine Kraft dar, die ich nicht war. Ich führte Phantasiegespräche mit ihm, und er sprach Dinge aus, die ich nicht bewußt gedacht hatte. Ich nahm genau wahr, daß er es war, der redete, und nicht ich. Er erklärte mir, daß ich mit den Gedanken so umgingen, als hätte ich sie selbst erzeugt, während sie nach seiner Ansicht eigenes Leben besäßen wie Tiere im Walde, oder Menschen in einem Zimmer, oder wie Vögel in der Luft.»[25]

Für Jung ist Philemon eine Personifikation seines Animus, seiner Geist-Seele, die ihm überlegene Einsichten und spirituelle Erkenntnisse vermitteln kann. Seine geflügelte Gestalt, die Jung an den Eisvogel erinnert, den er später am Seeufer seines Gartens findet, verweist auf die transzendente Funktion der Seele. Diese Funktion besagt, daß es in der Seele die Möglichkeiten gibt, das Ich-Bewußtsein mit dem Selbst in Verbindung zu bringen und damit einen Empfangskanal für neue Einsichten zu öffnen, wie dies Jung in jenen Jahren der Neuorientierung möglich wurde.

Noch ein weiterer Traum von einem Vogel, einer weißen Taube, verhalf Jung in seiner Auseinandersetzung mit dem Unbewußten zu neuen Einsichten und zur Entwicklung seiner Archetypenlehre. Jung hatte diesen Traum um die Weihnachtszeit des Jahres 1912.

Ich befand mich auf einer prächtigen italienischen Loggia mit Säulen, Marmorboden und einer Marmorbalustrade. Dort saß ich auf einem goldenen Renaissancestuhl, vor mir ein Tisch von erlesener Schönheit. Er war aus grünem Stein, wie aus Smaragd. Ich saß und schaute ins Weite, denn die Loggia befand sich hoch oben am Turm eines Schlosses. Meine Kinder befanden sich ebenfalls am Tisch.

Mit einem Mal senkte sich ein weißer Vogel herab, eine kleine Möwe oder eine Taube. Anmutig ließ sie sich auf dem Tisch nieder, und ich machte den Kindern ein Zeichen, sich ruhig zu verhalten, damit sie den schönen weißen Vogel nicht verscheuchten. Alsbald verwandelte sich die Taube in ein kleines, etwa achtjähriges Mädchen mit goldblondem Haar. Es lief mit den Kindern davon, und sie spielten zusammen in den herrlichen Säulengängen des Schlosses.

Ich blieb in Gedanken versunken und dachte über das nach, was ich soeben erlebt hatte. Da kam das kleine Mädchen zurück und legte mir zärtlich den Arm um den Hals. Dann war es plötzlich verschwunden, die Taube war wieder da und sprach langsam mit menschlicher Stimme: «Nur in den ersten Stunden der Nacht kann ich mich in einen Menschen verwandeln, während der Tauber mit den zwölf Toten beschäftigt ist.» Damit entflog sie in die blaue Luft, und ich erwachte.[26]

Jung empfand diesen Traum als eine ungewöhnliche Belebung seines Unbewußten. Der wunderbare Tisch aus grünem Stein erinnert ihn an die alchemistische Legende des Hermes Trismegistos, der eine Tafel mit alchemistischen Weisheiten in griechischer Sprache hinterlassen haben soll. Aus diesem und weiteren Traumbildern vernahm Jung die Aufforderung, sich später ausführlichst mit der Alchemie zu befassen und in ihrer oft merkwürdigen Symbolik seelische Prozesse zu erkennen. Die Wandlung des weißen Vogels in ein achtjähriges Mädchen mit goldenem Haar wurde für Jung zu einer Art Initialzündung zur Entwicklung seiner Archetypenlehre von den Seelenbildern von Anima und Animus. Subjektstufig betrachtet begegnet Jung in diesem Mädchen, das so zärtlich den Arm um seinen Hals legte, seiner eigenen Anima.

Nach einem weiteren Wandlungsschritt ist wieder die Taube da, die mit menschlicher Stimme spricht: «Nur in den ersten Stunden der Nacht kann ich mich in einen Menschen verwandeln, während der Tauber mit den zwölf Toten beschäftigt ist.» Damit ist eine Anspielung gegeben auf das, was Jung 1916 in der esoterischen Schrift «Sieben Reden an die Toten» schreiben wird. In diesem Text kommt zum Ausdruck, was ihn in den Jahren der Neuorientierung in Atem gehalten hat. «Die Schrift enthält bildhafte Andeutungen oder Vorwegnahmen von Gedanken, die in Jungs wissenschaftlichem Werk später eine Rolle spielten, vor allem die Gegensatznatur des Geistes, des Lebens und der psychologischen Aussage. Das Denken in Paradoxien war es, das Jung bei den Gnostikern angezogen hatte.»[27]

Diese nur kurz mitgeteilten Träume von C. G. Jung über Vögel und geflügelte Wesen aus der Zeit seiner Auseinandersetzung mit dem Unbewußten und seiner therapeutischen Neuorientierung mit dem Ziele, die Traumbilder aus sich heraus zu verstehen, vermitteln uns folgende weitere Erkenntnisse und Verstehensmöglichkeiten für die Vögel in den Träumen: Zum einen ist es wichtig, ihren Wandlungsaspekt zu beachten. In Jungs Traum ist es die weiße Taube, die sich in das Mädchen als Personifikation der Anima, der Seelenführerin, verwandelt. Des weiteren können geflügelte Gestalten, wie der geflügelte alte Mann Philemon, einen inneren Lehrer darstellen, der in Krisenzeiten, die immer eine

Neuorientierung zum Ziele haben, neue Einsichten und Erkenntnisse vermitteln.

In dem Traum von Helga haben wir ein erhebendes Körpergefühl und ein Lebensgefühl der Leichtigkeit kennengelernt. In den erwähnten Vogelträumen von Jung können wir die Vögel als innere Seelenbilder, Anima und Animus, verstehen.[28]

Initialtraum vom über-zeugenden Schwan

Dieses Buch über die Tierträume und meinen Beitrag über die Bedeutung der verschiedenen Vögel als symbolische «Seelenvögel» möchte ich abschließen mit einem persönlichen Traum aus der Zeit meiner Lehranalyse vor nahezu drei Jahrzehnten. Den Impuls und die Initialzündung, mich interessiert und engagiert um das Verständnis von Tierträumen zu bemühen, verdanke ich diesem Initialtraum. Er hatte eine überzeugende Wirkung und eine große Bedeutung für meine seelische Entwicklung und begleitete mich über die folgenden Jahre. Mit diesem Beispiel möchte ich zugleich aufzeigen, daß archetypische Träume zeitlos sind und wir sie von Zeit zu Zeit anschauen und reflektieren können, um dabei zu entdecken, was aus der Bedeutung und Botschaft des früheren Traumes im Verlaufe der Jahre geworden ist und welche Lebensweisheiten durch ihn eröffnet wurden. Hier nun mein Schwanentraum:

Als ich über die kleine Fußgängerbrücke meiner norddeutschen Heimatstadt gehe, sehe ich unter mir plötzlich einen Schwan, dessen Gefieder in der Sonne glänzt. Ich bleibe verwundert stehen und betrachte lange den Schwan und gerate dabei in einen Tagtraum. Plötzlich schießt von dem Schwan ein etwa sechs bis sieben Meter langes Gebilde zu mir hoch, das aussieht wie ein Schlauch. Es berührt mich an den Füßen und Beinen bis hinauf zum Unterleib. Eine flüssige Masse oder Energie scheint durch das Gebilde zu fließen und durchströmt meinen ganzen Körper derart intensiv, daß ich erschrocken davon aufwache.

Im Nacherzählen des Traumes möchte ich als erstes auf den Ort des Traumgeschehens eingehen und dann meine sinnlichen Wahrnehmungen und das Körpergefühl beschreiben. Immer wenn ich an diese kleine Brücke denke oder über sie gehe, fallen mir zwei traumatische Ereignisse meiner Kindheit ein. Zum einen wäre ich an diesem Ort beinahe ertrunken, als ich mit einem Boot zu kentern drohte zu einem Zeitpunkt, da ich noch nicht schwimmen konnte. Zum anderen werde ich nie vergessen, wie ich mit meiner Mutter nach der Flucht aus der russischen Besatzungszone von Greifswald nochmals floh und in Otterndorf bei Cuxhaven über diese kleine Fußgängerbrücke ging und bei meiner Tante Aufnahme fand. Später habe ich an dieser Stelle als Junge oftmals geangelt und manchen Fisch herausgezogen oder mich träumend im Wasser gespiegelt. Da der kleine Fluß «Medem» heißt und ich später durch die tiefenpsychologische Ausbildung ein besonderes Gespür für die Bedeutung der Namen und die Tiefgründigkeit der Sprachbilder bekam, hat dieser Name für mich die Bedeutung eines Mediums bekommen, im Sinne einer Vermittlung für Unbewußtes, noch nicht Gewußtes. Diese Bedeutung steht in engstem Zusammenhang mit dem Wasser als Symbol für die Seele.

Während ich den Fluß über die kleine Brücke überqueren will und auf das Wasser blicke, gewahre ich plötzlich den Schwan. Da sein Gefieder in der Sonne glänzt, bleibe ich verwundert stehen. Diese außergewöhnliche Erscheinung veranlaßt mich zum Innehalten. Wie so oft in den Jahren meiner Kindheit und Jugend verfalle ich bei der Betrachtung des Schwanes auf dem Wasser in einen Tagtraum. Dieser Seelenzustand scheint im richtigen Zeitpunkt zu erfolgen (die Griechen nannten ihn Kairos), denn von dem Schwan schoß blitzartig ein Gebilde zu mir hoch und berührte mich in einer schwer zu beschreibenden, durchdringenden Weise. Ich spürte eine numinose Kraft, die mich mit Furcht und Zittern erwachen ließ. Mir «schwante» etwas, und ich ahnte, daß aus der Tiefe des Wassers durch den Schwan als Vermittler etwas bisher Verborgenes und Unbekanntes ans Licht kam und mich berührte. Die Berührung des schlauchartigen Gebildes begann an den Füßen, setzte sich über die Beine bis hinauf zum Unterleib fort und fühlte sich an, wie wenn eine dicke Schlange an den

Schenkeln hochkriecht. Ähnlich fühlte es sich an, wenn ich als Junge an dieser Stelle einen Aal geangelt hatte. Und dieser sich beim Lösen vom Angelhaken um den Unterarm schlängelte. Derartige Berührungen haben mich niemals geekelt, sondern wurden als etwas Natürliches empfunden, ähnlich empfand ich den feuchten Schlauch, der vom Schwan zu mir im Traum heraufschoß. Welche Flüssigkeit durch das Gebilde herauffloß, kann ich nicht sagen, ich hatte das sinnliche Empfinden von einer Art flüssiger Energie, mit der der Schwan mich zu berühren oder «zu betanken» schien. Wenn ich das Traumbild nach all den Jahren heute imaginiere, kann ich immer noch etwas spüren von dieser Energie, die meinen Körper durchströmt. Die damit verbundenen Emotionen sind vielfältig wie alle Lebensenergien, die uns fortwährend durchfließen. Als stark sinnliches Gefühl spürte ich beim Erwachen eine sexuelle Erregung und hatte eine Erektion. Doch darüber hinaus fühlte ich mich von einer Kraft berührt, deren Tragweite und Bedeutung ich zu jenem Zeitpunkt nur ahnen konnte.

Durch die Besprechungen meines Traumes in der Lehranalyse wurde mir langsam bewußt und klar, daß ich in eine Kommunikation mit meiner Seele und mit dem Unbewußten eingetreten war. Genauer gesagt, ich wurde berührt, und eine Energie floß durch die Vermittlung des Schwanes in mich über, und zwar in einer Art, daß ich in meinem bis dahin eher kritischen Verstand von der Wirklichkeit der Seele «überzeugt» wurde. Je klarer ich mir das Traumbild durch die Begleitung meiner Lehranalytikerin, Frau Dr. Gerda Bertram, machte, um so mehr erschlossen sich mir Tiefendimensionen, von denen ich bisher noch keine Ahnung hatte. Geahnt habe ich es vermutlich schon, aber dieser erste archetypische Tiertraum in der Mitte meines Lebens vermittelte mir eine Erfahrung von einer Wirklichkeit jenseits des Bewußtseins. Wenn ich im indianischen Kulturkreis leben würde, hätte der geträumte Schwan die Bedeutung eines Totemtieres und wäre damit für mich ein heiliges Tier, das mich mit meinen Ahnen verbindet. Das Wort Totem bedeutet in der indianischen Sprache soviel wie Verwandtschaft mit dem Schutzgeist der Ahnen und macht die mystische Verwandtschaft mit einem auserwählten

Tier deutlich. Ähnlich wie bei den Indianern das Totemtier als Ahne der Gruppe erscheint und für die Mitglieder ein Helfer und Beschützer ist, so habe ich durch den geträumten Schwan und seine außergewöhnliche und überzeugende Wirkung mein Ahnungsvermögen entdeckt und somit einen Zuwachs an Identität erfahren, die mir bis dahin verborgen war.

Im Nachempfinden und Nacherzählen des Traumes und in der Imagination möchte ich noch auf das glänzende Gefieder des Schwanes eingehen. Beim Betrachten des Schwanes von der Brükke aus sehe ich, wie sein Gefieder in der Sonne glänzt. Durch diesen Glanz werde ich zu der Einsicht geführt, daß der Schwan mit dem Licht und der Sonne in Verbindung steht und somit ein Symbol des Lichtes ist. Seine Gestalt leuchtet jedoch nicht aus sich heraus, sondern reflektiert das Licht der Sonne. Sein glänzendes weißes Gefieder verweist auf das Licht der Sonne, und diese wiederum verweist als Symbol auf das Licht der Welt, auf Christus. In der christlichen Symbolik verweist der Schwan tatsächlich als Lichtsymbol auf Christus, den Lichtträger. Zu diesem Zusammenhang fallen mir spontan einige vertraute Lieder aus dem Gesangbuch ein:

> Die Sonne, die mir lachet,
> ist mein Herr Jesus Christ.
> Das, was mich singend machet,
> ist was im Himmel ist.

Oder das andere bekannte Morgenlied:

> Morgenglanz der Ewigkeit,
> Licht vom unerschaffenen Lichte,
> schick uns diese Morgenzeit,
> Deine Strahlen zu Gesichte,
> und vertreib durch Deine Macht unsere Nacht.

Mit diesen Hinweisen bin ich bereits in die symbolische Bedeutung vorausgeeilt. Bevor ich näher darauf eingehe, möchte ich noch Erfahrungen aus meinem lebensgeschichtlichen Kontext erzählen, damit verständlich wird, warum mir gerade ein Schwan erschienen ist.

Mein Schwan im lebensgeschichtlichen Kontext

Im Kontext meiner Kindheit und meiner Lebensgeschichte hat der Schwan eine wichtige Bedeutung. In der Kindheit erzählte mir meine Mutter gerne Geschichten und Märchen, in denen Schwäne im Mittelpunkt standen. Eindrucksvoll ist mir aus dieser Zeit auf dem Bauernhof in Pommern in Erinnerung geblieben, wie glücklich die Mutter war, wenn sie inmitten ihrer Gänse stand oder Wert darauf legte, nur Enten mit weißem Federkleid aufzuziehen. Obwohl es keine Schwäne auf unserem Dorfteich gab und daher keine unmittelbare Beziehung zu ihnen möglich war, waren die Schwäne in der Phantasie meiner Mutter und in ihren Geschichten, die sie mir erzählte, so lebendig gegenwärtig, als schwämmen sie auf dem kleinen Teich neben unserer Wiese. Weiße Enten, Gänse und Schwäne waren also die Lieblingstiere meiner verstorbenen Mutter. Ich selber liebte besonders die kleinen Gänschen, wenn sie aus den Eiern schlüpften und dann unter der Gänsemutter Wärme, Geborgenheit und Schutz suchten. Sobald sie dann größer wurden, spielte ich mit ihnen oder mußte sie hüten und fühlte mich dabei ähnlich wie die Gänsemagd im Märchen, von der mir ebenfalls meine Mutter erzählte.

Ein ganz besonderes Erlebnis mit Gänsen in meiner Kindheit ist, wie meine Patentante Berta im Jahre 1942 einmal Gänse im Bett ausbrütete, weil die Gänsemutter anscheinend keine Lust mehr hatte, so lange auf den Eiern zu sitzen. Mit großem Erstaunen habe ich damals bewundert, wie die aufwachsenden Gänse an der Tante hingen und sie offensichtlich als Mutter adoptiert hatten. Meine Erlebnisse und Erfahrungen mit Gänsen stehen insofern mit dem Schwan meines Traumes in Beziehung, als ich, wie erwähnt, durch die Märchen und Geschichten meiner Mutter in meiner kindlichen Phantasie derart angeregt wurde, daß ich mir manchmal wünschte, meine Gänse, die ich hüten mußte, mögen sich in Schwäne verwandeln und fortfliegen. Doch kehre ich nochmals zu dem Umgang meiner Mutter mit den Schwänen zurück. Nach unserer Vertreibung und Flucht aus Pommern hat sie ihre Erinnerungen an die verlorene Heimat oft in Schwänen zum Ausdruck gebracht, indem sie aus Seidengarn Gardinen mit dem Motiv der Schwäne häkelte oder immer wieder Schwäne aus Porzellan in allen möglichen Größen kaufte und mir ebenfalls, solange sie lebte (sie starb 1983), bei Besuchen einen Schwan schenkte.

Auf diesem nur kurz geschilderten lebensgeschichtlichen Hintergrund dürfte verständlich werden, daß der Schwan in der Bilderwelt meiner Seele einen prägenden Einfluß hat. Für mich ist es daher auch nicht verwunderlich, daß ich während der Lehranalyse nach C. G. Jung den berichteten Traum vom Schwan hatte und in diesem Tiersymbol erstmalig meiner Anima in Tiergestalt begegnete.

Der Schwan als Animasymbol

Die überzeugende Berührung durch den Schwan in meiner Tiefenperson, in meiner Seele, und die Beflügelung meiner Phantasie sowie meines Geistes möchte ich vertiefend beschreiben mit dem Begriff der Anima nach C. G. Jung. Dabei ist es mir wichtig, nicht die Bedeutung dieses Begriffes aus den frühen Jahren des großen Psychologen anzuwenden, sondern den erweiterten ganzheitlich verstandenen Begriff, auf den ich schon hingewiesen habe (S. 38). Die Anima als Archetypus des Lebens und der Lebendigkeit kann in vielen Gestalten und Formen erscheinen. Ihre Erscheinungsformen hängen mit dem jeweiligen Entwicklungsstand der Persönlichkeit zusammen. Sie kann in der Gestalt von Nymphen, Feen oder Walküren sowie Zauberinnen erscheinen oder in der personalen Gestalt einer wunderbaren Frau mit einer erotischen Anziehungskraft. Viele Mythen und Märchen von den Schwanenjungfrauen oder das Märchen: «Die sechs Schwäne» erinnern daran, daß wir der Anima auch in Tiergestalt begegnen können. Ihre Erscheinungsformen sind aufs engste mit ihren Wirkungen und ihren Funktionen verbunden.

Die Anima hat eine vermittelnde Funktion und schafft ganzheitliche Beziehungen zwischen dem Bewußtsein und dem Unbewußten. Dies wird in vielen Träumen im Symbol der Brücke zum

Ausdruck gebracht, so auch in meinem Traum. Die Beziehung, die sie bewirkt, zeigt sich in meinem Traum ferner in dem Schlauch, der mich berührt und durch den eine flüssige Energie in mich überfließt. Verena Kast weist darauf hin, daß die Archetypen von Anima und Animus eine entscheidende Hilfe bringen zur Loslösung von den Elternkomplexen.[29] An dieser Lebensaufgabe habe ich lange Zeit während meiner Lehranalyse gearbeitet, um meine eigene Identität zu finden. Durch meine langjährige Lebensberatung und Psychotherapie speziell mit Männern habe ich entdeckt, daß, wenn ein Mann nicht seine Anima integriert, sich dies auswirkt in bedrückenden Stimmungen, in Unbehagen bis hin zu Depressionen, Alkoholismus oder psychosomatischen Erkrankungen. Die Erscheinung der Anima in den Träumen will Männer insbesondere aufrütteln, ihre spirituelle Reise zu ihrer Seele aufzunehmen. Gelingt einem Mann die Auseinandersetzung mit seiner Anima, so wird er lernen, seine eigenen Gefühle von den Launen der Anima zu unterscheiden. Sie wird ihm dazu verhelfen, sich selber zu akzeptieren, ganzheitlicher zu leben und Formen einer neuen Kreativität zu entdecken. Dies alles kann ich persönlich bezeugen aus meiner nunmehr fast dreißigjährigen Auseinandersetzung mit den inspirierenden Kräften der eigenen Seele.

Die Anima hat in Gestalt des Schwanes auch mein Ahnungsvermögen erweckt. Durch den «Tankschlauch», der in meinem Traum von dem Schwan ausging, fließen seelische Energien und inspirierende Kräfte in mein Ich-Bewußtsein und in meine Gedanken, die mich seitdem zunehmend befähigen, mit Emphatie und Introspektion die Träume von vielen Menschen zu hören und sie hilfreich zu deuten. Dies praktiziere ich nicht nur in therapeutischen Einzelgesprächen oder in meinen Traumgruppen, sondern seit vierundzwanzig Jahren auch in meinen Life-Sendungen beim Südwestfunk in Baden-Baden im Ratgeber Lebensfragen. Wenn ich dort von Zeit zu Zeit sonntagsabends als Fachberater mit den Anrufenden über ihre Träume spreche, kann ich mich meistens schnell in die Bilder einfühlen und die Bedeutung erahnen. Den bildhaften Wahrnehmungskanal benutze ich ferner seit einiger Zeit auch in der Traumarbeit mit Kriegsblinden in verschiedenen

Sanatorien, wie zum Beispiel in Bad Berleburg, Bad Wildbad und an anderen Orten. Es ist in der Begleitung von Kriegsblinden für mich immer erneut erstaunlich, wie differenziert diese Menschen die Gestalten in ihren Träumen wahrnehmen und sich an deren Farbigkeit und Lebendigkeit erfreuen.

Erinnerungen an den Schwan und Ausblick

Verehrte Leserin, verehrter Leser, nachdem Sie meine Erfahrungen mit dem geträumten Schwan gelesen haben, haben Sie sich vielleicht gefragt: «Was bedeutet der Schwan jetzt, nach fast dreißig Jahren, für Sie?» Dieser Fragestellung will ich abschließend nachgehen und dadurch für Ihren Umgang mit den eigenen Träumen aufzeigen, wie anregend es sein kann, die Wirkungen eines Traumes auch nach Jahren nochmals zu analysieren und zu reflektieren, wie ich es hier gezeigt habe. Für mich ist dieser archetypische Tiertraum noch lange nicht ausgeschöpft. Welche geistigen und seelischen Entwicklungsprozesse er auslöste, habe ich in der gebotenen Kürze ausgeführt. Die weitere Bedeutung für meinen begonnenen dritten Lebensabschnitt und den Ausblick auf das Ende meines Lebens mit dem Übergang in eine andere Lebensform möchte ich mit dem sprichwörtlichen «Schwanengesang»[30] verdeutlichen. Es ist bekannt, wenn Schwäne sterben, stimmen sie ihren melancholischen Gesang an.

Der Schwan in meinem archetypischen Tiertraum hat mir den entscheidenden Impuls gegeben, daß ich mich viele Jahre mit zunehmendem Interesse mit den Tieren in den Träumen befaßte wie auch mit Franz von Assisi, an dessen Geburtstag ich geboren wurde. Indem ich mich mit «Schwester oder Bruder Tier» befaßte, habe ich Lebensweisheiten gelernt, von denen ich in der Lebensmitte nur träumen konnte. Zu dieser Weisheit gehört für mich besonders die Entwicklung meiner Intuition, meines Ahnungsvermögens, von dem ich schon gesprochen habe. Als ich vor Jahren in einer Gruppe über das Ahnen sprach, fragte ich spontan, ob es auch eine Beziehung zu den Ahnen ermögliche? Inzwischen ist mir klar geworden, daß das Ahnen jener Wahrnehmungskanal in der Seele ist, der auch mit den Ahnen verbinden kann und uns damit nicht nur zu den persönlichen Wurzeln unseres Lebens führt, sondern darüber hinaus mit dem archetypischen Netzwert unserer Ahnen verbindet. Zu dieser Weite und Weisheit führte mich der geträumte Schwan. Ebenfalls erinnert er mich wiederholt an jenen Ort, wo ich beinahe mein Leben verloren hätte, und eröffnet mir als Seelenvogel eine neue Beziehung zur Tiefe der Seele und stärkt mich mit einer Lebensenergie, die durch das schlauchartige Gebilde in mich überfließt. Die Ganzwerdung meines Lebens und die Heilung meiner Seele haben mit diesem Traum in der Weise angefangen, daß der Zwiespalt zwischen Geist und Seele, zwischen Bewußtsein und Unbewußtem, zwischen Ich und Selbst überbrückt wurde, wofür die Brücke in meinem Traum ein Symbol ist.

Abschließend möchte ich die gewonnene Erkenntnis aus diesem Traum und aus der langjährigen Traumarbeit mit vielen Menschen im Hinblick auf die Heilung in der Weise zum Ausdruck bringen, daß Heilung geschieht, wenn wir die alten Geschichten, die fortwährend unsere Verletzungen und Wunden in Erinnerung rufen, mit Hilfe unserer Träume zu einer neuen Geschichte weben und die alten Erfahrungen transformieren, indem wir allem Schmerz, den wir erlitten haben mögen, einen Sinn verleihen! Als Dank für die Lebensweisheit, die wir durch Tiersymbole in Träumen kennenlernen können, schließe ich mit einem Nachwort zur Weisheit aus dem Buche Jesus Sirach, das ich zufällig entdeckte, als ich an diesem Kapitel arbeitete. Dort heißt es:

> «Als ich jung war, suchte ich eifrig die Weisheit. Sie kam zu mir in ihrer Schönheit, und bis zuletzt will ich sie erstreben!»[31]

Ein alter Traum als Lebenshilfe zum Altern

Zu dem Streben nach Weisheit, insbesondere nach Lebensweisheit, gehört es, die Träume nicht nur im Kontext der jeweiligen aktuellen Lebenssituation zu deuten, sondern sie auch in größeren Lebenszusammenhängen zu sehen, wie ich es mit meinen Beispielen versucht habe. Daher möchte ich meinen alten Traum aus jungen Jahren noch im Hinblick auf meine durchlebten Wechseljahre als Mann reflektieren.

Während über die Wechseljahre der Frauen viele Bücher erschienen sind, gibt es für Männer bisher kaum Literatur über die Kreativität in der letzten Lebensphase. Zu diesem Themenkreis möchte ich zunächst eine Begriffsklärung vornehmen, indem ich künftig vom Altern von uns Männern spreche und nicht von «Wechseljahren», weil dieses Wort meistens mit dem Klimakterium der Frauen in Verbindung gebracht wird. Das Wort Alter oder Altern hat nach dem Herkunftswörterbuch des Duden mit einer indogermanischen Sprachwurzel zu tun, die bedeutet «wachsen, nähren und wachsen machen». Zu dem Wortfeld gehört ferner das lateinische *altus*, welches einen merkwürdigen Gegensinn beinhaltet, indem es zugleich hoch und tief bedeutet. Wenn wir diese Erkenntnisse aus der Sprachwurzel und dem Wortfeld auf unser Thema anwenden, dann weist das Verb «altern» (statt Wechseljahre) darauf hin, daß auch noch im Alter ein Wachstum der Persönlichkeit möglich ist.

Die Bedeutung des Nährens läßt sich ebenfalls auf die Funktion der Träume ganz allgemein und speziell auf die Tierträume anwenden. Ähnlich wie uns die Tiere in der Realität zur Nahrung dienen (sofern wir nicht Vegetarier sind), so nähren die Träume unsere Seele und unseren Geist. In diesem Zusammenhang gewinnt mein Traumbild vom über-zeugenden Schwan nochmals eine tiefere Bedeutung, indem mir durch den «Tankschlauch», der vom Schwan zu mir reicht, Lebensenergien und «Betriebsstoff» aus der Tiefe des Wassers, sprich des Unbewußten, zugeführt werden. Nachdem dieser psychische Energiekanal in meinem ersten archetypischen Traum, den ich bewußt wahrgenommen habe, eröffnet wurde, gibt es nach meinem seelischen Empfinden so etwas wie eine Silberschnur oder eine unsichtbare Leitung, die mein Bewußtsein mit dem Unbewußten verbindet. Diese Verbundenheit und Beziehung zwischen den psychischen Systemen ist auch für den Prozeß des Alterns von grundlegender Bedeutung.

Aus meinen persönlichen Erfahrungen mit dem Altern werden Sie schon entnommen haben, daß wir Männer keine Angst haben müssen davor. Sicherlich stellen sich bei vielen Männern kleine oder größere Wehwehchen ein, funktionelle Störungen oder eine vegetative Dystonie, die bei manchen Männern durch eine gewisse Wehleidigkeit dramatisiert werden kann. Dies geschieht nach meinen Erfahrungen besonders dann, wenn wir ein Leben lang nicht oder zu wenig auf unseren Körper und seine Bedürfnisse geachtet haben. Die verschiedenen Beschwerden sollten uns an die Gesundheitsvorsorge für unseren Körper erinnern.

Ein ganz besonderes Problem ist bei vielen Männern die liebevolle Achtsamkeit für die persönlichen seelischen Bedürfnisse. Viele haben in dem lebenslangen Streß im Beruf fast vergessen, daß sie auch eine Seele haben und Träume. In zahlreichen Männergruppen habe ich von Teilnehmern gehört, daß sie das Träumen lieber den Frauen überlassen. Ein Ingenieur sagte wörtlich: «Ich lasse bei meiner Frau träumen!» Wenn dies auch bei Ihnen der Fall sein sollte, dann ist es mit Ihrer Sorge für Ihre seelischen Bedürfnisse in den Wechseljahren schlecht bestellt. Vielleicht geben Ihnen die Traumbeispiele in diesem Sammelband den Impuls, sich im Ruhestand auch mit Ihren eigenen Träumen zu befassen. Die Träume helfen uns, die vielen kleinen oder größeren Probleme zu verarbeiten. Nach meinen Erfahrungen in der therapeutischen Traumarbeit während drei Jahrzehnten können wir durch die Beachtung und Bearbeitung unserer Träume bis ins hohe Alter seelisch lebendig bleiben und kreativ sein. Und nach meinen Erfahrungen im persönlichen Prozeß des Alterns und durch die therapeutische Begleitung von Männern in dieser Lebensphase weiß ich, daß wir durch die Träume neue Lebensmöglichkeiten entdekken und durch deren Symbole fühlen, was noch an Reserven in uns steckt.

Die weiße Lebensflamme im Vogelschwarm

Zum Abschluß möchte ich einen archetypischen Vogeltraum des englischen Dichters John Boynton Priestley (1894–1984) mitteilen und analysieren. Priestley hatte diesen Traum 1936 mit zweiundvierzig Jahren, als er sich mit seinem Zeitstück «Time and the Conways», deutsch «Die Zeit und die Conways», einem Schauspiel in drei Akten, befaßte. Unter dem Eindruck des damaligen Zeitgeschehens vor dem Zweiten Weltkrieg und in Anlehnung an die damals diskutierten Zeittheorien von P. D. Ouspensky, E. A. Abbots und anderen stellt Priestley den Zerfall einer englischen Großfamilie dar. Priestley verknüpft in diesem Schauspiel die vordergründigen Familiendramen mit dem hintergründigen Zeitverständnis, das sich eindrucksvoll in dem vorliegenden Traum widerspiegelt. Er versucht die dramatische Bearbeitung der damaligen Zeitgeschichte und überhöht sie zugleich durch die Einbeziehung der genannten philosophischen Zeittheorien, die in seinem Traum eine kunstvolle Veranschaulichung erhalten.[32] Besonders im dritten Akt seines Schauspiels werden Gegenwart, Vergangenheit und Zukunft in ähnlicher Weise miteinander verknüpft, wie der Fluß der Zeit im Traum gesehen wird. Die Botschaft dieses Aktes kann in die Worte zusammengefaßt werden, daß diejenigen, die in einer Zeitlosigkeit leben wie Alan, eine der Hauptgestalten in diesem Akt, selbstlos und zufrieden leben.

Nach diesen Informationen zum literarischen und lebensgeschichtlichen Kontext gebe ich nun den eindrucksvollen Traum von Priestley wieder:

Ich träumte, ich stand auf der Spitze eines sehr hohen Turmes, allein, und blickte auf Tausende von Vögeln hinab, die alle in einer Richtung flogen; jede Art Vogel war vertreten, alle Vögel der Welt. Es war ein stolzer Anblick, dieser weite himmlische Vogelfluß. Aber dann wurde auf mysteriöse Weise geschaltet, das Tempo wurde schneller, so daß ich Generationen von Vögeln sah, beobachtete, wie sie aus dem Ei krochen, flügge wurden, sich paarten, schwächer wurden, abnahmen und starben. Flügel wuchsen, nur um zu zerbrechen; Körper waren schlank, und dann, mit einem Schlage, verbluteten sie und verschrumpelten; und der Tod schlug zu, überall, jeden Augenblick. Wozu der ganze blinde Kampf ins Leben hinein, das eifrige Erproben der Flügel, das eilige Paaren, das Fliegen und Aufschwingen, die ganze gigantische, sinnlose biologische Anstrengung? Als ich hinunterstarrte, anscheinend die unwürdige Geschichte jeder Kreatur fast mit einem Blick erfassend, blutete mir das Herz. Es wäre besser, wenn kein einziges von ihnen allen, wenn kein einziger von uns allen geboren wäre, wenn der Kampf für immer aufhörte.

Ich stand auf meinem Turme, verzweifelt, unglücklich, immer noch allein. Aber dann wurde wieder geschaltet, die Zeit lief noch schneller ab, sie stürzte so schnell, daß die Vögel keinerlei Bewegung mehr zeigen konnten, sondern wie eine ungeheure, mit Federn besäte Ebene aussahen. Aber durch diese Ebene, aufleuchtend durch die Körper selbst, lief jetzt eine Art weißer Flamme, zitternd, tanzend, dann vorwärtsstürzend; und sobald ich sie sah, wußte ich, daß diese weiße Flamme das Leben selbst war, die reine Quintessenz des Lebens; und dann ging mir auf, in einer raketenartigen Ekstase, daß es auf nichts ankam, daß es nie auf irgend etwas ankommen könnte, weil nichts wirklich war außer diesem vibrierenden, eilenden Glanze des Daseins. Vögel, Menschen oder Geschöpfe, noch ungeformt und ungefärbt, sie alle hatten Bedeutung nur, soweit diese Lebensflamme durch sie zog. Keine Trauer blieb zurück; was ich für Tragik gehalten hatte, war nur Leere oder ein Schattenspiel; denn jetzt war alles wirkliche Gefühl beschlossen und verklärt in der weißen Flamme des Lebens und tanzte in Ekstase weiter mit ihr.[33]

Priestley teilt mit, daß er als Reaktion auf diesen eindrucksvollen Traum mit einem tiefen Glücksgefühl erwacht sei und überzeugt, hinter dem Vorhang der Realität die verborgene Weisheit des Lebens geschaut zu haben. «Ich habe nie zuvor ein so tiefes Glücksgefühl empfunden wie am Ende des Traumes vom Turm und von den Vögeln, und wenn ich dieses Glücksgefühl in mir bewahrt habe, als innere Atmosphäre und Zuflucht für das Herz, so ist es deshalb, weil ich ein schwacher und närrischer Mensch bin, der die verrückte Welt einläßt, die zertrampelt und jeden grünen Weisheitsschößling zerstört. Trotzdem bin ich seitdem nicht mehr ganz derselbe Mensch.»[34]

Die existentielle Betroffenheit des Träumers zeigt sich in positiven Empfindungen wie in negativen Reaktionen. Am Anfang beeindruckt der stolze Anblick dieses weiten himmlischen Vogel-Flusses. Als der Träumer dann die schnell aufeinanderfolgenden Lebensprozesse mit Geborenwerden und Sterben auf einen Blick erfaßt, blutet ihm das Herz. Er fühlt sich verzweifelt, unglücklich und allein. Die genannten Gefühle und Reaktionen sind Wahrnehmungen des Ich-Bewußtseins.

Im zweiten Teil des Traumes blickt Priestley tiefer und sieht die weiße Lebensflamme, die sich zitternd und tanzend durch alle Körper hindurchzieht. Durch die Erscheinung der weißen Flamme erlangt er ein höheres Bewußtsein und ein solches Glücksgefühl, daß keine Trauer über das sinnlose Leben im ersten Teil des Traumes zurückbleibt.

Wir wollen uns diesen eindrucksvollen Traum jetzt als ein Lehrstück anschauen über die verschiedenen Dimensionen in unserer Seele. Im ersten Teil des Traumes sieht das Ich die rein biologische Abfolge der Vögel in ihrem Werden und Sterben. Wenn dies wirklich alles wäre im Leben der Vogelwelt und bei uns Menschen, stellt sich schon im Traum die Frage, wozu das alles dienen soll und wozu diese sinnlose biologische Anstrengung? Dann jedoch blickt das Traum-Ich des Dichters in die archetypische Welt der Träume und sieht die weiße Lebensflamme, und es stellt sich ein so tiefes Glücksgefühl ein, daß keine Trauer zurückbleibt.

Die Erscheinung derartiger großer Urbilder des Lebens hat nicht nur eine tröstliche Wirkung auf das Bewußtsein, sondern auch eine heilende. Der Glanz des Daseins, wie es im zweiten Teil des Traumes heißt, macht das seelische Erleben ganz, indem wieder zusammengeführt wird, was die Zwiespältigkeit des Lebens in uns geteilt hat. Die wiederholt angesprochene Lebensflamme gehört in den Träumen und Märchen zu einem archetypischen Symbolfeld des Lebens, zu dem auch das Lebenslicht und das Lebenswasser, die Lebenswurzel sowie der Lebensbaum und andere Ursymbole des Lebens gehören. Grundlagen dieser Urbilder des Lebens ist die Lebensenergie, die mit der tanzenden und zitternden Lebensflamme unser Leben vorwärts treibt und vibrieren und pulsieren läßt. Ähnlich wie unsere Träumerin Sara in ihrem Vogeltraum die Farbigkeit des Lebens schaut, so bekommt Priestley in seinem Traum einen Einblick in den «Biotanz» des Lebens.

Zum Abschluß möchte ich nochmals den Bezug herstellen zu dem literarischen Kontext des Traumes, als Priestley sich intensiv mit dem zeitkritischen Schauspiel beschäftigte. Während sich der

Dichter mit realen Personen und deren Lebensschwierigkeit auseinandersetzt, ermöglicht ihm sein Traum einen Einblick in die verborgene Wirklichkeit des Lebens. Während das Bewußtsein und das Ich sich an der Uhrzeit sowie den Tag- und Nachtzeiten orientiert, vermittelt das Traum-Ich des Dichters durch das Ansichtigwerden von Werden und Vergehen der Vögel ein Fließen der Zeit, das auf dem Höhepunkt eine Gleichzeitigkeit von Geborenwerden und Sterben erkennen läßt. Als Vergleich dazu möchte ich das Zeiterleben in den sogenannten Nahe-Tod-Erfahrungen von Menschen erwähnen, die bei gefährlichen Unfällen oder lebensbedrohlichen Operationen ihren Lebensfilm und ihr Lebenspanorama in zusammengedrängter Gleichzeitigkeit von Kindheit und Alter sehen können. Da die Vögel im Luftraum fliegen und dieser ein anschauliches Symbol ist für die geistige Welt, kann das philosophische Problem der Zeit in trefflicher Weise gerade durch diese Bilder veranschaulicht werden. Anscheinend kennen die archetypischen Träume keine Uhrzeit, sondern spiegeln die Urzeit in einer Art von Zeitlosigkeit, für die die Bibel den Begriff «Ewigkeit» verwendet. Bevor diese Zeitlosigkeit in dem zukünftigen Leben erfahrbar wird, müssen die Vögel und die Tiere sowie wir Menschen noch viele Qualen und Schmerzen durchleben, auf die ich abschließend eingehen möchte.

Anmerkungen und Literatur

1 B. Johnson: *Die Große Mutter in ihren Tieren. Göttinnen alter Kulturen.* Walter, Olten 1990.

2 C. G. Jung: *Gesammelte Werke* (GW), hrsg. von L. Jung-Merker, E. Rüf und L. Zander. Walter, Olten 1971 ff., Bd. 12 und 13, die genannten Vögel.

3 Das genannte Märchen ist nach astrologischem Verständnis mein Schicksalsmärchen als Waage-Typ. Nach meinem intuitiven Empfinden hängt mein besonderes Interesse für die Träume von Vögeln und mein archetypischer Schwanentraum während der Initialphase meiner Lehranalyse (siehe Seite 54) mit der astrologischen Lebensaufgabe zusammen. Siehe N. Klein und R. Dahlke: *Das senkrechte Weltbild. Symbolisches Denken in astrologischen Urprinzipien.* Kösel, München 1986, S. 415.

4 M. Chagall und K. Mayer: *Traumbilder.* Echter, Würzburg 1997, S. 9.

5 a.a.O., S. 72.
6 a.a.O., S. 75.
7 H. von Beit: *Symbolik des Märchens,* Francke, Tübingen [6]1997.
8 Th. Seifert: *Schneewittchen tiefenpsychologisch gedeutet.* Kreuz, Stuttgart 1983.
9 C.G. Jung, *GW,* Bd. 6, Definition: Identität. H. Hark: *Lexikon Jungscher Grundbegriffe.* Walter, Olten 1988, Begriff: Identität.
10 H. Hark: *Heilkräfte im Lebensbaum. Ein praktisches Übungsbuch.* Kösel, München 1992. Darin: Die Farben im Lebensbaum. Ähnlich wie das bekannte indische Modell der sieben Chakren als Energiezentren entlang der Wirbelsäule geht das mystisch-christliche Modell des Lebensbaumes von zehn Energie- und Erlebnisfeldern aus, die auf die verschiedenen Körperbereiche projiziert werden.
11 H. Hark, *Lexikon Jungscher Grundbegriffe.* Artikel: Anima und Animus. D. Heisig: *Die Anima. Der Archetyp des Lebendigen.* Walter, Zürich und Düsseldorf 1996.
12 H. von Beit, *Symbolik des Märchens.* Registerband, Artikel: Ente.
13 C.G. Jung, GW Bd. 6, Definition: Individuation. M.-L. von Franz: Individuation, in: C.G. Jung et al.: *Der Mensch und seine Symbole.* Walter, Olten [11]1988. H. Hark, *Lexikon Jungscher Grundbegriffe.* Artikel: Individuation.
14 1. Könige 19,12.
15 Siehe Nr. 10.
16 H. Hark: *Traumbild Baum. Vom Wurzelgrund der Seele.* Walter, Olten 1986.
17 a.a.O., S. 9.
18 Psalm 124,7.
19 Goethe erzählt diesen Traum in seiner *Italienischen Reise.* Geträumt wurde er nach eigenen Angaben vor der Reise und ist von ihm selber als Vorahnung dieser Glücksepoche seines Lebens verstanden worden. Der Traum findet sich in: *Träume – Heimat der Seele,* hrsg. von J. Perfahl. Neue Tieck-Bücher, Langen-Müller, München 1990.
20 H. Hark: *Lexikon Jungscher Grundbegriffe.* Artikel: Synchronizität.
21 Jesaja 40,31.
22 GW Bd. 9/II, § 29.
23 C.G. Jung et al.: *Der Mensch und seine Symbole.* Walter, Olten [11]1988.
24 C.G. Jung: *Erinnerungen, Träume, Gedanken,* aufgezeichnet und herausgegeben von A. Jaffé. Walter, Olten 1971, S. 186.
25 a.a.O.
26 a.a.O., S. 175.
27 a.a.O., S. 388.
28 Nach den neuen Konzepten von Verena Kast, Ursula Baumgardt, Daniela Heisig u.a. haben beide Geschlechter Anteil an den inneren Partnern «Anima» und «Animus». Demzufolge kann Philemon als innerer Lehrer und Elia als spiritueller Animus von Jung verstanden werden. Siehe auch Anmerkung Nr. 11.

29 D. Heisig: *Die Anima. Der Archetyp des Lebendigen,* S. 79.

30 Nach dem Traumbuch des Artemidor von Daldis (dtv, München 1979, S. 143) bedeutet der Schwan einen Musiker und die Musik selbst, ferner bringt er wegen seiner Farbe Verborgenes ans Licht. Kranken prophezeit seine Erscheinung Heilung, sein Gesang aber Tod.

31 Jesus Sirach 51,13.

32 Wer sich zum Kontext dieses Traumes mit der Dramentechnik von Priestley in seinen Zeitstücken und der psychodramatischen Struktur dieses poetischen Traumes ausführlich befassen möchte, sei auf die Dissertation von E. Petrich hingewiesen: *Die Dramentechnik der drei Zeitstücke Priestleys.* Wien 1950.

33 J. B. Priestley: *Rain upon Godshill.* Toronto 1939, S. 394 ff. Deutsch in: Gerhard Adler: *Zur analytischen Psychologie.* Rascher, Zürich 1952, S. 158 f.

34 Priestley, a. a. O., S. 306.

TRAUMBILD FUCHS

Von Ingrid Riedel

Einleitung

Vom Fuchs zu träumen verhieß nach dem Glauben der Zigeuner künftige Gesundheit und Wohlergehen. Bei den Römern – wie heute noch im Schweizer Sarganser Land – bedeutete ein Fuchstraum nichts Gutes. Bei den Siebenbürger Sachsen lief die Meinung um, man bekäme es auf solch einen Traum hin alsbald mit hinterlistigen Leuten zu tun (Bächtold-Stäubli).

Was ist von solchen alten Volkstraditionen im Blick auf die Traumdeutung zu halten? Wie wir sehen, widerspricht die Deutung der Zigeuner, die im Fuchs einen Glücksbringer sieht, derjenigen der Römer diametral, die ihn für einen Unglücksboten hält. Doch muß das noch nicht bedeuten, daß sich nicht bei beiden Überlieferungen alte Erfahrungsweisheit niedergeschlagen haben könnte, Erfahrungen mit der realen Konsequenz von Träumen für den Träumer; Erfahrungen aber vor allem mit dem Fuchs selber. Sie bestimmen, als Erwartung oder Vorurteil gegenüber diesem Tier, auch die Einstellung gegenüber den Träumen von ihm. Die Zigeuner schätzten den Fuchs: Sie vermochten seinem freien Jagen, seiner Instinktsicherheit und Klugheit, mit denen er sich das Lebensnotwendige in allen Notlagen zu verschaffen wußte, etwas abzugewinnen. Sie hatten nichts zu verlieren durch den Fuchs: Sie hielten sich keine Lämmergehege und Hühnerställe, die er hätte ausrauben können. Sie folgten vielmehr selbst auf ihren Wanderungen ihren Intuitionen und Instinkten. Da sie ihn schätzten, aßen sie in frühen Zeiten auch sein Fleisch: um dadurch, wie es dem Glauben aller alten Völker entsprach, Anteil an seinen wertvollen Kräften zu bekommen. Die alten Römer – auch die unter christlichem Einfluß stehenden Völker – hätten sein Fleisch niemals angerührt.

Bei den Seßhaften und Eingesessenen, von den Römern bis

zu den Sargansern und Siebenbürger Bauern, gilt der Fuchs eher als Eindringling, als listiger Störenfried, als Räuber und maßlos gieriger Fresser. Eine auf dem Bauernhof aufgewachsene Frau konnte mir köstlich davon erzählen, wie es herging, wenn der Fuchs gelegentlich in den Hühnerstall einbrach: große Aufregung unter den Leuten – von den hektisch umherflatternden Hühnern gar nicht zu reden –, jeder suchte fluchend nach einem Gerät, um den Fuchs zu fangen, zu schlagen oder gar zu töten: wobei der Fuchs mit Sicherheit im allgemeinen Durcheinander zu entkommen wußte. Sie selbst, die auch ein nicht ganz so domestiziertes Wesen war und lebhafte Ausbruchsgelüste gegenüber der in sich geschlossenen bäuerlichen Welt hegte, hielt innerlich immer zum Fuchs und hatte Spaß daran, wie er, nachdem er alles Geordnete durcheinander gebracht hatte, jedesmal geschickt entwischte.

Sympathie oder Antipathie gegenüber dem Fuchs bestimmen also deutlich die Bedeutungen, die man innerhalb der volkstümlichen Traditionen dem Fuchs im Traum zuschrieb.

Es ist mir unvergeßlich, wie während meiner Ausbildung am C. G.-Jung-Institut Mario Jacoby uns Studierenden einmal ans Herz legte, doch nicht immer sofort nach einem Symbollexikon zu rufen, wenn wir von einem Tier, zum Beispiel von einem Raben, träumten: es wäre doch immerhin möglich, daß wir auch selbst schon einmal einen Raben gesehen hätten ... Den wirklichen Raben anzusehen, das Charakteristische an ihm und seinem Verhalten zu beobachten; vor allem unser eigenes Verhältnis zu ihm zu erspüren: dies erschließe die Bedeutung dieses Vogels in unserem eigenen Traum wie nichts anderes.

Wir müßten uns den Fuchs jetzt also einmal vorstellen: mit seinem dreieckig-herzförmigen Gesicht, den wachen, großen Augen darin samt ihren elliptischen Pupillen, seiner spitzen Schnauze und den aufmerksam spielenden, nicht eben kleinen Ohren: mit seinem prächtigen rotbraunen Fell, dem langen, buschigen Schwanz schließlich, der ihn am stärksten charakterisiert und am schönsten vor anderen auszeichnet.

Es ist natürlich ebenso reizvoll wie sinnvoll, unseren Eindruck von dem jeweiligen Tier etwa durch die Lektüre von Tierbeschreibungen wie die von Grzimek zu ergänzen. Über den Fuchs lesen wir dort zum Beispiel, daß er mit dem Luchs und anderen hundeartigen Tieren einen Bau gemeinsam bewohnen könne und mit ihnen eine vorbildliche Wohngemeinschaft bilde; daß sowohl die Füchsin wie der Fuchs hervorragende Eltern ihrer Jungen seien usw.

Hinzu kommen dann natürlich die Tiergeschichten, die Fabeln und Märchen, die uns im Blick auf dieses Tier wichtig geworden sind: Das Tierepos «Reineke Fuchs» (von Goethe) zum Beispiel, das die Schlauheit dieses Tieres vor allem herausstellt, ist für viele solch ein Buch. Noch wichtiger aber ist für die meisten der Menschen, die mir ihre Träume über den Fuchs zur Verfügung stellten, die Fuchsgeschichte in «Der kleine Prinz» von Antoine de Saint-Exupéry geworden, in der die Freundschaft zwischen dem kleinen Prinzen und dem Fuchs eine so bedeutsame Rolle spielt; in der der Fuchs weit über den Aspekt der Schlauheit hinaus den der Weisheit gewinnt und dem kleinen Prinzen zum Freund und zum Lehrmeister all dessen wird, was eine Beziehung ausmacht.

In den Märchen übrigens steht der Fuchs unter den sogenannten «Tierhelfern», zu denen oft auch Hirsch, Wolf und Bär gehören, an erster Stelle. In dem Grimmschen Märchen «Der goldene Vogel», zu dem es zahlreiche Parallelen gibt, spielt er eine besondere Rolle: Als der jüngste der ausziehenden Brüder ihn schont und gut mit ihm umgeht, hilft der Fuchs ihm mit seiner instinktsicheren intuitiven Weisheit durch alle weiteren Gefahren hindurch, bis er zu der glücklichen Verbindung mit der Prinzessin gelangt. Zuletzt muß jedoch der Fuchs selbst verwandelt werden und erweist sich dabei als ein ins Tierhafte verzauberter Mensch, der auf Erlösung wartet.

So wird sich der Fuchs auch in den Träumen immer wieder als eine instinkthaft-intuitive Seite des Menschen selbst erweisen, die der Träumende – indem sie ihm als etwas Eigenes bewußt wird – aus der Tiergestalt lösen und in sein Bewußtsein und Selbstverständnis integrieren kann. Von da an kann er diese Seite auch in seinem Alltagsleben realisieren. Solange sie noch in Tiergestalt ist, läuft sie unwillkürlich, unberechenbar und unverfügbar im Guten wie im Bösen im Leben eines Menschen mit und wirkt aus dem unbewußten Seelenhintergrund. Von daher beeinflußt sie, oft wider Willen, das Leben dieses Menschen: wie auch der Fuchs im Märchen aus dem Hintergrund alle Fäden des Lebens jenes Helden in der Hand hat und lenkt.

Es ist letztlich auch sinnvoll – gerade wenn der Fuchs einmal als Teufels- oder Hexentier im eigenen Traum vorkommt –, in der Kultur- und Religionsgeschichte nachzufragen, auf welchem Hintergrund die Symbolik des Tieres hier erscheint und was sie alles umfaßt. Erstaunlich positiv zum Beispiel ist die Einschätzung des Fuchses bei den Zigeunern, ebenso aber im alten China und Japan; auch in Griechenland, wo er zum Dionysoskult gehört und Dionysos selbst im Fuchspelz auftritt. Bei uns spielte er als Vegetationsgeist bis in die Gegenwart hinein eine große Rolle, was in die gleiche Richtung weist. Es wurden ihm zu allen großen Jahresfesten, zu Ostern, zu Pfingsten, zu Sonnwend und zu Weihnachten Opfer dargebracht. Erst in christlicher Zeit wird er, wie viele Tiere, die zu den alten Göttern gehören, dämonisiert und verteufelt: Auf Dürers Kupferstich «Maria mit den Tieren» ist zwar auch der Fuchs bei all den Tieren zu Marias Füßen, aber er, als einziger, ist angekettet. So sehr offenbar fürchtete man ihn bis in die Zeit der Reformation hinein.

Wenn wir jedoch unsere Assoziationen zum Fuchs sowie die Bedeutung des Fuchses in Märchen und Mythen klären, wird uns bewußt, daß es nicht genügt, nun einfach das so gefundene Symbol «Fuchs» in seiner umfassenden Bedeutsamkeit in unseren Traumtext jeweils einzusetzen. Es muß vielmehr aus der ganzen Dynamik des Traumes, aus seinem Handlungsverlauf und seiner Bilderfolge heraus jeweils neu erschlossen werden, was der Fuchs hier bedeutet. Es gilt jeweils nicht alles, was über den Fuchs zu sagen ist, gerade für die Interpretation des uns vorliegenden konkreten Traumes.

In den Tagen, in denen ich über den Fuchs schrieb, hatte ich selbst einen Fuchstraum:

Ich suche mit einigen befreundeten Menschen einen Weg durch ein sehr urwüchsiges, bergig-waldiges Gelände – es ist ganz verwachsen, weil dieser Weg wohl wenig begangen wird –, da sehe ich, etwa in Höhe meiner Schulter, nur wenig von mir entfernt, einen Fuchs aus der steinigen Bergwand lugen: Er blickt mich einen Augenblick aufmerksam an. Mir zuckt der Gedanke durch den Kopf: Es wird doch nicht etwa ein tollwütiger Fuchs sein, von denen es heute so viele gibt? Aber ich verwerfe den Gedanken wieder angesichts seines so wachen, wissenden Blicks, von dem ich mich durchschaut fühle.

Und schon verschwindet der Fuchs wieder. Ich sehe ihn dann ein Stück weiter oben am Hang und kann dabei erkennen, daß hier der Weg entlangführt ...

Ihm selbst, dem Fuchs, im Traum zu begegnen, während ich mir einen Weg durch das mit dem Unbewußten recht verwachsene Dickicht der Fuchsträume zu bahnen suchte, regte mich sehr an. Konnte ich doch seine Spürnase, sein Witterungsvermögen und seine guten Augen für den nächtlichen Bereich des Unbewußten in diesem Zusammenhang sehr gut gebrauchen. Es war mir klar, daß ich damit zugleich den «Fuchs in mir selber» entdeckt hatte. Wir können ja in allen Gestalten, die im Traum auftauchen, zugleich Anteile von uns selbst sehen.

Der Fuchs war zwar gleich wieder verschwunden: Aber indem ich ihn ein Stück weiter oben wieder auftauchen sah, hatte ich das Gefühl, mich doch auf begehbarem Gelände zu befinden, wo ich ihn möglicherweise noch ein paarmal wieder treffen könnte. Er sollte mir Wegweiser werden, und der ganze Traum schien mir zu sagen, daß ich jetzt mit der Begleitung des Fuchses rechnen konnte. Er war ein relativ kleiner Fuchs, lugte in der Höhe meiner Schultern – also auf gleicher Ebene mit meinem Gesicht – aus den Steinen. Er entsprach genau meinem Bild von dem Wüstenfuchs Fenek, den ich zwar auf meinen Wüstenwanderungen bisher immer zu erspähen gesucht, den ich aber, abgesehen von vielen seiner Spuren, noch nie direkt zu Gesicht bekommen hatte.

Was bedeutete es aber, daß ich ihn einen Augenblick im Verdacht gehabt hatte, tollwütig zu sein? Hatte ich da dem Fuchs in mir und der Zuverlässigkeit seines Weggeleits mißtraut? Sein klarer Blick, der eher mich durchschaute als ich ihn, belehrte mich eines Besseren. Auch ich hatte mich also durch diesen Traum und an diesem Traum ein weiteres Mal von der Zuverlässigkeit der Führung durch eine Traumgestalt überzeugt.

Was hätte ich nun davon, wenn ich nach römischer Tradition den Fuchstraum eher als ein negatives oder nach zigeunerischer eher als ein positives Vorzeichen für meinen künftigen Weg und meine Fuchsstudie ansehen würde? Ich selbst halte diese Frage nach dem Vorzeichen, das in einem Traum steckt, als solche eher für ein wenig abergläubisch. Der Traum gibt nur in den seltensten Fällen Vorzeichen für objektive Ereignisse, hat aber – nach C. G. Jungs Sicht – durchaus eine prospektive Bedeutung für die subjektive psychische Verfassung und Entwicklung des Träumenden.

Wenn angeschossene oder tollwütige Füchse in unserem Traum sich dahinschleppen und ihren langgezogenen Schmerzensruf «hau» ertönen lassen, so spüren wir, auch wenn wir keine Fachleute der Trauminterpretation sind, daß das, was der Fuchs verkörpert – Instinktsicherheit, Klugheit, auch Bezogenheit auf Aggression und Sexualität –, in uns leidet, krank ist, nach Hilfe ruft. Wenn wir den Schmerzensruf unseres Traum-Fuchses hören und wahrnehmen, versetzt er uns in die Lage, auch in der Wirklichkeit und mit unserem Bewußtsein ihm zu Hilfe zu kommen, indem wir die Seiten in uns, die er verkörpert und die in diesem Falle darniederliegen, auf das pfleglichste behandeln, ihnen hohe Aufmerksamkeit schenken, notfalls sogar einen Arzt herbeirufen: das heißt, daß wir von da an im Alltag mehr darauf achten, unseren Instinkten und Intuitionen zu folgen und auch die Fähigkeit zu einer Prise Schlauheit in gewissen Notsituationen nicht unterschätzen.

Wir können auch dann vom Fuchs träumen, wenn wir uns in irgendeiner Situation zu naiv verhalten haben. Solche Träume – wie Träume überhaupt – zeigen jeweils die übersehene Seite einer Situation und eines Verhaltens an, sie können nachdenklich machen und aufschrecken.

Taucht der Fuchs im Traum auf, handelt es sich demnach immer um Probleme und auch Chancen der Fuchsseite in uns selber: Probleme und Chancen also im Blick auf unsere Instinktsicherheit, unser Witterungsvermögen, unser Weggefühl, vor allem im Blick auf den aggressiven und auch den erotisch-sexuellen Bereich (wie wir es an den vorzustellenden Fuchsträumen immer wieder beobachten werden), aber auch Probleme mit dem symbolischen Bereich der Nacht und des Waldes überhaupt, wo der Fuchs zu Hause ist, mit dem Bereich des Unbewußten.

Es gibt erstaunlich viele Träume, in denen der Fuchs direkt und unverschlüsselt selber als Wegweiser und Seelenbegleiter auftritt. Ich weiß keinen einzigen Traum zu nennen, wie auch kein einziges Märchen, in dem der Fuchs denjenigen, der ihm vertraute, in die Irre geführt hätte. Insofern steht der Fuchs wie ein Symbol für das, was im weiteren Sinne die Träume selber sind: Wegweiser.

Der Fuchs als Wegbegleiter und Freund

Ich fahre in meinem blauen Commodore. Auf einmal denke ich: Was ist denn da für ein Fuchs auf meiner Kühlerhaube? Es liegt tatsächlich ein wunderschöner Fuchs auf meiner Kühlerhaube und fährt von nun an einfach mit. Ich wundere mich, aber mir gefällt seine Farbe sehr, ein warmes Rotbraun auf dem Blau meines Wagens.

Mit dem Fuchs auf dem Kühler fahre ich weiter durch eine sonnige Wiesenlandschaft.

Die Träumerin dieses Traumes, Ärztin, heute Mitte Fünfzig, fühlte sich sehr wohl nach diesem Traum, der etwa acht Jahre zurückliegt, an den sie sich aber noch in allen Einzelheiten erinnern kann. Er hatte sie so stark beeindruckt, daß er ihr nach so vielen Jahren noch ganz farbig und lebendig vor Augen steht. Er leitete damals eine neue Phase ihres Lebens ein: Sie war zu der Zeit einem Menschen begegnet, der ihre Zuneigung und ihr Vertrauen weckte, und sie erwog, bei ihm eine Lehranalyse zu beginnen.

Die Ärztin mag ihren Wagen, er gibt ihr Bewegungsfreiheit: «Autos haben für mich viel mit Autonomie zu tun», sagt sie, «sie geben mir ein Gefühl der Unabhängigkeit und Beweglichkeit.» Sie hat nicht ganz leichte berufliche Anfangsjahre hinter sich, jetzt fühlt sie sich nicht mehr beengt. Auch hierfür steht das Auto. Sie hat diesen Wagen spontan gewählt: «Ich habe ein Faible für Blau, am meisten für helles Blau. Autos sind für mich emotionale Entscheidungen, von Form und Farbe her. Grün ging einfach nicht – ich hatte es einen Augenblick erwogen, es mußte Blau sein.»

Ein Commodore: Es ist ein schicker, schneller Wagen. Sie bekennt sich dazu, er stellt etwas dar. Er ist für den Beruf geeignet, auch für weite Fahrten, sie fährt gern: «Ich fahre gern allein, es sei denn, es wäre jemand dabei, den ich mag. Beim Fahren entsteht dann so ein Mittelding zwischen Nachdenken und Träumen. Dabei kann ich gut Musik hören, auch Gesprochenes aufnehmen, oft besser, als wenn ich mich irgendwo hinhocke.» Er charakterisiert gut ihre damalige Lebenseinstellung, ihr Selbstbild, dieser blaue Commodore: mit seinen Stärken, mit seinen Grenzen. Es ist ein Auto, mit dem man etwas riskieren kann. Es ist eng mit ihr verwachsen: doch ist es ein Auto, ein technisches Gerät. Jetzt taucht etwas ganz anderes vor ihrem inneren Auge auf, aus jener Stimmung zwischen Nachdenken und Träumen erwachsen, die bei ihr zum Autofahren gehört: etwas Lebendiges, ein roter Fuchs. Er kommt von ganz woanders her als aus dem Bereich der Straßen, der Autobahnen, des Verkehrs mit all seinen Regelungen und Reglementierungen. Er kommt aus dem Wald oder gar aus der Wüste: aus der Wildnis, der Einsamkeit, aus dem Bereich elementar-naturwüchsigen Lebens – und stellt Kontakt her zu ihr, zu dem Bereich ihrer Psyche, in dem auch sie wild, urwüchsig und instinktsicher ist.

Ich frage sie, was ihr zum Fuchs einfalle, was er ihr bedeute. Als erstes nennt sie seine Farbe, die Farbe seines Fells: «Dieses Fuchsrot, es ist ein tiefes Rotbraun wie das der Erde.» Der Bereich der Erde, auch in ihr selber, zu der alles elementar Vitale, natürlich auch die Körpersphäre, gehört, ist in ihr angesprochen durch diesen Fuchs. «Er geht auch immer nah am Boden, er schnürt»: Die Ärztin drückt darin ein weiteres Mal aus, wie sehr er nach ihrem Empfinden der Erde zugehört.

Mit großem Respekt beschreibt sie den Fuchsbau: «Der Fuchs legt seinen Bau so versteckt an, daß keiner ihn findet. Zugleich hat er immer zwei Ausgänge, so daß er zu jeder Zeit flüchten kann, selbst wenn man ihm einen der Ausgänge verstellt.» Auch ihr, der Träumerin, war bis dahin solch ein Bau, ein Zuhause, das Schutz und Geborgenheit bietet, außerordentlich wichtig; zugleich aber auch, daß keiner ihr zu nahe auf den Leib rückte, daß sie immer Flucht- und Ausweichmöglichkeiten behielt – sie sieht das jetzt im Gespräch nicht ohne Selbstkritik.

Auch die Klugheit des Fuchses imponiert der Träumerin sehr. Seine vergleichsweise geringe Körperkraft kompensiert er durch Schlauheit: «Er jagt mit listiger Klugheit, aber er greift nicht von hinten an, sondern geht offen an die Kehle. Er, als relativ kleines Tier, soll sogar Wölfe jagen.» Dabei empfindet ihn die Ärztin nie als ein böses Tier: «Er jagt nur, um sich und seine Jungen zu ernähren.» Sie ereifert sich direkt ein wenig darüber, daß Tiere wie der Fuchs «Räuber» genannt werden, der Ausdruck sei «unzulässig». Er sei eben ein jagendes Tier. Auch darin erkennt man, daß für sie die Fähigkeit, sich das Notwendige zu verschaffen, eine gesunde Angriffslust zu entwickeln, oft als räuberisch, als böse verdächtigt worden sein muß.

Für sie hängen Fuchs und Jäger eng zusammen: Wenn der Fuchs genannt würde, komme ihr immer gleich die Assoziation zu Jäger. Kein Fuchs ohne Jäger: Dabei gehören ihre Sympathien eigentlich immer dem Fuchs. Auch wenn sie das Kinderlied «Fuchs, du hast die Gans gestohlen» höre, habe sie eigentlich immer eher Mitleid mit dem Fuchs und bedauere ihn: «Der Jäger ist ihm gegenüber stets der Ordnungshüter, er verhält sich so schrecklich ordentlich, er ist so unangenehm im Recht, wenn der Fuchs wieder einmal in den Hühnerstall eingefallen ist.»

Indem sie das erzählt, fällt ihr ihr Vater ein, der streng darauf bedacht war, jeder Äußerung von Wildheit und Unordentlichkeit bei der Tochter zeitig Einhalt zu gebieten. Dagegen sei ihr Großvater ein Trickster gewesen, ihn habe sie sehr geliebt. Vor allem in den Sommerferien sei sie, als Stadtkind, mit Tieren in Verbindung gekommen. Alles, was dreckig war, habe sie bedenkenlos und mit Lust angefaßt. Eine Hündin, die geworfen hatte, habe sie eigenhändig mit roher Leber gefüttert – dabei habe sie sich ständig gedacht: Vater würde in Ohnmacht fallen, wenn er mich so sähe ... Sie liebte solche Ferienaufenthalte, wo sie Pferd und Wagen selbständig ausfahren, wo sie mit einem Jäger zusammen auf die Jagd gehen durfte, ein Fernglas umgehängt; auch durfte sie bei den Jägers- und Bauersleuten ungeniert vom Teller schlürfen und schmatzen, was ihr zu Hause streng verboten war. Sie wäre gern ein Junge gewesen, sagt sie, weil Jungen immer alles gedurft hätten, was sie nicht durfte, wild sein, auf Bäume klettern usw. Bei diesen Ferienaufenthalten fragte man sie nicht, was sie esse, wie sie gekleidet sei ...

Diese Erinnerungen der Ärztin zeigen deutlich, daß der Fuchs für sie auf die Seite des Wilden, Räuberischen, Naturverbundenen gehört, das in ihr als Kind sehr lebendig gewesen, das vom Vater aber stark zurückgedämmt worden war. Auch ihre Parteinahme für den Fuchs erweist, an welchen Stellen sie besonders mit ihm sympathisiert: etwa, daß es «unzulässig» sei, ihn Räuber zu nennen, da er sich doch nur hole, was er zum Leben brauche. Sie schätzt seine Art von Aggression: daß er nie hinterlistig angreife, sondern von vorne. Der Fuchs zeigt sich als Gegenspieler der Werte, die der Vater gesetzt hat, als Gegenspieler zum Vaterkomplex. Eine warme Farbe verbindet ihn für sie mit dem Erdhaften, Mütterlichen: Sie erzählt ganz lebhaft, seine Jungen seien ganz winzig und entzückend anzusehen, die Füchsin sei eine sehr gute Mutter. Daß er listig sei, ist ihr gleichfalls wichtig – auch das wagt sie nicht so leicht bei sich selber zuzulassen; es imponiere ihr, daß er im Gebrauch seines Verstandes so wendig, so beweglich sei – jedenfalls projiziere sie das auf ihn – kurz: unter den Tieren sei er für sie das pfiffigste. Daß er der Pfiffigste sei, habe sie, so erinnert sie sich, allerdings auch in den Tierfabeln von Äsop und Lafontaine und aus Goethes «Reineke Fuchs» gelernt.

Wohl sitzt die Ärztin nach wie vor selber am Steuerrad ihres Commodore (der Name bedeutet übrigens Kommandant), doch es steuert nun in dem Traum einer mit, der die Fahrt mit der Gunst tieferer instinktgeleiteter Mächte verbindet: der Fuchs. Er verbindet sie mit ihrer eigenen vitalen, instinktgeleiteten Seite, die zugleich ihre Gefühlsseite ist. Der Kontrast der Farben Rot und Blau tut der Fahrerin wohl: Sie stimmt dieser Ergänzung der Farbe, die sie bisher so sehr favorisierte, des eher kühlen Blau durch das vitalere Rot, zu, sie gefällt ihr, macht ihr Freude.

Zu diesem Traum fällt ihr vor allem ein, daß sie in dieser Zeit schon unter dem Eindruck der freundschaftlichen Begegnung mit ihrem zukünftigen Therapeuten, Saint-Exupérys Erzählung «Der kleine Prinz» sehr intensiv gelesen habe; vor allem die Begegnung des kleinen Prinzen mit dem Fuchs habe sie stark beeindruckt. Diese Erinnerung erlaubt uns, bei der Interpretation des Fuchses in diesem Traum vor allem das Bild einzubeziehen, das Saint-Exupéry vom Fuchs gezeichnet hat, von diesem bescheidenen Freund, der so viel von den behutsamen Wachstumsprozessen in der Freundschaft weiß; der den kleinen Prinzen bittet, ihn zu zähmen, und der ihm auch verrät, wie man das macht: «Du mußt dich in einiger Entfernung von mir hinsetzen und mich immer aus den Augenwinkeln ansehen. Wenn du es recht machst, wirst du dich jeden Tag einige Schritte näher setzen können.» Er, der den kleinen Prinzen so bescheiden um Zähmung bittet, ist in Wirklichkeit dessen unaufdringlicher Lehrmeister in allen Belangen des Gefühls und der Bezogenheit aufeinander. Das Wort des Fuchses, das sie am besten im Gedächtnis behalten hat, ist dieses: «Man sieht nur mit dem Herzen gut. Das Wesentliche ist für die Augen unsichtbar ...» Nach einer Zeit, in der sie der Rationalität, dem Blau, sehr vertraut hatte, bedeutete dies eine Neuorientierung. Die Geschichte vom kleinen Prinzen hat damals in ihrem Leben eine große Rolle gespielt und ihr auch den Mut gegeben, sich in der Therapie einem Menschen ganz anzuvertrauen. Der Fuchs wurde die Leitfigur auf ihrem Commodore, er gab dem Wagen, der für ihre bisherige Lebenseinstellung steht, in dem sie wie ein Commodore ihr Leben befehligt hatte, eine neue Note und eine neue Richtung. Der Fuchs bedeutete für sie «eine Art geistiger Einflußnahme, die mich auf völlig neue Gedanken brachte, die mir völlig neue Perspektiven zeigte». Er erwies sich als eine Art Trickster oder auch Hermesfigur, die ihr den Antrieb und den Anstoß gab, auch aus den Komplexen, die die Eltern in ihr eingepflanzt hatten, herauszukommen.

Sie sehe die Beziehung zwischen dem Fuchs und dem kleinen Prinzen immer optisch vor sich, betonte sie zum Schluß: Immer wenn sie Korn sähe, erinnere sie sich an diese Geschichte. Es fiel uns ein, daß der Fuchs auf die Frage, wie er denn mit dem Abschied vom kleinen Prinzen, der vorauszusehen war, zurechtkommen würde, so antwortete: «Ich werde die Farbe des Weizens gewinnen», denn der kleine Prinz hatte weizenblondes Haar. Die Träumerin tut sich aufgrund einiger lebensgeschichtlicher Einschnitte besonders schwer mit Abschieden. So ist auch diese Schlußbemerkung wichtig. In eine therapeutische Beziehung, wie sie jetzt für sie beginnen sollte, ist immer schon die Notwendigkeit, eines Tages wieder Abschied zu nehmen, eingezeichnet. Die Weisheit des Fuchses half ihr auch an dieser Stelle, trotzdem Vertrauen zu wagen. Die Assoziation zum Weizen führt tiefer in die Symbolik des Fuchses, als die Träumerin zunächst ahnte: War doch der Fuchs in unseren Breiten früher als ein Fruchtbarkeitsdämon bekannt, der durch die Kornfelder lief und in der letzten Garbe des abgeernteten Kornes saß, gleichsam als Bürge für die Fruchtbarkeit. Wenn der Fuchs die Träumerin an den Weizen erinnert, erinnert er sie weit über die Assoziationen zu dem Fuchs des kleinen Prinzen hinaus an diesen alten Zusammenhang: Wo der Fuchs auftaucht, ist Fruchtbarkeit gewährleistet.

So fuhr sie künftig nicht schlecht mit dem Fuchs auf dem Kühler ihres Commodore: Es wurde eine lebendigere und reichere Lebensphase als bisher. Der Fuchs, der tiefe Instinkt für die Wachstumsprozesse einer Beziehung, ist jetzt bei ihr mit von der Partie, gibt ihr und ihrer Fahrt teil an seinem Witterungsvermögen. Voll Hoffnung, Heiterkeit und auch Humor ist dieses Traumbild, wie die Ärztin in ihrem durchaus respektablen blauen Commodore (ihrem Kommandeur), mit dem despektierlich frechen Fuchs als Galionsfigur durch die Landschaft fährt, die in diesem Traum nun ganz in der Sonne liegt. Dieser Traum bestärkte sie in ihrer Zuversicht, gut zu fahren mit dieser neuen Beziehung zum Fuchs, gut zu fahren auch mit der neuen Beziehung zu einem Therapeuten.

Mit der guten Steuerung seines Lebens in einem tieferen Sinn hatte auch der Traum eines etwa 35jährigen Pfarrers zu tun:

Am Ufer stehend und in die Brandung schauend, nimmt er auf einmal wahr, wie eine besonders mächtige Woge etwas heranträgt, ein Schiffssteuerrad ist es, dem, wie der Träumer, der es vollends an Land rollt, feststellt, eine Speiche fehlt. Er ist sehr nachdenklich über den Fund, der bedeuten kann, daß das Schiff, zu dem dieses Rad gehört hat, gesunken ist; oder hatte das Rad versagt, war es ausgewechselt worden? Als er nachdenklich ausschaut, bemerkt er, daß schon eine ganze Zeit ein Fuchs neben ihm sitzt – seine Spur kommt über die Sanddüne, aus der Wüste also zum Meer herunter – und ihn so aufmerksam betrachtet, als habe er ihn die ganze Zeit über in seinem Selbstgespräch belauscht. Der Fuchs blickt ihn so eindringlich und unwiderstehlich an, daß er beginnt, mit dem Fuchs über den Sinn seines Fundes, über das vom Meer angeschwemmte Steuerrad, zu sprechen.

Der junge Theologe steht am Meer – Bild zugleich für die Tiefe und Weite der Seele, für ihre unbewußten und unbekannten Tiefenräume – und erlebt dieses Meer als sehr bewegt. Es tut sich etwas in seiner Seele, und in ihrer lebhaften Dynamik wirft sie ihm etwas vor, wirft ihm etwas vor die Füße, womit er in diesem Moment nicht gerechnet hat, worauf er sich aber gleichwohl sehr aufmerksam und gewissenhaft einläßt: das Steuerrad eines Schiffes. Zunächst rollt er es ganz an Land, um es in Ruhe betrachten zu können. Dann bemerkt er das Fehlen einer Speiche und beginnt über die mutmaßliche Herkunft dieses Steuers und den Sinn dieses Fundes nachzudenken.

Dieses Steuer ist gebrochen, das Schiff ist vielleicht gesunken oder treibt noch immer steuerlos auf dem Meer: Es ist wie die Botschaft von einer Katastrophe, die entweder weit zurückliegt oder tief im Unbewußten stattgefunden hat; die das Bewußtsein bisher noch gar nicht bemerkt hat. Wir können dieses Steuer – subjektstufig gesehen – als einen inneren Anteil des Träumers selbst, also als das Steuer eines seiner eigenen inneren Seelenschiffe betrachten. Dieses Fahrzeug, mit dem ein Mensch in der «Nachtmeerfahrt» sein Unbewußtes befährt, muß zur Zeit wohl steuerlos sein, bewußtseinsfern im Unbewußten treiben, vielleicht sogar aufgelaufen oder gesunken sein. Das hieße, daß dieser im Bewußtseinsbereich so sensible und wache Pfarrer zu der Zeit seine Navigationsfähigkeit im Bereich des Unbewußten eingebüßt hat. Vielleicht ist das gerade eine Folge seiner zu starken Überbewertung des Bewußtseinsbereiches. Das Unbewußte, das

Meer, hat ihm zu der Zeit das Steuer aus der Hand geschlagen, hat ihn entmündigt, hat sich als die stärkere Macht gegenüber seiner bewußten Steuerung und Kontrolle erwiesen. Vielleicht muß und soll er sich eine Zeitlang dieser größeren Macht überlassen. Das Traum-Ich des Pfarrers läßt sich von diesem Fund – der ihm als Zufallsfund erscheinen könnte, für den er keinerlei Verantwortung übernehmen müßte – doch sehr betreffen. Er ist ratlos, weil er mit dieser Nachricht aus dem tieferen Bereich des Unbewußten wirklich noch nichts Konkretes verbinden kann. Er weiß nur, daß es darum geht, die Übermacht des Meeres anzuerkennen und dennoch nach einiger Zeit die Steuerung, das Steuerrad zu reparieren und wieder zu übernehmen.

Als er aufblickt, sieht er im Traum den Fuchs dasitzen, wachen Auges, als habe dieser an seinem Gespräch mit sich selbst teilgenommen: Er erscheint hier wie ein Eingeweihter, ein «Alter ego» des Pfarrers, aber mit einem tiefen instinktsicheren Wissen und Witterungsvermögen ausgestattet, das weiter reicht, als er in diesem Augenblick ahnt. Der Pfarrer hat, als er mit dem dringlichen Wunsch erwachte, mit diesem Fuchs über die verlorene Steuerung seines tieferen seelischen Lebens nachzudenken, tatsächlich einen Dialog mit dem Fuchs begonnen, im Sinne der Aktiven Imagination von C. G. Jung, wo man mit einer inneren Traumfigur oder einer imaginierten Figur einen richtigen Dialog beginnt, der dann dazu führt, diese hilfreiche Figur immer weiter kennenzulernen, sich mit ihr auseinanderzusetzen und sie schließlich als einen eigenen Anteil zu integrieren. Er entdeckte den Fuchs, der ihm, als er wirklich ratlos war, von weither über die Sanddüne zulief, als einen wahren Seelenführer, voll Spürsinn, Findigkeit und natürlicher Weisheit, lauter Kräften, die der Pfarrer, in seiner bisher allzu rationalen theologischen Ausrichtung, ausgeklammert und unterschätzt hatte. Auch für ihn war dieser Fuchs, wie das weitere Gespräch erwies, mit der eigenen Gefühlsseite und Liebesfähigkeit eng verbunden, die, wie er jetzt wahrnahm, allzu lange brachgelegen hatten.

Der Fuchs als Wegweiser zu List und Aggression

Der nächste Traum stammt von einem 30jährigen Lehrer, der zu der Zeit – nach etwa drei Monaten psychotherapeutischer Behandlung – noch immer mit seiner Depression ringt. Es geht in diesen Wochen darum, ob er Gegenkräfte aggressiv-kreativer Art entwickeln kann, die den lange anhaltenden Zustand der Niedergeschlagenheit und das dazugehörige Gefühl, allem ohnmächtig ausgeliefert zu sein, durchbrechen können. Sein Traum führt ihn in das aggressiv getönte Milieu eines Westernfilms:

Ich bin mit zwei Männern in einer Art verkommener Westernbar, der Wirt, ein großer, grobschlächtiger Mann, hat uns die Waffen abgenommen und gibt uns zu essen, um uns dort festzuhalten.

Draußen wird es Nacht, ich sehe aus dem angrenzenden Wald Tiere herauskommen, Rehe und einen Fuchs, weiß aber, daß es auch gefährlichere Tiere geben muß. Wir brauchen die Waffen gegen die Gefahr draußen.

Ich sage den beiden andern Männern draußen, die sehr schwächlich sind: «Wir müssen den Wirt überlisten.» Ich überrumple den Wirt an der Tür und nehme ihm die Waffe ab, und wir drei können fliehen.

Spontan äußert der Träumer dazu, im Traum erscheine er sich sehr viel aktiver und stärker als in der Realität. Er fühle sich in Wirklichkeit wie ein scheues Reh, verängstigt, unaggressiv, am liebsten wäre er wie ein Fuchs; Füchse gefielen ihm, sie seien aggressiv, aber nicht zu aggressiv, seien vielmehr kleine Räuber, hübsche Räuber.

Aus Nacht und Wald – Bereichen des Unbewußten also – kommen die Tiere, beide, das scheu-ängstliche wie auch das aggressiv-listige (daß er beide Instinktseiten in sich trägt, war ihm wohl bisher so nicht bewußt): Sie kommen «heraus», werden ihm also sichtbar, nachdem er sich wieder einmal in einer Lage befindet, in der er überwältigt und entwaffnet wurde.

Man ist zwar versucht zu fragen, ob denn der Wirt – der ihm und seinen schwächlichen Begleitern die Waffen abgenommen hat – nicht auch ein innerer Anteil seiner selbst sei, doch wäre diese Frage hier vielleicht verfrüht gestellt. Auffällig ist, daß dieser Wirt ihnen ein Essen vorsetzt wie einen Köder, um sie «dort festzuhalten». Dieser Wirt nützt also eine orale Bedürftigkeit des Ich und seiner Begleitfiguren aus – vielleicht etwas «Mutterkomplexhaftes» in ihm –, um ihn lahmzulegen und ihn in dieser wenig anheimelnden Umgebung, «einer Art verkommener Westernbar», festzuhalten.

Da die Orte, an denen unsere Träume spielen, immer etwas über unsere innere Befindlichkeit aussagen, zeigt sich seine derzeitige darin, daß er sich wie in einer Bar fühlt, in der man sich versetzen und versumpfen kann, in der man, zumal in einer Westernbar, harte, zugleich benebelnde Getränke in sich hineinkippt. Ein Problem mit der Oralität, vielleicht eine unterschwellige Suchtstruktur, kann den Träumer in diese Lage gebracht haben. So beschreibt und empfindet er den Ort selber als keinesfalls anregend oder inspirierend, sondern als «verkommen». Der Wirt führt keine gute Regie in diesem Geschäft. Zu dem Stichwort «Westernbar» gehört auch ein Klima latenter Aggressivität: eine Stimmungslage, die den Träumer zu der Zeit selbst charakterisiert.

In dieser Lage also nimmt er wahr, wie es Nacht wird, wie aus dem angrenzenden Wald Rehe und ein Fuchs hervorkommen. Spiegelt das Reh sein eigenes bisheriges Verhalten – scheu-ängstliche Zurückhaltung – in dieser Situation, so bringt der Fuchs etwas ganz Neues hinein: Aggressivität in einer dem Träumer sympathischen, nicht brutalen Form; Aggressivität, gepaart mit Findigkeit und List; Aggressivität, die nicht blindlings vorgeht, sondern sich klug und beherzt darauf versteht, das Eigene wiederzuerlangen, es sich selbständig zurückzuerobern, notfalls zu rauben; nicht angewiesen jedenfalls auf die Gnade oder Ungnade solch eines Wirts, der nur dazu Essen ausgibt, um die gefangenen Männer in ihrer unmöglichen Lage noch länger festzuhalten.

Der Fuchs verkörpert seiner Gestalt nach – er ist für den Träumer «ein kleiner Räuber, ein hübscher Räuber» –, aber auch der Art seiner Aggressivität nach genau die Dosis und die Qualität an Aggressivität, die er, der so sehr aggressionsgehemmte Träumer, derzeit verkraftet, gerade noch akzeptabel findet. Sein Zurückschrecken, seine Ängstlichkeit vor allem wirklich Wilden zeigt sich darin, daß im Traum schon beim Erscheinen des Fuchses der Gedanke in ihm aufkommt, daß es «auch gefährlichere Tiere geben muß». Diese aber treten jetzt nicht in Erscheinung, werden von dem Träumer nicht visualisiert.

Im gleichen Moment aber, in dem ihm die Gefahren einfallen, die von den Tieren oder auch Menschen «draußen» (zugleich sind es natürlich seine Angst- und Wutimpulse innen) ausgehen könnten, wird er sich auch bewußt, daß er, wie auch seine Begleiter, die Waffen, die ihnen abgenommen wurden, wirklich wieder benötigt. Sie müßten sich zumindest verteidigen, sie müßten sich zur Wehr setzen können.

Es wird im Traum zwar nicht direkt gesagt, daß es niemand anders ist als der Fuchs, der ihm nun plötzlich den Mut, die Entschlußkraft und die Schlauheit eingibt, wirklich aufzustehen und die beiden andern Männer draußen dazu zu gewinnen, gemeinsam mit ihm den Wirt zu «überlisten». Aber nach der Psycho-Logik des Traumes löst das Auftauchen des Fuchses im Traumbild eben diese Energie im Träumer aus, den Wirt anzugreifen – die ihn in Wirklichkeit im Wachzustand selber verwundert. Daß er mit den beiden anderen Männern zusammen den Wirt «überlisten» will, weist eindeutig auf die Symbolik des Fuchses zurück, schreibt man diesem doch in erster Linie die Eigenschaft der List zu.

Seit der Träumer den Fuchs auch nur zu Gesicht bekommen hat, ist schon ein Anteil von dessen Wesensart auf ihn übergegangen, in ihn selber integriert worden: Sein Traum-Ich hat nun selbst den Einfall, den offenbar ahnungslosen Wirt an der Tür, an der Stelle der Westernbar also, wo es ins Freie geht, zu «überrumpeln». In diesem Vorstoß steckt etwas von einem Überraschungsangriff, auf den der andere nicht gefaßt ist, und auch etwas von einem Übertölpeln, das den andern als den Dummen erscheinen läßt, der er ist. Eben solch ein überraschender und überwältigend glückender Vorstoß gelingt unserem Träumer. Er kann dem Wirt die Waffe, die ihm selbst gehört, wieder abnehmen – darin deutet der Traum dem Träumer an, daß die Aggressivität des Wirtes eigentlich seine eigene ist, die er aber an solch einen vertrottelten

Wirt delegiert hat, und die drei Männer können fliehen. Sie können sich unter Initiative und Führung des Ich des Träumers wieder befreien und die ohnmächtige und demütigende Lage, in der sie entwaffnet bei dem Wirt einsaßen, beenden.

Zu dritt hatten sie sich von dem einen «großen, grobschlächtigen» Mann übermannen lassen. Zuletzt darf noch einmal die Frage gestellt werden, wer dieser grobe Wirt eigentlich ist: Subjektstufig verstanden, wäre er die selbstdestruktive Seite im Träumer selbst – seine Aggressivität, die nach außen nur dadurch gebannt ist, daß sie sich unentwegt nach innen, gegen ihn selber, richtet. Zugleich hat diese Konstellation mit dem Wirt etwas an sich, was das «Sich-Versitzen» und «Versumpfen» in dem Träumer fördert: Der Wirt teilt mitten in dieser unmöglichen Lage Essen aus, was «entwaffnend» wirkt und dadurch einen entscheidenden Aufbruch und Ausbruch dieser so Bewirteten aus der verkommenen Westernbar verhindert. So etwas wie ein Krankheitsgewinn, eine Scheingemütlichkeit mitten in der Ohnmacht des Entwaffnetseins, drückt sich damit bildhaft aus. Seit dem Auftauchen des Fuchses aber werden neue Möglichkeiten, sich ein Herz zu fassen und den Wirt zu überlisten, sichtbar. Der Fuchs erscheint hier als der direkte Gegenspieler des Wirtes.

Der Träumer beginnt den Fuchs in sich selbst zu entdecken: damit entdeckt er die Beherztheit und Klugheit, aber auch die überlegene List, seine nach innen gerichtete Destruktivität, der es zum Beispiel auch immer wieder gelungen war, die Therapeutin zu entwaffnen, zu überwinden, und das Potential gesunder Aggression nach außen, seine Bewaffnung und seine Freiheit, wiederzuerlangen. Noch hat er allerdings diese beiden Begleiter bei sich, die «sehr schwächlich» auf ihn wirken. Mit ihnen, die natürlich recht gehemmte und wenig vitale Anteile in ihm selbst verkörpern, wird er sich noch auseinanderzusetzen haben, vielmehr wird er sich von ihnen trennen müssen, bis er seiner eigenen Fuchsseite, seiner konstruktiven Aggressivität, die auch rettende Tricks kennt, wirklich mächtig wird. Es war dann auch nach diesem Traum in der Realität noch ein längeres Stück Weges auch in der Therapie zurückzulegen, bis der Träumer seiner Fuchsseite gewiß wurde.

Der tollwütige Fuchs als Verkörperung unkontrollierbarer Instinkte

Die an sich so wichtigen aggressiven Trieb- und Instinktkräfte können aber auch außer Kontrolle geraten und sich verselbständigen, können gleichsam die Tollwut bekommen: Träume von tollwütigen Füchsen bringen dies gut zum Ausdruck. Sie sind als Warnträume vor etwas, das selbst erkrankt ist und dessen Biß für den Träumer tödlich werden kann, sehr ernst zu nehmen.

Ein 23jähriger Student, der unter einer narzißtischen Störung (einer Störung der Beziehung zu sich selbst) – und der dazugehörenden narzißtischen Wut – leidet, bringt den folgenden Traum in eine Therapiestunde:

Ich erschlage einen tollwütigen Fuchs, der immer näher an mein Elternhaus herankommt. Mit einem Tritt befördere ich ihn zur Seite.

Ich begegne M., dem Mörder, auf der Straße, was mir unangenehm ist, später angst macht, weil er sich mir in den Weg stellt und mich nicht vorbeiläßt. Ein Mann, der später auch ich bin, rollt von hinten einen riesigen Schneeball über M., der so erschlagen wird. Ich sehe nur noch seinen karottenartigen Kopf aus dem Schnee herausragen, auf den ich zornig noch einen Schneeball werfe.

Ein Rudel Löwen, voran die Jungen, läuft auf eine Eingeborenensiedlung in Afrika zu. Die Löwen müssen verjagt werden, damit die Herden geschützt sind. Sie werden vom Stamm in einer Art Initiationsritus in die Nähe eines Dorfes gelockt. Das Ritual besteht darin, daß ein etwa dreijähriger Knabe an den Ast eines Baumes gehängt wird und durch sein Schreien die Löwen anlockt.

Als sich die Löwen dem Kind nähern, wird dieses von den Männern am Ast wieder hochgezogen: Die Löwen werden durch weiße bogenförmige Blitze in die Flucht geschlagen.

Ein Adler fliegt in die Luft und umkreist ein Gebirge.

Die Eingangssequenz des Traumes handelt von einem tollwütigen Fuchs, von einem Fuchs also, der, selber todkrank, auch einen

Menschen durch einen unvermuteten Biß in akute Lebensgefahr bringen kann. Die gesunde Scheu, Vorsicht und Aggressivität des Fuchses scheint bei Tollwut außer Kraft gesetzt zu sein. Scheinbar zutraulich bleibt er ruhig sitzen, wenn ein Mensch sich nähert, oder er nähert sich auch selbst den Menschen. So geschwächt und irritiert er selber ist, sein Biß überträgt dennoch die Krankheit, die auch für die Menschen lebensgefährlich sein kann. Einem tollwütigen Fuchs zu begegnen, ist also kein Kinderspiel.

All die wertvollen Kräfte des Fuchses, sein Witterungsvermögen, seine Klugheit, seine Angriffslust, sind unter dem Einfluß der Tollwut denaturiert. Von einem tollwütigen Fuchs träumen heißt also: von denaturierter, kranker Aggressivität, von denaturierter List träumen. Die Begegnung mit dem tollwütigen Fuchs ist nicht ohne Grund angstauslösend, sie ist tatsächlich gefährlich.

Dieser tollwütige Fuchs nähert sich nun dem Elternhaus des Träumers: Krankhaft destruktiv also nähert sich der Träumer selber in Gestalt des tollwütigen Fuchses seiner Kindheitswelt, seiner Beziehung zu den Eltern. Er scheint genügend Grund dafür zu haben. Doch nun geht das Traum-Ich des jungen Mannes mit dieser Verkörperung irritierter und irritierender destruktiver Kräfte in Gestalt des Fuchses so um, daß er sie kurzerhand erschlägt, erledigt. Gewiß, es wird realistisch gesehen kaum anders möglich sein, als einen tollwütigen Fuchs zu töten. Wie sollte man sich sonst vor ihm schützen? Doch der Fußtritt, mit dem der Träumer ihn zur Seite befördert, erweist, daß ein Überschuß an Wut gegen dieses Tier besteht, vielleicht auch ein Überschuß an Wut überhaupt, die sich nun an diesem Tier ausläßt. Der Fuchs stellt ja nur dar – aber er stellt es so überdeutlich dar, daß sein Anblick offenbar erneute Wut auslöst –, welche Tollwut in dem Träumer selbst steckt: primär wohl gegen sein Elternhaus. Noch der tote Fuchs bekommt einen Fußtritt und fliegt zur Seite.

So notwendig es für diesen jungen Mann sein mag, eine Distanz zwischen sich und die tollwütige Instinktseite zu setzen: Auf diese Art gelingt es wohl nicht wirklich, Distanz zu schaffen. Der Überschuß an Wut wird so nicht beseitigt, nicht befriedigt, sondern erneut entfesselt. Er begegnet denn auch sofort einem ihm bekannten Mann, der tatsächlich einen Mord begangen hat – der also die «mörderische Aggression», von der er zu Anfang sprach, verkörpern kann. Dieser Mörder taucht nicht nur irgendwie auf, sondern stellt sich dem Traum-Ich in den Weg, will es nicht vorbeilassen.

Solche Konfrontation mit unangenehm gefährlichen Gestalten im Traum bedeutet eigentlich immer, daß der Träumer sich mit der entsprechenden Figur und dem, was sie darstellt, offen und bewußt auseinandersetzen soll: Es führt, so zeigt der Traum, kein Weg daran vorbei. Diese Traumgestalt konfrontiert den Träumer unausweichlich mit der mörderischen Aggression, die in ihm selbst steckt und die ebenfalls gefährliche Konsequenzen haben könnte – gerade wenn sie unbearbeitet bliebe oder gar verdrängt würde (diese Gefahr zeigt sich in der Gestalt des auftauchenden Mörders). Doch auch in dieser Szene behandelt das Traum-Ich die Aufforderung, sich mit der Aggressivität auseinanderzusetzen, durch einen radikalen destruktiven Gegenimpuls: Es überrollt diesen Mörder mit einem riesigen Schneeball, der ihn tötet. Schneeball – daß heißt auch, daß er den Schnee des Vergessens darüber breitet, daß er ihn wie unter einer Lawine begräbt. Es ist «kalte Wut», die sich durch dieses Ersticken des andern im Schnee ausdrückt, es ist gerade keine bewußte und klärende Auseinandersetzung. Der Träumer hat nun selbst einen Mord an dem Mörder begangen: Ein weiteres Zeichen dafür, daß die mörderische Wut, die der andere verkörpert, auch in ihm selbst steckt.

Wie bei der Tötung des Fuchses besteht auch hier noch ein Überschuß an Wut – ein Hinweis darauf, daß Töten die destruktive Aggression nicht stillt, sondern weiter anheizt –, und so muß er noch einen Schneeball nach dem «karottenartigen Kopf» des andern werfen, der aus dem Schnee ragt. «Rübe ab» lautet ein vulgär-verächtlicher Ausdruck für die Hinrichtung eines Menschen durch Enthauptung.

Der Traum nimmt einen dritten Anlauf, dem Problem der aus der Kontrolle geratenen Aggressivität, dieser Tollwut, beizukommen: In Gestalt von Löwen – königlich souveräne Tiere, die keine Hinterlist kennen – rückt die Aggression in geschlossener Formation, die Jungen voraus, auf ein Eingeborenenlager zu. Um sehr ursprüngliche, urtümliche Vorgänge – wohl in der Kindheit des Träumers begründet – handelt es sich hier. Eine Art Urszene seiner Erfahrung mit Aggression mag sich hier zeigen: vielleicht auch eine Erinnerung daran, wie die ganze Familie, die Geschwister voraus, gegen ihn anrückten. Der Ritus mit dem dreijährigen Knaben weist zurück auf die Trotzphase, die mit drei Jahren beginnt, die erste Phase des Kampfes um Autonomie gegenüber den Eltern.

Betrachten wir diesen Ritus genauer: Der dreijährige Knabe wird in den Baum gehängt, um die Löwen zunächst einmal anzulocken, als Köder gleichsam für die Löwen – damit sie dann um so gründlicher vertrieben werden können: durch weiße bogenförmige Blitze. Ob diese Blitze das Donnerwetter verkörpern, das jeweils auf die Annäherung der Löwen folgte, oder gar Schläge? Jedenfalls ist es ein Ritual, das den Löwen jede Annäherung an das Dorf für immer abgewöhnen sollte. Eine Art Desensibilisierungstraining für die Löwen, also auch für die aufkeimende Aggression dieses dreijährigen Jungen, der durch seine Qualen und sein Geschrei am Baum die Löwen anzieht.

Bei dieser Szene erzählte der junge Mann, er habe sehr unter den Aggressionen durch seine älteren Geschwister gelitten. Könnte man es sich so vorstellen, daß er jeweils durch Geschrei und Trotzen die Wut der Geschwister auf sich zog, was aber dann zugleich den Zorn der Eltern herausforderte, der auf die Geschwister zurückschlug, zugleich aber auf ihn selbst? Ich vermute ein Kindheitsdrama und Kindheitstrauma dieses jungen Mannes, das sich zum Zeitpunkt der Aggressionsentwicklung, der Trotzphase, zwischen ihm und seinen Eltern einerseits, zwischen ihm und seinen Geschwistern andererseits abspielte: das die Aggressivität und alle übrigen Instinktseiten, die er selbst entwickeln wollte, zunächst verjagte und verdrängte. So wurde seine Aggressivität krank und destruktiv wie alles Verdrängte – wie sie sich dann in dem tollwütigen Fuchs zeigte.

Der junge Mann konnte bei diesem Erziehungsritual wohl nicht lernen, mit seinen aufbrechenden Triebenergien konstruktiv umzugehen: Nun weiß er sich ihnen gegenüber nicht anders zu helfen, als sie in der jeweiligen Gestalt, in der sie auftreten – als tollwütiger Fuchs oder als Mörder – zunächst radikal zu erledigen, zu erschlagen. Als Unerlöste stehen sie aber dann jeweils in neuer Gestalt wieder auf.

Zuletzt steigt in diesem Traum ein souverän aggressiver Adler auf und kreist über einem Gebirge. Vielleicht bringt er – Aggressivität in Gestalt eines königlichen Vogels, der auch die geistige Seite enthält – eine Lösung für das Problem dieser entfesselten Destruktivität? Als Vogel gewinnt er an Höhe, kann sich erheben über die Niederungen und die Gemeinheit des Problems, kann Überblick gewinnen. Indem er ein Gebirge umkreist, einkreist, kreist er zugleich einen schwer zu bewältigenden Problemkomplex, für den das Gebirge symbolisch steht, ein. Er sucht zumindest einen Überblick zu gewinnen.

Es erweist sich zugleich, daß hinter dem Aggressionsproblem, noch tiefer gesehen, ein Machtproblem sitzt, wie es regelmäßig zu narzißtischen Störungen gehört. Zum Adler fiel dem Analysanden eine selbst erlebte Szene ein, in der sich ein Fischadler mit einem zu großen Fisch, den er zu jagen suchte, überschätzt hatte: Als er die Beute aus dem Wasser ziehen wollte, wurde er selbst in das Wasser gezogen. Der Träumer weiß also auch um die Gefahr der Selbstüberschätzung: Ihr möchte er sich nicht aussetzen, doch den Überblick möchte er durchaus gewinnen und auch behalten. Der Adler sei für ihn als Symbol der Macht und der Machtansprüche auch ein gefährliches Wesen, erklärt er selbst zu dieser Szene. Der Adler gehört übrigens zu den natürlichen Feinden des Fuchses. In einem Adlerhorst fanden sich 15 Fuchsschädel.

Nun haben wir uns durch die bisherige Interpretation dieses bilder- und phasenreichen Traumes scheinbar ein Stück weit von unserem Ausgangssymbol, dem tollwütigen Fuchs, entfernt. Doch enthält das Bild des tollwütigen Fuchses im Grunde alle weiteren Auswüchse und Irritationen der Aggressivität, wie sie in diesem Traum vorkamen, den Mord an einem Mörder, das Abwehrritual gegenüber den Löwen und die Erscheinung des Adlers, wie die Büchse der Pandora in sich. So enthält die Eingangssequenz eines Traumes – wie die Ouvertüre einer musikalischen Komposition – meist in sich schon alle weiteren Themen, die der Traum noch anschlagen will.

Vom tollwütigen Fuchs wird öfters geträumt. Diese Träume müssen, wie schon erwähnt, immer sehr ernst genommen werden, da die Instinktseite des Träumers jeweils stark irritiert erscheint.

Eine etwa 28jährige Lehrerin träumt, daß ein Fuchs in bedauernswertem Zustand mitten auf dem Feldweg sitzt, auf dem sie in die ungeliebte Schule zu gehen hat. Als Tierfreundin – sie hält sich mehrere Katzen – nimmt sie sich mitleidig seiner an und wird bei dem Versuch, ihn zu untersuchen, von ihm gebissen. Sie erschrickt sehr, da ihr erst jetzt der Verdacht kommt, er könne tollwütig gewesen sein, und sie macht sich sofort und in einiger Panik auf die Suche nach einem Arzt.

Der bedauernswerte Zustand des Fuchses – wir erfahren hier nicht eindeutig, daß es sich um Tollwut handelt – zeigt auf alle Fälle an, daß die Fuchseigenschaften der Träumerin – Instinktsicherheit, Klugheit bis zur List, wenn es sich um die Erhaltung der eigenen Existenz handelt, Vorsicht und Angriffslust zugleich – zu diesem Zeitpunkt sehr geschwächt sind. In diesem Zusammenhang ist wichtig, daß ihr der Fuchs auf dem Weg begegnet, der zu der für sie zur Zeit sehr unbefriedigenden, auslaugenden Tätigkeit als Lehrerin für verhaltensgestörte Kinder führt. Hier sitzt er ihr im Weg, damit sie sich mit ihm auseinandersetze. Es führt kein Weg an ihm vorbei.

Diese Frau reagiert sehr anders als der Mann im Traum vorher: Sie läßt arglos, um nicht zu sagen naiv, ihr Herz für Tiere sprechen, bemerkt dabei aber nicht, daß die Krankheit des Tieres ihr selbst gefährlich werden könnte, und wird gebissen. Da der Fuchs ihr auf dem Schulweg begegnet, liegt die Überlegung nahe, ob er nicht zugleich auch mit den Verhaltensstörungen der Kinder zu tun haben könnte und andererseits mit dem pädagogischen Umgang dieser Lehrerin mit den Kindern. Die massive Aggressivität dieser Kinder, ihre Destruktivität, waren ihr mit der Zeit einfach über den Kopf gewachsen. Sie ging, wie sich im Gespräch herausstellte, ähnlich naiv und mitleidig einfühlend mit diesen Kindern um, ohne ihnen Grenzen setzen zu können, ohne die eigenen Angst- und Warngefühle wahrnehmen und einbringen zu können, so, wie sie es mit dem Fuchs tut. Daß die Kinder durch die brutalen Verhältnisse und die Bezugspersonen, von denen sie herkommen, in ihrem Instinkt- und Triebbereich gefährlich – und die Lehrer durch ihre Bisse mitgefährdend – erkrankt sind, nimmt sie nicht wahr, will sie nicht wahrhaben. Sie verharmlost die Situation und läßt ihr mitleidiges Herz stets vor ihrem pädagogischen und therapeutischen Sachverstand sprechen. Die Folge sind psychisch und physisch gefährliche Verletzungen, die sie selbst immer wieder davonträgt, ohne sich wehren zu können.

Der Traum sagt ihr unmißverständlich, daß nicht nur der Fuchs, der sich in den Kindern darstellt, erkrankt ist, sondern auch ihr eigener innerer Fuchs: daß ihr Instinktbereich nicht in gesunder Weise anschlägt, sie nicht alarmiert – beziehungsweise daß sie diese Alarmsignale nicht ernst nimmt; daß ihre Aggressivität nicht instinktsicher und selbsterhaltend, auch nicht situationsgerecht auf die Kinder reagiert; daß ihre Phantasie für das Gefährliche im anderen nicht funktioniert. In ihr selbst hat sich die zurückgestaute Aggression zu dem Zeitpunkt in eine autoaggressive Dynamik, in eine Selbstdestruktion verkehrt, die an ihrem Leben zehrt. Eine Dermatitis ist außerdem ausgebrochen.

Die junge Frau nahm jedenfalls die Konsequenz des Traumes, den Fuchsbiß, und ihre Angst, es könne der Biß eines tollwütigen Tieres sein, sehr ernst: Ihre verzweifelte Suche nach dem Arzt, mit der der Traum ohne Lösung endete, führte sie zu dem realen Schritt, eine psychotherapeutische Behandlung aufzusuchen.

Der Traum einer weiteren Behinderten-Pädagogin ist sehr ähnlich:

Nach einer ersten Traumszene, in der eine große Zahl von Schweinen durch Elektroschock grausam getötet werden, erscheint in der nächsten Szene ein Fuchs, der sich ihr nähert. Sie erkennt, daß er tollwütig ist, und greift nach einem Holzscheit, um ihn damit zu vertreiben. Doch schon hat er zugebissen. Sie ist in großer Panik, will in einer Telefonzelle einen Arzt antelefonieren, findet aber dessen Nummer nicht und beschließt, den nächsten besten Menschen anzurufen und um Hilfe zu bitten beziehungsweise um Hilfe dazu, einen Arzt zu finden.

Auch dieser Traum endet ohne Lösung. Schon die Tötung der Schweine deutet an, daß der Träumerin im oralen Bereich und im Bereich des Mütterlichen auf grausame Weise etwas genommen worden ist. Schweine stehen symbolisch für Nährendes und Mütterliches. Sie werden ihr durch Elektroschock getötet. Die Mutter der Träumerin ist übrigens früh gestorben, so daß es ihr wirklich an vielem, was man elementar zum Leben braucht, fehlt.

Nun erscheint der Fuchs, der eigentlich eine rettende Instinktseite sein möchte: Doch da er tollwütig ist, verletzt er die Träumerin gefährlich mit seinem Biß. Sie ist im Unterschied zu der Träumerin des vorigen Traumes nicht naiv, sondern versucht, sich seiner mit einem Holzscheit zu erwehren. Das deutet an, daß sich das Ich dieser Destruktivität nicht ohnmächtig ausliefert. Es sucht vielmehr verzweifelt nach einem Arzt, auch hier wieder eine Parallele zu dem Traum zuvor, kann aber in seiner Panik die Nummer nicht finden. Es ist noch einmal ein positiver Impuls, daß dieses Traum-Ich in seiner ganzen Verwirrung es dennoch nicht aufgibt, den nächsten besten Menschen um Hilfe zu bitten, zumindest um Hilfe, an einen Arzt zu gelangen. Es mag bei diesem Traum auch mitgespielt haben, daß die Träumerin erlebte, daß in dem entscheidenden Moment des Bisses ihre Therapeutin nicht sofort greifbar war, daß sie aber immerhin den Mut und den Impuls hatte, nun auch die Menschen ihrer unmittelbaren Umgebung um Hilfe anzugehen. Das war für sie sehr viel, da sie bisher eine große Scheu gehabt hatte, Hilfe anzunehmen.

Der Fuchs als Symbol für Eros und Sexualität

Eine junge Apothekerin auf dem Lande, vierundzwanzig Jahre alt, in einer Lebensphase, bei der in ihr Einsamkeit und Blockierung des sexuellen Bereichs mit Ausbruchversuchen aus dieser Lage einander abwechseln – alles in allem eine sehr frustrierende Phase für sie –, erzählt den folgenden Traum:

Mir ist auf einmal klar, daß ich einen Fuchs heiraten soll. Ich wundere mich irgendwie, habe auch ein bißchen Angst, finde es aber auch spannend. Ich erlebe mich dann, wie ich mit ihm unter einem Gebüsch im hohen Gras liege. Er ist so groß wie ein Mensch. Ich spüre sein weiches rotes Fell, das in der Sonne seidig schimmert. Auch sein buschiger Schwanz gefällt mir. Wohlig kuschle ich mich an ihn.

Die Träumerin war verblüfft, auch ein wenig erschrocken, solch einen Traum gehabt zu haben: Nichtsdestotrotz hat sie die Nähe des Fuchses als angenehm und erregend empfunden. Die junge Frau findet, ihr Traum ähnle den Märchen, in denen ein «Tierbräutigam» vorkomme wie in dem Grimmschen «Das singende springende Löweneckerchen» oder dem norwegischen «Der weiße Wolf im Gebirge»: Diese Märchen, in denen das Mädchen ein Tier heiraten solle, hätten sie immer sehr beschäftigt. Eigentlich hätte das Mädchen in den Märchen zunächst immer große Angst vor dem Tier, meist wäre es auch unfreiwillig, zum Beispiel durch irgendein Problem oder Versprechen des Vaters, in diese Situation geraten, ein Tier heiraten zu sollen. Auch ihr falle zu ihrem eigenen sexuellen Problem immer ihr Vater ein, der sie einerseits streng moralisch christlich erzogen und doch andererseits oft auch begehrliche Blicke nach ihr geworfen habe, ebenso wie ihr Bruder. Durch ihn habe das angefangen, daß sie bei jeder erotischen Annäherung eines Mannes bewußt abblocke und daß ihr die Männer dann leicht wie Tiere erschienen.

Sie hätte fast das Gefühl, sie erlebe die Sexualität noch abgespaltener als die Männer, die eigentlich immer wieder eine persönliche Beziehung mit ihr hätten aufbauen wollen. Sie sagt das traurig, beschämt – mit einem nicht überhörbaren Groll gegenüber sich selbst in der Stimme. Ich frage sie, warum sie wohl in dieser Situation gerade von einem Fuchs träume.

«Ja, der Fuchs», sagt sie, «er macht mir in Wirklichkeit sehr ambivalente Gefühle. Ich finde ihn tatsächlich sehr schön, habe ihn oft beobachtet – ich gehe sehr gern allein im Wald wandern, oft stundenlang –, ich kenne auch sein Bellen und Rufen in der Brunftzeit sehr gut, dieses langgezogene ‹Hau›, das er auch an sich hat, wenn er krank ist. Ich habe auch einiges über ihn gelesen, Tierfilme angeschaut; dabei ist mir immer aufgefallen, daß Füchse rührend mütterlich sind und daß auch der Rüde der Füchsin die Nahrung bringt, solange sie mit den Jungen beschäftigt ist. Er zieht sogar selbst die Jungen weiter auf, falls das Muttertier umkommt. Mir gefällt auch, wie klug er sich durchschlägt, zu dem Seinen kommt, denn er hat ja nicht so viele Körperkräfte. Er hat überhaupt nichts Bösartiges an sich. Andererseits ist er für mich eben doch ein ‹Teufelstier›, hinterlistig schleicht er sich an, stiehlt Hühner und Kaninchen – aber das ist doch eigentlich natürlich, ich weiß nicht, warum ich ihn so teuflisch empfinde. Und trotzdem: dieses Feuerrot seines Fells, dieses spitze, listige Gesicht, dieses Geheule zur Brunftzeit, dieser durchdringende Geruch, dieser Riesenschwanz –, ja, ich finde, er hat einfach etwas Sexuelles an sich, etwas, was mich an Sexuelles denken läßt. Aber es ist etwas negativ Sexuelles, etwas, das sich hinterlistig anschleicht, einen dann an der Kehle packt und plötzlich sehr wild wird.»

Sehr deutlich empfindet sie selbst, wie gespalten ihr Verhältnis zum Erotisch-Sexuellen, zur Tierseite in ihr selber, ist, die ihr im Traumbild des Fuchses in seiner Ambivalenz entgegentritt. Kein Tier könne so stark die Ambivalenz ihrer Gefühle verkörpern wie gerade der Fuchs, sagt sie, an dem schon in der Symbol- und Religionsgeschichte immer diese doppelte Bedeutung hinge. Es war der Träumerin, die auch religionsgeschichtlich interessiert war, wichtig, ihre eher schockierende Fuchserfahrung im Lauf unserer Gespräche allmählich auch in einen größeren Zusammenhang stellen zu können.

Wir vergewisserten uns also, welche Bedeutung der Fuchs in früheren Religionen gehabt habe. In einem alten thrakischen Kult stand der Fuchs mit Dionysos in Verbindung, Dionysos nannte sich in diesem Zusammenhang Bassareus: der mit dem Fuchsfell Bekleidete; auch die bei diesem Kult opfernden Mänaden trugen Fuchspelze. Als Vegetationsgott wird er überall in Europa angerufen und herbeigerufen, man stellte Opfer für ihn bereit: zu Weihnachten, Fastnacht, Johanni oder auch St. Blasius. Als Korndämon läuft er «nach altem Volksglauben» durch die reifen Kornfelder oder sitzt in der letzten Garbe. Ums Osterfeuer lief in Westfalen als neuerstandener Fruchtbarkeitsdämon ein Fuchs. In einigen Gegenden des nordöstlichen Westfalens galt der Fuchs als derjenige, der die Ostereier bringt und ein Nest für sie baut. In Paris wurde zu Johanni ein Fuchs verbrannt: ein altes Opfer an den Vegetationsgott, das später mißverstanden wurde, als handle es sich um eine Verbrennung zur Bestrafung und Austreibung dieses Teufelstieres.

In China und Japan spielt der Fuchs als Gottwesen und geisterhaftes Tier eine große Rolle. Hier ist auch von Füchsen, die sich in Menschen verwandeln und Menschen heiraten, die Rede. Mit Sicherheit haben im germanisch-keltischen Bereich die Wald- und Berggeister mit dem Fuchs zu tun: Die Geister der Berge im Glarnerland heißen selbst Faijer oder Füchse; der schwäbische Waldgeist hat Fuchsgestalt. Häufig finden sich Füchse im Gefolge dämonischer Wesen: im Zuge des Nachtjägers oder auch der Weißen Frauen; der wilde Jäger jagt mit Hilfe von Wildhunden, also Füchsen. Als feuriger Fuchs treibt er in der Oberpfalz seinen Spuk. Der Fuchs gehörte in Norwegen früher zu der Herde der Trolle; später, nach der Christianisierung, wurde er als Hexentier betrachtet.

Hier ist sichtbar, wie die alte Natur- und Vegetationskraft des Fuchses, das dionysische Element in ihm, auf einmal – unter dem Einfluß des Christentums, das das Dionysische fürchtete – verteufelt wurde. Unter christlichem Einfluß erschien der Fuchs als Teufelsgeschöpf oder gar als der Teufel selbst. Sogar das rote Haar der Frauen und der Männer, das an die Teufelsfarbe des Fuchses und zugleich auch die roten Haare Donars erinnerte, brachte diese leicht in Verdacht, mit dem Teufel in Kontakt zu stehen. Man nennt Rothaarige auch heute noch gerne «Rotfüchse».

Es tröstete die Träumerin des Fuchstraumes geradezu und half ihr, sich selbst besser zu verstehen, als sie diese Zusammenhänge sah und auch ihre damit verbundene Ambivalenz der Sexualität gegenüber als ein nicht nur privates, sondern auch kollektives Problem sehen lernte, das aus der Abwertung der – früher dem Gott Dionysos geweihten – Sexualität durch das Christentum stammt. Seitdem steht die Sexualität im Verdacht, etwas Tierhaftes zu sein. Die Märchen wissen um dieses Problem und lassen deshalb einer Frau den Mann oft zunächst als einen Tierbräutigam erscheinen, den es dann allerdings durch echte Liebe zu erlösen gilt. Dabei fiel unserer Träumerin auf, daß in den Tierbräutigam-Märchen oft gerade der Tierbräutigam selbst derjenige ist, der als erster eine echte tiefe Zuneigung zu dem Mädchen faßt, das eher unfreiwillig zu ihm gekommen ist, und der, auch durch seinen erschütternden Trennungsschmerz, als sie ihn zu verlassen droht, ihr Herz allmählich gewinnt.

Die Träumerin dieses Traumes also soll einen Fuchs heiraten, sich wirklich auf ihn einlassen, sich lebenslang mit ihm verbinden. Sie soll es; es ist oft so in den Träumen, daß die Instanz, die dieses Sollen verlangt, nicht eigens sichtbar wird. Es erweist sich vielmehr als ein inneres Wissen in der Träumerin selbst, ein Wissen darum, daß dies und nichts anderes jetzt geschehen soll. Sie will es im Grunde auch selbst und weiß, daß es gar keinen anderen Weg gibt. Unsere Träumerin braucht den Fuchs. Sie braucht seine naturhaft-instinktive Kraft, seine animalische Wärme und seine selbstverständliche Sexualität. Sie braucht seine Kräfte als Fruchtbarkeitsdämon, als Tier des Dionysos und der Mänaden. An der Begegnung mit ihm kann ihre abgespaltene und aufgespaltene Sexualität gesunden: In Wirklichkeit ist die Träumerin eine sexuell stark ansprechbare Frau. Der Traum hilft ihr, dazu zu stehen. Der Traum führte ihr ihre Sinnenfreude, ihre gesunde Sinnlichkeit sehr schön vor Augen: ihre Freude an dem feurigen Fell, dem seidigen Glanz, der Weichheit, an der buschigen Fülle des Schwanzes, an der Wärme und der erregenden Ausstrahlung dieses Tiermenschen. Daß die Tiere oft verwunschene Menschen sind, lernen wir aus den Märchen: In einem dieser Märchenfüchse steckt der «getreue Gerhard», in einem anderen der Bruder der Prinzessin.

Der Traum meint wohl allen Ernstes, daß die junge Apothekerin sich mit dieser Fuchsseite – die nicht nur im Mann, sondern in ihr selber steckt – verheiraten soll. Damit könnte sie diese Seite der Tierhaftigkeit wieder ins Menschliche zurückholen, wieder den Menschen herausholen, der in ihr steckt. Sie wieder zu vermenschlichen hieße, sie aus der instinkthaften Unbewußtheit – die sie in ihrer Tierhaftigkeit charakterisiert – herauszuholen, so daß sie ihr nicht nur instinkthaft unbewußt helfen oder auch in den Rücken fallen kann, sondern daß die Sexualität zur bewußt bejahten Kraft wird, die sie auch verantworten kann.

Auch Männer haben häufig Träume von einer Fuchs-Frau. So träumt ein 35jähriger, sehr gehemmter Mann, Junggeselle, Bibliothekar:

Ich habe eine Liebesbeziehung zu einer Fuchs-Frau. Wir treffen uns immer im verschneiten Wald.

Zu dem verschneiten Wald fällt ihm ein, daß die Brunftzeit der Füchse im Januar/Februar ist. Er empfindet aber auch, daß es in seinem Gefühlsbereich bis dahin, und vielleicht noch immer, eigentlich winterlich, nämlich kalt und erstarrt zugeht. Als recht belesenem Mann, der die Gedichte von Ingeborg Bachmann kennt, fiel ihm auch ein Gedichtanfang ein:

Im Winter ist meine Geliebte
unter den Tieren des Waldes,
daß ich vor Tage zurück muß,
weiß die Füchsin und lacht.

In dieser Assoziation zeigt sich die ganze Angst und Ungeborgenheit in der Beziehung zu einer Frau, die er zur Zeit zunächst nur auf sexueller Ebene, wie er sagt, leben kann. Er fürchtet, «bei Tage» – also wenn das Bewußtsein und der Alltag ins Spiel kommen – würde diese Beziehung sich auflösen. Dennoch: Diese Füchsin, die er auch als raffiniert erlebt, zieht ihn sexuell ungeheuer an.

Seine Assoziation zu der Füchsin war, daß im Englischen eine sexuell sehr attraktive Frau auch als Foxy-Lady bezeichnet wird. Füchsinnen sind dämonisch, sagt er – als Dämoninnen gelten sie in der Tat, auch in der chinesisch-japanischen Mythologie, dort aber nicht mit negativem Akzent –, sie seien Hexen. Damit ist er in voller Übereinstimmung mit der mittelalterlichen Auffassung, die, wie man sieht, im Unbewußten eines heutigen Mannes durchaus ihren Niederschlag gefunden hat und in enger Entsprechung zu seinen sexuellen Ängsten steht. Für viele Männer ist der Fuchs speziell ein weibliches Wesen, und sie projizieren gern auf ihn all das, was sie an der Frau fürchten, zum Beispiel auch die Hysterie, die als «Fuchsbesessenheit» bezeichnet wurde. In eigentümlicher Entsprechung dazu steht, daß der althochdeutsche Ausdruck für Fuchs, Fohar, der später zur Bezeichnung für die Füchsin, Fähe, geworden ist, ausschließlich im weiblichen Geschlecht stand. Es fällt ihm auch der Fuchspelz ein, den seine verstorbene Mutter immer getragen habe: Vor ihm habe er sich gegraust und ihn doch immer fasziniert angeschaut. Seine Mutter wäre ihm darin wie eine gefährliche Jägerin erschienen. Er habe seine Mutter, die ihn eher erotisiert als mütterlich versorgt habe, immer als recht ambivalent empfunden. Er horcht auf, als er im Zusammenhang mit diesem Traum von dem Märchen erfährt, in dem eine Füchsin die Seele der verstoßenen Mutter ist, die nun als hilfreiches Tier dem Helden zur Seite steht.

Sollte sich in dem Traum von der Füchsin nicht auch ein hilfreicher Aspekt für den Träumer konstellieren? Braucht er in seiner Isolierung doch die Antriebe, die von ihr ausgehen – und es sind ihrer ja mehr als nur die sexuellen, die die Füchsin ausmachen, auch wenn diese dem Träumer zuerst einfallen. Wir sprachen nun auch über die echte Mütterlichkeit, die eine Fuchsmutter aufbringt, über ihre Instinktsicherheit und Fürsorglichkeit für die Kleinen, die sie jeweils mit dem Maul in die Sonne trägt oder sofort wieder wegbringt, wenn zum Beispiel ein Mensch in die Nähe kommt. Es gab für ihn in der Fuchs-Frau noch mehr zu entdecken als nur ihre sexuelle Verführungskraft und die Unzuverlässigkeit, die er ihr unterstellte. Es wollte in der Begegnung mit der Traumfüchsin auch etwas in seinem negativen Mutterbild verändern, das natürlich mit daran schuld war, daß er bisher unfähig gewesen war, sexuell erotische Beziehungen, die in die Tiefe gingen, aufzunehmen. Auch er muß seine Fuchs-Frau zur Menschlichkeit erlösen.

Wie deutlich Füchsin und Fuchs in europäischen Märchen der christlichen Zeit mit Sexualität zusammengebracht werden, zeigt das Grimmsche Märchen «Von der Frau Füchsin» (KHM, Urfassung Nr. 38).

Der Fuchs als Rückverweis auf Kindheit und Jugend

Die Ärztin, die mir den zu Anfang besprochenen Traum zur Verfügung stellte, faßt ihre Assoziationen zum Fuchs in die Aussage zusammen: «Wenn ich vom Fuchs spreche, fallen mir immer meine Heimat und meine Kindheit ein. Ich sehe ihn in Kiefernwäldern, Sonne, Heide und auch im Mischwald ... Dort gehört er für mich hin.»

Das zeigt natürlich auch, daß der Fuchs mit seiner Instinktsicherheit, seinem Einfallsreichtum und seinem kundigen Umgang mit der Natur in der Kindheit für manche Menschen noch wesentlich näher war als in der Zeit des Erwachsenenlebens.

Eine 38jährige Frau, die in einer recht einengenden Ehe lebt, erzählt mir den folgenden Traum:

Ein Fuchs erscheint an einem sonnigen Wintertag auf dem Marktplatz von C., der Stadt, in der ich aufgewachsen bin. Erst denke ich, er sei sicher tollwütig; er bewegt sich aber sehr vorsichtig und scheu. Er scheint hungrig zu sein. Ich gebe ihm etwas zu fressen, was ich schnell an einem Marktstand erstehe: süße Früchte, etwas Fleisch. Er verzehrt es dankbar und bleibt dann mit aufgestellten Ohren vor dem Eingang zum Münster sitzen.

Die Träumerin lebt schon lange nicht mehr in dieser Stadt, in der sie ihre Kindheits- und Jugendjahre und ihre ganze Schulzeit verbrachte. Auch ihre erste Jugendliebe erlebte sie dort. Jetzt im Traum ist sie auf einmal wieder in dieser Stadt. Wenn Erinnerungsbilder an frühere Orte unseres Lebens im Traum auftauchen, heißt das immer, daß wir jetzt an diesem alten Ort auch wirklich «etwas verloren haben» beziehungsweise etwas zu suchen, wiederzufinden oder auch aufzuarbeiten haben. Allein also, daß sie im Traum wieder in dieser Stadt ist, an der so viele Erinnerungen hängen, in der jedes Haus ein Gesicht hat, zeigt, daß sie etwas aus ihrer Kindheit wieder einholen soll. Auf dem Marktplatz vor allem hat sie sich oft mit ihrem Freund getroffen: Hier wurde man auch von den Leuten gesehen, es wurde gefragt, wer geht mit wem. Hier gab es die Marktstände, wo man sich für sein Taschengeld etwas Gutes erstehen konnte: Obst und Leckereien. Hier stand aber auch die Schule und mit dem Münster die Kirche.

Und nun erscheint da dieser Fuchs. Der Fuchs gehört für sie in die wilde Natur, er begegnete ihr oft in den Bergwäldern rings um ihre Heimatstadt, begegnete ihr auf den ausgedehnten Wanderungen mit ihrem Freund. Er ist für sie auch der Listige, der Rat weiß, zum Beispiel in schwierigen Beziehungssituationen.

Dieser Fuchs erscheint nun, hungrig. Er erscheint an einem Wintertag. Es fehlt ihm etwas, dieser inneren Fuchsseite in ihr, instinkt-, natur- und erosverbunden, fehlt es an Nahrung und Zuwendung. Schon in den alten Zigeunertraumbüchern konnte man lesen: Wenn der Fuchs auf dem Marktplatz erscheint, bedeutet das Teuerung. Wir fragten uns, wo in ihrem derzeitigen Leben es Teuerung und Hunger gäbe: Es war ihr ganz klar, daß die Teuerung vor allem innerhalb ihrer Ehe bestehe, in der die Gefühle beider Partner wie eingefroren waren. Deshalb wohl wird es in dem Traum, den sie mitten im blühenden Frühjahr träumt, Winter sein. Es erweist sich immer dann als besonders wichtig, die Jahreszeit, die im Traum auftaucht, auf ihren Stimmungs- und Symbolgehalt hin zu befragen, wenn sie der Jahreszeit, in der der Traum geträumt wird, kraß widerspricht.

Dieser Fuchs erscheint auf dem Marktplatz, dem Kommunikationszentrum der Stadt, er ist unübersehbar, vor allem für die Träumerin: Sein Ausgehungertsein bezieht sich auf den Kontakt- und Gefühlsbereich, schließt aber auch – wie die Träumerin assoziiert – ein Mangelgefühl im Bereich des Geistigen und des Religiösen ein. Auch Schule und Kirche stehen ja direkt am Markt, charakterisieren den Markt.

Es spricht nun sehr für das Traum-Ich, daß es diesen scheuen Fuchs zu füttern versteht, daß es sich seiner annimmt und daß er es akzeptiert. Er nimmt ja das wertvolle Futter dankbar entgegen – süße Früchte, die wohl auf Nahrung aus dem erotischen Bereich hindeuten, und Fleisch, das seine wilde Natur stärkt. Mit beidem nährt natürlich die Träumerin den Fuchs in sich selbst. Sie erzählt, daß sie kürzlich einen Musiker kennengelernt habe, welcher sie auch auf Fortbildungsmöglichkeiten oder ein Zweitstudium in diesem Bereich, der ihr während ihrer Schulzeit sehr nahe gewesen war, hingewiesen habe. Vor allem habe dieser Musiker sie an ihren ersten Freund erinnert. Es bewegt sich also wieder etwas im Gefühlsbereich dieser Frau: Und zugleich werden ihre eigenen kreativen Fähigkeiten angesprochen. Beides verkörpert sich im Traum in diesem Fuchs, der, sehr bedürftig, auf dem Marktplatz ihrer Heimatstadt erscheint. Es gilt für sie, an Gefühle und Begabungen wieder anzuknüpfen, die sie mit dem Auszug aus dieser Stadt brachliegen ließ. Zugleich kommt auch ein weiteres Thema ihrer Jugend wieder auf: Kann sie sich öffentlich, vor der Öffentlichkeit, mit ihrem Partner, mit ihren Gefühlen zeigen, oder braucht sie auch die List und Vorsicht des Fuchses, um ihre Sehnsucht nach einem lebendigeren Leben – auch vor ihrem Partner? – zu verbergen.

Zuletzt machte es sie nachdenklich, warum der Fuchs sich ausgerechnet vor dem Münster postiert. Gerade vor dem Münster: noch dazu wachsam mit aufgestellten Ohren. Ein Fuchs vor dem Münster; das scheint ihr ein denkbar krasser Gegensatz zu sein, ein fast komischer Gegensatz: Der Fuchs gehört nach ihrem Empfinden mehr zu der wilden Natur, die mit der kirchlichen Einstellung und Moral, die ihr in ihrer Jugend vermittelt wurden, in Widerspruch steht, gehört mehr zu den Hexen als zu den Heiligen. Aber eben hier macht sie der Traum auf etwas aufmerksam, wie auch der Fuchs in ihr mit aufgestellten Ohren wachsam dasitzt: Es scheint wichtig zu sein, ihn gerade hier zu bemerken; zu beobachten, was vorgeht, wenn die Menschen in die Kirche gehen wollen und dabei einen Fuchs passieren müssen. Es geht offenbar darum, den Fuchs als das sogenannte Teufelstier – mit allem, was er als solches verkörpert – nicht mehr weiterhin aus dem Bereich des Religiösen völlig auszuklammern. Es gilt sich daran zu erinnern, daß er in anderen Phasen und Regionen der Religionsgeschichte auch als Begleittier der Götter und als Seelengeleiter galt: Es geht darum, die Eigenschaften des Fuchses – seine Spürigkeit, sein Witterungs- und Sichtvermögen in die Nacht, ins Unbewußte hinein, seine positive Verbundenheit mit Eros und Sexualität – als etwas wiederzuentdecken, das sich mit Religiösem verbinden und integrieren läßt. Auch bei dieser Frau war wie bei vielen ihrer Generation, gerade durch die strenge religiös-moralische Erziehung in Schulhaus und Kirche ihrer Heimatstadt, eine Kluft zwischen Religion und Eros aufgerissen worden.

Freilich: In der Kirche wurde sie auch mit ihrem jetzigen Mann getraut, und der Fuchs sitzt jetzt listig und wachsam davor: als Frage eher, was aus dieser Ehe werden solle; ob lebendige Erotik noch einmal mit hinein könne und solle in diese kirchlich sanktionierte Ehe – oder ob lebendige Erotik vor der Kirchentür auch dieser Ehe bleiben müsse und ob es dann einiger List bedürfe, um sie vor dieser Kirche und Gesellschaft dennoch leben zu können. Wir machten uns nun Gedanken darüber, daß lebendige Erotik auch in einer lange bestehenden Ehe wieder aufkommen könne, gerade dann, wenn erotische Sehnsucht und Phantasie, wie sie an der Begegnung mit dem Musiker wieder aufgebrochen waren, nicht länger einfach abgedrosselt werden müßten. Sobald in einem der Ehepartner überhaupt wieder Gefühle aufbrechen, können sie – wenn im Sinne lebbaren Lebens mit ihnen umgegangen wird – auch auf die lang bestehende Beziehung zurückstrahlen, müssen sie keineswegs nur zerstören. Wie dies im einzelnen zu gestalten wäre, kann natürlich nur am konkreten Beispiel einer Lebensgeschichte miteinander durchgedacht und durchgespielt, auch durchgespürt werden.

Jedenfalls gab das Erscheinen des ausgehungerten Fuchses auf dem Marktplatz ihrer Heimatstadt für diese Frau Anlaß und Anregung genug, mit ihrer Instinkt- und Gefühlsseite und den entsprechenden Bedürfnissen wieder sehr aufmerksam umzugehen. Es begann damit für sie eine Phase neuer Erlebnisfähigkeit in der Beziehung, aber auch im Blick auf ihre eigene Kreativität. Sie begann sich im Zeichen des Fuchses der Natur in ihr selber wieder zuzuwenden, begann wieder zu musizieren und an ihrer musikalischen Weiterbildung zu arbeiten.

Der Fuchs als Seelenführer

Eine besondere Qualität erlangt der Fuchs, wo sich seine sprichwörtliche List noch differenziert zu Spürigkeit, zu Witterungsvermögen bis in den Bereich des Unbewußten hinein. Der Fuchs ist eines der Tiere, die bei Nacht jagen, bei Nacht sehr gut sehen und die im Wald als dem Symbolbereich der inneren Natur, des Unbewußten, zu Hause sind, er ist daher in der Tat auch als Seelengeleiter, als Psychopompos, bekannt. Dabei kommt ihm seine reale und symbolische Verbundenheit mit diesem Bereich und den Kräften des Dunklen besonders zustatten.

Ein besonders anschaulicher Traum vom Fuchs als Seelenführer wurde von einer Studentin geträumt (zu der Zeit 25jährig), als sie begann – den üblichen Studiengang eines Universitätsstudiums als sehr einseitig empfindend –, sich der Tiefenpsychologie, die mit Träumen und Imaginationen aus dem Unbewußten arbeitet, zuzuwenden. Sie erzählt:

Am Waldrand treffe ich einen Fuchs. Neugierig folge ich ihm. Schließlich führt er mich in eine wunderbar geheimnisvolle Wasserlandschaft.

Auf einmal überlege ich mir: Warum folge ich eigentlich schon die ganze Zeit diesem Fuchs? Und ich frage ihn: «Mich nimmt wunder, warum ich dir eigentlich die ganze Zeit schon folge?» Da wendet er seinen Kopf zu mir und sagt: «Merkst du denn nicht, wer ich bin?» In dem Moment erkenne ich Carl Gustav Jung an seinen lustig-listigen Augen. Doch da verschwindet er auch schon.

Bald darauf erkenne ich ein Schiff in Seenot und muß durch Rettungsschwimmen einige der über Bord Gegangenen auflesen.

Hier erlebt die Studentin den Fuchs als ein Wesen, dem sie, ohne selber zu wissen warum, unter einer eigentümlichen Faszination folgt. Er wird ihr hier auf eine fast selbstverständliche Weise zum Führer: Er führt sie zu einer geheimnisvollen Wasserlandschaft. Wasser ist ihr in Wirklichkeit ein sehr wichtiges Element, in dem sie sich wesensmäßig wiedererkennt. Für sie ist kein Sommer ohne Aufenthalt am Wasser denkbar: Sie liebt die weiten Seen des Voralpenlandes, vor allem aber zieht es sie zum Meer. Beim Blick auf die Weite des Wasserspiegels kommen ihr die Inspirationen: Weiträumige Ideen, aber auch Sehnsüchte und Fernweh wachen auf. Nicht weniger zieht sie die Tiefe des Wassers an. Am liebsten schwimmt sie über großer Tiefe, taucht gerne und läßt sich faszinieren von dem phantastischen Leben in der Tiefe des Meeres, von den bizarren Pflanzen, Korallen und vor allem auch von den Fischen. Zu der Zeit hatte sie einmal einen Traum, in dem Zeit und Raum ihre sonstige Eindeutigkeit völlig verloren, als sie unter der Oberfläche des Wassers schwamm.

Wenn sie also von dem Fuchs zu einer geheimnisvollen Wasserlandschaft geführt wird, gelangt sie durch sein Geleit zu einer Region, die ihr als reale Landschaft sehr viel bedeutet, die aber auch seelisch viel ins Schwingen bringt, die zugleich eine Seelenlandschaft ist. Zudem ist die Wasserlandschaft eine innerseelische Landschaft: innere Gegend, die sich aus dem Unbewußten erhebt, aus ihm aufsteigt, imaginativ und visionär. Sie beschreibt diese Wasserlandschaft folgendermaßen: «Sie ist so, wie ich mir die Bretagne vorstelle, wo ich noch nie war, eine sanfte Wiesenlandschaft, die dann plötzlich nach unten steil abfällt, in Klippen; unten liegt dann ein Sandstrand, auf dem die Wellen anprallen.» In dieser Landschaft findet sie sich, dem Fuchs folgend, plötzlich vor. Sie fällt, von ihrer bisherigen Bewußtseinsebene aus gesehen, steil zum Meer hin ab. Es ist eine Kluft zwischen ihrer sonstigen Bewußtseinshöhe und der Ebene des Unbewußten.

Erst jetzt wird ihr bewußt, daß sie intuitiv, instinktiv diesem Tier folgt, ohne es zu kennen. Sie wundert sich darüber, und zugleich entsteht der Impuls in ihr, das Tier näher zu betrachten. Als bewegte es der gleiche Impuls – wie es ja auch der Fall ist, da der Fuchs, subjektstufig betrachtet, nichts anderes ist als die Instinktseite der Träumerin selbst –, hebt jetzt auch der Fuchs seinen Kopf, wendet ihn ihr zu und gibt sich zu erkennen; da überkommt auch sie ein jähes Wiedererkennen: Dieser Fuchs gleicht niemand anderem als Carl Gustav Jung, er ist C. G. Jung. Jungs lustig-listige Augen, die man auf allen Fotos von ihm so ausdrucksvoll erkennen kann, waren das erste, was der Studentin zu der Verwandtschaft zwischen Jung und einem Fuchs einfiel. Sie hatte Jung ja nicht mehr persönlich gekannt. Bei näherem Zusehen fand sie zwischen Jung, vor allem wie er sich in seinem Werk darstellt, und dem Fuchssymbol zahlreiche Vergleichspunkte: daß es für Jung in seinem ganzen Nachdenken auch um so etwas wie ein «Sehen in der Nacht», um ein Einbeziehen des

Unbewußten in das Bild des Menschen, in die Tiefenpsychologie und die dementsprechende therapeutische Praxis geht; sie erlebt ihn durchaus auch als einen «Fuchs», insofern, als auch er für «Tricks», die festgefahrenen Therapien eine befreiende Wende geben können, und für die Gestalt des Tricksters eine Menge übrig hatte; sie erlebt sich selbst im Gegenüber zu ihm als eine, die sich, einer geistig-seelischen Faszination folgend, auf ihn eingelassen hat und dadurch an Orte gerät, von denen sie gar nichts ahnte und die sie sich «nicht hätte träumen lassen».

Indem sie aber diese Erkenntnis hat, in dem Fuchs Jung erkennt, wird sie im Traum auch schon von ihm verlassen. In dem Märchen «Der goldene Vogel» begleitet der Fuchs den Helden nur bis zu einem bestimmten Punkt. Dann muß er ihn verlassen, ja ihn bitten, ihm den Kopf abzuschlagen: Nur dann kann der Fuchs sich zum Menschen wandeln, nur dann kann die menschliche Hauptfigur des Märchens, der Held, diese Fuchsseite so in sich integrieren, daß sie ihm zu eigen wird, daß sie ihm künftig von innen her als der «Fuchs in ihm» zur Seite steht. Von solch einer Verwandlung des Fuchses allerdings spricht der Traum nicht. Aber wir sehen, daß das Ich der Traumheldin sofort nach der Begegnung mit dem Fuchs-Jung dazu herausgefordert wird, selbst rettend einzuspringen und Menschen aus Seenot zu befreien.

Sie sagt dazu: «Man läßt sich auf ihn ein und ist plötzlich an einem Ort, an den man gar nicht gerne wollte: Ich mußte dort gleich ein Schiff in Wassernot herausholen, beziehungsweise ich mußte rettungsschwimmen und Leute herausholen, während das Meer tobte ...» Sie darf diesem plötzlich identifizierten Fuchs, der therapeutischen Kraft C. G. Jungs sozusagen, dessen seherischer Fähigkeit im Blick auf das Unbewußte, nicht länger nur neugierig nachlaufen: Sondern sie muß das neu Entdeckte in einer Seenotsituation erproben und bewähren. Menschen in Seenot: Symbolisch verstanden sind es zugleich Menschen in seelischer Not, denn das stürmische Meer ist ein Bild für das aufgewühlte, übermächtig werdende Unbewußte, das einen Menschen überwältigen kann.

Auch dieses Bild gilt es wieder subjektstufig und objektstufig zugleich zu verstehen: Objektstufig spielt es darauf an, daß für die Studentin das faszinierte Sich-Einlassen auf die Tiefenpsychologie Jungs auch mit einer Motivation, selber die Ausbildung zur Psychotherapeutin zu durchlaufen, gekoppelt war: die Faszination durch das Unbewußte ging also sehr rasch in eine Motivation über, Menschen in seelischer Seenot beistehen zu lernen.

Subjektstufig bedeutet das Bild auch, daß seelische Anteile der Träumerin selber in Seenot geraten waren, daß ihnen der Boden unter den Füßen wankte, seit sie, auf die Fährte dieses Fuchses gesetzt, sich auf die Tiefenpsychologie eingelassen hatte und auf das stürmische Gewässer des eigenen Unbewußten geraten war. Hier zeigt der Traum allerdings auch, wie beherzt das Traum-Ich einzugreifen und zu retten vermag, so daß keine nennenswerte seelische Gefahr für die Träumerin besteht, auch wenn eines ihrer Schiffe in Seenot geraten ist.

C. G. Jung zu begegnen in einer Fuchsgestalt: das bedeutet – nun auch subjektstufig genommen – nicht nur zu erkennen, welches Gesicht sich hinter der geheimnisvollen Faszination durch das Unbewußte eigentlich verbirgt, daß die Faszination nämlich das Gesicht und den Namen Jungs und seiner Tiefenpsychologie trägt, es heißt zugleich, sich durch diesen Traum auch selbst vom gleichen Erkenntnisdrang erfüllt und von der Motivation zu einem therapeutischen Beruf ergriffen zu sehen wie Jung. In Gestalt eines Fuchses und des «alten Fuchses» C. G. Jung, wie sie ihn respektvoll-ironisch benennt, hat das Unbewußte begonnen, sie selbst zu ergreifen. Das Unbewußte in ihr, ihr Unbewußtes, hat ihr bereits diese Bilder zugespielt, um sie für ihre eigene Tiefe und deren Erkundung zu engagieren. Kein Wunder, daß sie noch im gleichen Traum die ersten Schiffbrüchigen auf der hohen See – in ihr selber – zu retten hat. Ein wenig Selbstkritik und Distanzierung im Blick auf ihr bisher allzu selbstverständliches Herlaufen hinter der Faszination durch diesen «Fuchs», durch C. G. Jung und seine Psychologie, enthält dieser Traum natürlich auch.

Der Fuchs in uns ist so etwas wie der seelengeleitende Therapeut in uns, der mit uns, wie wir selber, zerzaust und niedergedrückt oder auch aufgerichtet wird: Davon spricht der Traum einer 42jährigen Ärztin. Der Fuchs erscheint in diesem Traum wie eine Parallelfigur zu ihr selbst:

Ich bin in einer Klinik und werde von einem Pfleger gerufen, weil eine junge Frau einen Anfall hätte. Es handelt sich um eine junge, etwa 20jährige Frau, die sehr zart und zerbrechlich aussieht. Ich sehe sie mir an und habe das Gefühl, der Anfall sei überstanden.

Als ich gerade den Raum verlassen will, spüre ich, daß diese junge Frau in tödlicher Gefahr ist. Ich stürze auf sie zu und sehe sie in Krämpfen, die nicht aufhören wollen. Dem daneben stehenden jungen Mann rufe ich zu, er solle mir sofort die Ampulle eines Medikaments aufziehen; er läßt diese, die letzte, die vorhanden ist, vor Aufregung auf den Boden fallen, sie zerbricht. In meiner Verzweiflung sauge ich die Flüssigkeit vom Boden mit einer Kanüle auf und führe diese mit meinem Mund in eine Vene des linken Armes ein. Es gelingt mir, den Anfall zu stoppen, die junge Frau ist außer Gefahr, ich selbst bin zu Tode erschöpft.

Ich bin dann plötzlich in einem nicht sehr dichten sommerlichen Laubwald, in den die Sonne hineinscheint. Ich bin noch immer erschöpft. Als ich aufblicke, sehe ich einige Meter vor mir einen großen, etwas zerrupften roten Fuchs stehen, außer Atem wie ich. Er schaut mich gelassen und, wie ich meine, auch etwas spöttisch an, so als ob er mir sagen wollte: Es ist gar nicht so leicht, einer Falle zu entkommen.

In der letzten Szene, in der sich auch atmosphärisch die vorher so angespannte Situation entspannt und lichtet – aus dem Krankenhaus führt diese Szenerie ins Freie, in einen hellen Laubwald –, taucht nun der Fuchs auf: gelassen und etwas spöttisch überlegen, während das Traum-Ich selbst die Aufregung nur eben erst überstanden hat und noch sehr erschöpft ist. Zugleich ist dieser Fuchs erkennbar als ein Wesen, das das, was die Träumerin durchgestanden hat, selber ganz parallel miterlebt hat: Auch er ist zerrupft und außer Atem wie sie. Er ist wie ein aufs engste mit ihr verbundenes Seelentier. In solcher Funktion stelle ich mir die Totemtiere unserer Ahnen vor. Als solches ist es ihr dennoch überlegen: Es ist gelassen, während sie echauffiert ist – es scheint, als stünde er durch sein überlegenes Wissen mehr über der Situation als das Traum-Ich selbst. Es scheint sich ja bei dieser Situation um so etwas wie eine Falle gehandelt zu haben, in die die Träumerin leicht hätte geraten können, in die sie – wie der Traum sagt – bereits auch gekommen ist. Zu dieser Falle äußert sie sich selbst: «Der Traum erinnerte mich an die schwere Krise, die ich Monate zuvor durchlebte und zum Zeitpunkt des Traumes bereits völlig überwunden glaubte. Wie mir der Traum jedoch sagte, war die Situation innerlich noch nicht bewältigt. Ohne meinen struppigen Fuchs, der mich wohl schon ein Leben lang begleitete und deshalb so mitgenommen war, dürfte ich die Krise kaum bewältigen können (im Traum hatte ich das Gefühl, daß auch der Fuchs sehr knapp einer tödlichen Falle entkommen war).» Die Falle erweist sich also vor allem darin, daß sie als Ärztin jene junge Frau, ihre Patientin, zunächst außer Gefahr wähnt, während diese sich, wie die Ärztin allerdings schon vor dem Verlassen des Zimmers spürt, in akuter Lebensgefahr befindet, in nicht endenwollenden Krämpfen. Jene junge Frau, die objektstufig gesehen eine wirkliche Patientin spiegelt, subjektstufig aber einen eigenen Anteil der Träumerin, der jünger ist als diese – sie ist «sehr zart und zerbrechlich» –, steht also dem energisch besonnenen Ich der Träumerin als Gegensatz gegenüber. Deren zarte zerbrechliche Seite also hat Krämpfe, die wegen ihrer Wiederkehr und anhaltenden Dauer lebensgefährlich sind und die sie verfrüht als überwunden ansah. Darin lag die Falle.

Eine weitere Falle stellte sich ihr dadurch, daß der junge Mann – eine männliche Seite in ihr, die aber hier in der Aufregung versagt – die letzte verfügbare Ampulle eines krampflösenden Mittels fallen läßt. Sie zerbricht und ergießt sich über den Boden. In ihrer Verzweiflung saugt die Ärztin die Flüssigkeit mit ihrem eigenen Mund in eine Kanüle und führt diese ebenso mit dem Mund in die Vene der Patientin ein: Sehr unmittelbar also, unter Einsatz des eigenen Körpers, des Mundes, wendet sie sich der Patientin zu, diesem zarten, zerbrechlichen Teil ihrer selbst, und vermag diesen zu retten. Es gelingt, da sie alle persönlichen Hemmungen und alle Vorschriften über Bord wirft und sich die Lebensgefahr der Patientin unmittelbar unter die Haut gehen läßt; es gelingt auch, da sie dazu den füchsischen Einfall hat, entgegen allen erlernten Regeln direkt einzugreifen. Ich denke, daß schon hier der Fuchs, der im darauffolgenden Bild erscheinen wird, als mitrettende und mitwirkende Kraft im Spiel ist, als derjenige, dem auch dort noch etwas einfällt, wo das Ich am Ende seiner Möglichkeiten gewesen wäre. Der Fuchs in ihr hat diese zarte, zerbrechliche junge Seite, die zu der Zeit sehr litt, zu retten gewußt, indem er das tatkräftig beherzte Ich auf deren große Gefährdung aufmerksam machte und damit verhinderte, daß das Ich aus dem Zimmer ging, sich abwandte; er hat dem Ich zugleich die rettende Idee zugespielt, auf keine äußeren Hilfsmittel mehr zurückzugreifen, sondern sich selbst, den eigenen Körper, ins Spiel zu bringen: sich gleichsam mit der kranken Seite völlig zu solidarisieren.

Der Preis für diese totale Hingabe ist eine große Erschöpfung des Ich: Wie zur Stärkung tritt der Tierhelfer aus dem Hintergrund, wird sichtbar als einer, der selber durch seinen Einsatz zerrupft und zerrauft, der aber gelassener geblieben ist und diesen stürmischen therapeutischen Prozeß offenbar gut überstanden hat. Die Träumerin kann sich auf ihn verlassen. Das zeigt sich auch darin, daß er ihr als groß erscheint: Sie hat ein großes Reservoir an Fuchskräften, dieser Fuchs ist kein mickriges Tier. Marie-Luise von Franz sagt einmal im Blick auf die Märchen, daß die Heldin oder der Held immer dann gerettet seien, wenn ein Tierhelfer in Erscheinung trete: auch wenn daraufhin noch mannigfaltige Gefahren und Proben zu bestehen seien. Die Anwesenheit des Tierhelfers zeigt, daß die Träumerin von nun an in Kontakt mit ihrer Instinktseite, ihrer Tierseele – die im Zeichen des Fuchses auch findig-listige Züge enthält – getreten ist. Ihr Seelentier, ihr Totemtier, geleitet sie künftig. So fühlt sie hier in der letzten Szene, daß sie überhaupt wieder mitten in der Natur, auch in ihrer eigenen Natur, steht: in diesem lichten sommerlichen Laubwald. Sommerlich: Das bedeutet auch, daß sie mitten im Leben steht, ihrem Alter gemäß.

Die Erlösung des Fuchses

Vom Fuchs zu träumen heißt immer auch, daß sich das, was der Fuchs verkörpert – Schlauheit, Witterungsvermögen usw. – für den Träumer noch auf der Tierstufe, im Instinktbereich, befindet, daß es sich also «unwillkürlich» abspielt, instinktiv, aber noch nicht unserer bewußten Entscheidung und Verantwortung zugänglich ist.

So träumte eine Therapeutin in einem Fall, der ihr noch ganz unüberschaubar war, in dem sie aber durch einige intuitiv gewagte Interventionen sehr viel ins Rollen gebracht hatte, von einem Fuchs, der vor dem hohlen Baum lagerte, in dem sie sich mit ihrer Patientin aufhielt.

Dieser Traum zeigte ihr deutlich, daß sie sich diesen Fuchs ins Bewußtsein holen mußte, der die therapeutische Situation zwar schützend bewachte, aber den Ausgang aus dem hohlen Baum – aus der zu der Zeit sehr symbiotischen Beziehung, in der die Therapeutin stark in die Mutterrolle geraten war – auch blockierte.

Fuchsträume enthalten also immer auch die Aufforderung, solche wie autonom ablaufenden instinktiven Einfälle und Entschlüsse, mögen sie auch noch so hilfreich gewesen sein, voll ins Bewußtsein zu heben und die Verantwortung für sie zu übernehmen.

In dem schon öfters erwähnten Märchen «Der goldene Vogel» bittet der Fuchs, als seine Aufgaben erfüllt sind, auf das flehentlichste, der Held dieses Märchens, der ihm bisher alles verdankt, möge ihn töten. Er will dem Helden damit bedeuten, daß er diese Form, die Fuchsgestalt seines intuitiven Wissens und Handelns, nicht mehr braucht. Es geht für ihn um Loslösung und Ablösung von diesem autoritär bestimmenden Instinkt. Es geht darum, auf das unbewußte Füchsische, für das ich die Verantwortung nicht übernehme, zu verzichten und statt dessen selber und bewußt klug, findig und kreativ-listig zu werden: letztlich weise.

Vor allem gilt es, selber ein Gefühl, ein Gespür für den eigenen Weg zu entwickeln. Der getötete Fuchs nämlich wandelt sich zum

Menschen und ist damit selbst «erlöst». Er ist in den entsprechenden Menschen nun integriert, ist ihm zu eigen geworden. Doch gilt das alles erst, wenn die ärgste Not überstanden ist. In der Waldwildnis verirrt, orientierungslos, in Gefangenschaft und Todesgefahr – wie in diesem Märchen (Der goldene Vogel) und in den Träumen geschildert – ist es lebensrettend, dem Fuchs oder der Füchsin zu begegnen. Sie gehen mit, solange der Held, die Heldin oder wir selber ihrer unbedingt bedürfen: solange wir – und das geschieht immer wieder – dem Unbewußten die Führung überlassen müssen und sollen.

Doch es liegt gerade in der tiefen Weisheit dieser Tiere begründet – auch Teta Lija, die Füchsin in dem jugoslawischen Märchen, verabschiedet sich, als der Held die bei ihr erlernte Klugheit selbst bewähren muß –, daß sie sich überflüssig machen beziehungsweise um einen Wandlungstod und um Erlösung bitten, wenn die Zeit dafür reif ist, daß der Held autonom wird: daß wir den Weg, den etwa ein Fuchstraum als Wegweiser uns erschlossen hat, nun selbständig weitergehen.

Literatur

Bächtold-Stäubli, Hanns (Hrsg.): *Handwörterbuch des deutschen Aberglaubens*, Bd. III. Berlin/Leipzig 1942.
Drewermann E./Neuhaus I.: *Der goldene Vogel* (Grimms Märchen tiefenpsychologisch gedeutet). Walter, Olten 9 1993.
Grzimek, Bernhard: *Enzyklopädie des Tierreichs*, Bd. 10: Säugetiere I, zu Fuchs. dtv, München 1979.
Hark, Helmut: *Traumbild Baum* (Träume als Wegweiser). Walter, Olten 3 1992.
Kast, Verena: *Traumbild Wüste* (Träume als Wegweiser). Walter, Olten 1986.
–: Das singende springende Löweneckerchen, in: *Mann und Frau im Märchen. Eine psychologische Deutung*. Walter, Olten 8 1992.
«Vaters Weinberg», in: *Wege ins andere Land. Serbische Volksmärchen und Legenden.* Mellinger, Stuttgart 1972.
«Von der Frau Füchsin«, in: *Kinder- und Hausmärchen der Brüder Grimm*. Vollständige Ausgabe in der Urfassung. Hrsg. v. Friedrich Panzer, Wiesbaden o. J.

FISCHTRÄUME

Von Mechthild Pouplier

Für A. K.,
der mir durch Gespräche über das Symbol Fisch viel geholfen hat.

Ferner danke ich an dieser Stelle allen meinen Analysanden herzlich, die mir erlaubt haben, ihr Material zu diesem Thema zu benutzen und zu publizieren.

Munter wie ein Fisch im Wasser

Zu Beginn möchte ich berichten, wie ich dazu angeregt wurde, gerade den Fisch als Symbol für meinen Beitrag zu wählen. Einerseits fielen mir in den Träumen meiner Patienten immer wieder Fische auf, die eine sehr vielfältige, keineswegs auf einen Nenner zu bringende Symbolik beinhalteten. Diese Fischsymbole wurden von den Analysanden auch dargestellt. Zum einen im Bild, das selbst gemalt wurde, dann aber auch in Ton geformt. Andererseits suchten die Patienten, denen der «Fisch» begegnet war, Orte auf, wo sie diese Symbole in der äußeren Realität erleben konnten, etwa Museen. Paul Klee hat zum Beispiel einen Goldfisch gemalt. Vielleicht gingen sie auch in die Aquarien oder in Unterwassermuseen, um das lebendige Spiel der Fische in natura zu erleben. In einem Fall sogar wurde ein Patient durch einen ihm wesentlich erscheinenden Traum angeregt, sich selbst ein Aquarium anzulegen, und es gehörte fortan zu seinen täglichen Pflichten, «seine Fische» zu füttern.

Ich selbst beschäftigte mich in der Folge auch amplifikatorisch mit diesem Symbol (das heißt, in welchen Märchen, Mythen, Gebräuchen usw. der Fisch eine Rolle spielt). Auch da stieß ich auf eine weite Verbreitung des Fisches in vielerlei Gestalt.

Als ich noch stationär mit Patienten arbeitete, hatte ich Frau St. in Behandlung. Sie war Anfang Dreißig und seit etwa zehn Jahren verheiratet. Ihre Eltern lebten noch mit ihr im selben Haus und konnten es nicht lassen, sich immer wieder in die Angelegenheiten ihrer Tochter einzumischen, was diese sehr schwer bedrückte. Ihr Ehemann fühlte sich zwar in die Großfamilie seiner Frau aufgenommen, aber nur «geduldet». Er verdiente wenig und wurde deswegen von seinen Schwiegereltern fast verachtet. Aus diesem Grunde maß man seinen Entscheidungen auch kaum Bedeutung bei, es entschieden letztendlich die Schwiegereltern, was getan werden sollte. Er war sich auch seiner Frau nicht sicher, die zwischen ihren Eltern und ihrem Ehemann hin und her schwankte. Der Ehemann suchte sein Glück außerhalb des Hauses bei Spielautomaten, sie selbst war unter den beschriebenen, widerstreitenden Anforderungen zur Alkoholikerin geworden. Ihre Träume, die sie zur Behandlung brachte, spiegelten ihre persönliche Not unter dem Druck der verschiedenen Familienmitglieder. Archetypische Träume, das heißt Träume mit überpersönlichen, stark emotional geladenen Inhalten, gab es jedoch kaum.

Die Durcharbeitung und intensive Besprechung ihrer persönlichen Probleme brachten Frau St. immerhin so weit, daß sie das «Ertrinken der Sorgen» im Alkohol aufgeben konnte. Sie hatte gelernt, bewußt ihre Schwierigkeiten anzugehen, sich mehr von ihren Eltern zu distanzieren und selbständiger zu werden. Damit konnte sie wieder eine Annäherung an ihren Ehemann vollziehen, und die Ehe gewann an Stabilität. Diese Patientin schenkte mir zum Abschied einen selbstbemalten Fisch, den sie – ganz allein – in ihrem Zimmer aus Ton geformt hatte. Später hatte sie ihn in blaugrüner Farbe angemalt, damit er so aussähe wie im heimatlichen Teich. «Ich fühle mich wieder munter wie ein Fisch im Wasser», sagte sie zu mir.

Die Eltern der Patientin hatten früher einen Forellenteich besessen. Sie hatte oft davor gestanden und die im Wasser schwimmenden Fische beobachtet. Der Vater hatte sie, weil sie so behende und flink war, «meine Forelle» genannt. Er hatte aber immer hinzugefügt, daß er sie nie fangen würde, weil sie nur in ihrem Element, dem Wasser, leben könne.

Mit dem Formen dieses Symbols hat der Fortschritt durch die Behandlung einen bildhaften Ausdruck erhalten: Die Patientin konnte ihre, durch den Alkoholkonsum mitbedingte, Trägheit überwinden, sie konnte äußerlich ihren Arbeiten zu Hause wieder nachgehen und war vor allen Dingen wieder fröhlich und optimistischer geworden. Zu dem oben erwähnten Abschiedsgeschenk schrieb sie mir den für sie so wichtigen Text des Schubertliedes «Die Forelle» auf:

In einem Bächlein helle,
da schoß in froher Eil
die launische Forelle
vorüber wie ein Pfeil.
Ich stand an dem Gestade
und sah in süßer Ruh
des munteren Fischleins Bade
im klaren Bächlein zu.

Ein Fischer mit der Rute
wohl an dem Ufer stand,
und sah's mit kaltem Blute,
wie sich das Fischlein wand.
So lang dem Wasser Helle,
so dacht ich, nicht gebricht,
so fängt er die Forelle
mit seiner Angel nicht.

In dieser Patientengeschichte verhalf das Symbol «Fisch» Frau St. dazu, wieder zu sich «selbst» zu finden, sich ihrer eigenen Identität bewußt zu werden, die ihr zeitweise verloren gegangen war (vgl. den Forellenteich bei ihrem Elternhaus und ihren Kosenamen vom Vater). Sie konnte ihr Symptom ablegen, weil sie es nicht mehr «nötig» hatte, sie fand einen neuen Sinn in ihrem Leben.

Ich will Ihnen nun, liebe Leser, einen kleinen Exkurs über das Symbol geben und Ihnen zu erklären versuchen, was in der Psychologie C. G. Jungs darunter verstanden wird und was es bewirken kann.

Der Mensch der Frühzeit lebte viel mehr, als wir das heute tun, in Bildern und drückte das, was er fühlte und auch weitersagen wollte, bildhaft aus. Das war nicht etwa Unvermögen in abstrakter Ausdrucksweise, sondern Absicht. Er meinte, Etwas-in-Bildern-Sagen könne viel nuancierter, facettenreicher und genauer das ausdrücken, was man erlebt habe, als es ein abstraktes Wort irgendeiner Sprache jemals könne.

Wir haben bis vor kurzem geglaubt, daß Bilder-Denken eher primitiv und unseren modernen wissenschaftlichen Methoden entgegengesetzt sei, es sei viel zu ungenau. Erst in der neuesten Zeit greift beispielsweise die Physik wieder zur Veranschaulichung durch ein Bild, um etwas darzustellen. Sie kennen sicher das Bohrsche Modell des Atoms, das uns zeigt, wie um einen Atomkern die Elektronen kreisen.

Weitere Anstöße zu einer Ehrenrettung des Bild-Denkens stammen aus der Tiefenpsychologie C.G. Jungs. Er entdeckte wieder, was wir lange vergessen hatten, daß die Seele eine eigene Wirklichkeit hat; daß sie etwas Eigenständig-Schöpferisches ist, daß sie produktiv ist und sich in Bildern ausdrückt.

Sicherlich nimmt die Seele auch wahr und registriert Eindrükke. Mit der Wiederentdeckung der kreativen Funktion der Seele kam jedoch eine Neubelebung und eine andere Wertigkeit von Bild und Symbol in das Bewußtsein der Menschen. Denn die Seele drückt sich nicht abstrakt aus, wie Sie alle aus Ihren Träumen und Fantasien wissen, sie hat bilder-schaffende Kraft.

Seelische Wirklichkeit läßt sich nur in Bildern fassen, keineswegs in abstrakten Begriffen. C.G. Jung stellt fest: «Wir leben unmittelbar nur in der Bilderwelt.» Diese Sprache der Bilder ist die der Seele eigene Ausdrucksform; das Unbewußte kann sich nur in Bildern und Symbolen äußern.

Symbole müssen wir von Zeichen unterscheiden. Letztere werden – der Konvention gemäß – einer bestimmten Sache zugeordnet, sie stellen sie im Zeichen gleichsam dar, wie zum Beispiel das Posthorn für die Deutsche Bundespost steht.

Das Symbol hingegen, solange es lebendig ist, gibt von etwas Kunde, das anders nicht ausdrückbar ist. Unter den modernen Tiefenpsychologen ist es vor allem C.G. Jung, der auf die Wichtigkeit des Symbols hingewiesen hat. Ich zitiere ihn hier noch einmal: «Das Symbol umfaßt nicht und erklärt nicht, sondern es weist über sich selbst hinaus auf einen noch jenseitigen, unerfaßlichen, dunkel geahnten Sinn, der in keinen Worten unserer derzeitigen Sprache sich genügend ausdrücken könnte.» Das Symbol ruft die volle Erlebnisfähigkeit ins Spiel, es spricht alle unsere Funktionen an, das Denken und Fühlen, das Empfinden und Intuieren, es hilft uns, wieder «ganz» zu werden.

Die Dichter haben den Zugang zu den Bildern und ihrer Aussagekraft nie verloren, und einer unserer größten Dichter, Goethe, sagt uns, daß das Symbol zwischen Idee und Erscheinung eine vermittelnde Funktion habe. Ideen können wir nicht sehen, nicht anschaulich wahrnehmen, und doch gibt es sie, und wir können sie erahnen; beispielsweise sind heute viele Menschen von der «Idee des Friedens» erfüllt, und sie haben eine große Sehnsucht danach, daß sich in unserer Welt der Raketen die Idee des Friedens endlich erfüllen möge. Eines der Symbole, die die Idee Frieden darstellen, ist die Friedenstaube, die Sie auf den Plakaten, etwa von Demonstranten, immer wieder sehen können.

C. G. Jung meint, daß die heilende Kraft des Symbols darauf beruht, daß es einen «mittleren Weg einschlägt, auf dem sich die Gegensätze zu einer neuen Bewegung treffen». Ein Zeichen kann das niemals, es weist nur auf etwas hin, zum Beispiel zeigt uns das Posthorn an einem Gebäude, daß dort ein Postbüro ist.

So gesehen, ist das Symbol keineswegs etwas Minderwertiges, Primitives, längst Überholtes, sondern es vermag etwas auszudrücken, das ein abstrakter Begriff nicht ausdrücken kann; es vermag im Sinne des Wieder-ganz-Werdens zu heilen, den Menschen, der von den Gegensätzen zerrissen wird, zu erlösen. Es spricht – im Gegensatz zum Zeichen – in stärkstem Maße unser emotionales Erleben an. Die vermittelnde Funktion des Symbols vermag polare Spannungen zu lösen, das Zusammenstimmen von Gegeneinanderstehendem zu bewirken, sie kann einen neuen Sinnzusammenhang stiften.

Nicht nur in den Träumen erscheinen solche Symbole, es gibt sie beispielsweise auch in Märchen, Mythen und im religiösen Brauchtum, kurz, in allen Gestaltungen des Unbewußten. So war sicher in früheren Zeiten das Kreuz ein Symbol für das Christentum und seine zentrale Idee, daß das Leiden und Sterben des Gottessohnes sinnvoll sei und zur Erlösung aller Menschen diene. Ein Symbol kann aber unlebendig werden, wie es das Kreuz heute für viele geworden ist, die sich noch Christen nennen, denen es aber nichts Lebendiges mehr vermittelt. Es kann auch zum Zeichen werden, und dies ist heute weitgehend der Fall, wenn ich es etwa um den Hals trage zum Zeichen «Ich bin Christin», gleichsam als Schmuckstück.

Warum aber sind Symbole so wesentlich, warum fragen die Menschen der heutigen Zeit nach der Bedeutung der von ihnen geträumten Symbole, und was können sie im Leben bewirken, wozu sind sie nütze?

Wer von Ihnen, liebe Leser, je in einer schweren Lebenskrise war, in der er nicht mehr ein noch aus wußte, wird erlebt haben, was ein Traumsymbol, was eine gestaltete Fantasie mit einem bestimmten Symbol im Mittelpunkt, was das Anschauen eines Symbols in einer Kirche für eine Wende bringen konnte. Es löst in uns ein sehr starkes Erleben aus, und durch dieses emotionale Erleben können wir etwas existentiell begreifen, was uns vorher nur gequält und hin- und hergerissen oder gar gelähmt hatte. Auf einmal erscheint uns ein Konflikt lösbar, etwas Gegensätzliches vereinbar, das Leiden bekommt einen Sinn.

Der erwähnten Patientin erschien bis zu dem Wiedererleben des Gefühls, das für sie im «Fisch» mitklang, ihr Leben sinnlos, ihr Konflikt nicht lösbar, und sie war beim Erfüllen ihrer Alltagsaufgaben wie gelähmt. Der «Fisch» brachte sie wieder mit ihrer Kindheit, dem lebendigen Leben im Forellenteich und dem Angenommensein durch ihren Vater, in Verbindung. Sie fand zu sich selbst und ihrem Grundlebensgefühl zurück.

Es sind nicht nur die Symbole in den Träumen, die uns beeinflussen, es sind auch gemalte unbewußte Bilder, Fantasiegeschichten, Aktive Imaginationen, Meditationen ...

In Anlehnung an Helmut Harks Ausführungen in seinem Buch «Traumbild Baum» (S. 87 ff.) gebe ich Ihnen vier Verstehenshilfen, die Ihnen ermöglichen sollen, Symbole zu begreifen:

1. Zu jedem Symbol ist das *derzeitige Lebensgefühl* zu beschreiben. Die erwähnte Patientin war wie gelähmt, antriebslos, pessimistisch in bezug auf ihre Zukunft. Durch das Erleben des Fischsymbols wurde sie zupackend, mutig, optimistisch und behende. Sie fand wieder zu ihrem ursprünglichen Lebensgefühl zurück.
2. Die *Zielrichtung der Kraft,* die im Symbol steckt, ist zu begreifen, und man muß sich von ihr ergreifen lassen. Am Beispiel

der Träumerin habe ich gezeigt, daß die Lebenskraft vor der Behandlung stockte und sich dann wieder vorwärts in die Zukunft bewegte.

3. Das Symbol führt uns zu den *Wurzeln unseres Lebens* zurück. Bei Frau St. ist es das positiv getönte Erleben ihrer Kindheit, an das sie anknüpfen konnte.
4. Es gilt, die *Botschaft des Symbols* zu erleben und sie in die eigene Existenz einzufügen. Neue, bisher ungeahnte Lebensmöglichkeiten, die nach einer Umgestaltung des bisherigen Lebens riefen, wurden für Frau St. sichtbar. Für sie war das ein Angebot, ihr Leben ganzheitlicher und sinnvoller als bisher zu leben.

Sicherlich gibt es neben diesen vier Verstehensmöglichkeiten von Traumsymbolen noch weitere, denn dem Einfallsreichtum der Seele ist keine Grenze gesetzt.

Der Fisch in einer Aktiven Imagination

Der Patient, von dem ich Ihnen im folgenden Kapitel erzählen will, begann seinen Lebenslauf mit den Worten: «1940 ..., mein Geburtstag in K., ein ‹Fisch› ...».

Er war zum Zeitpunkt des Schreibens Ende Dreißig, in einer Krise der Lebensmitte, und er hatte sich entschlossen, eine Analyse zu machen, um einen Weg aus seinen Schwierigkeiten zu finden. Diese bestanden in einer allgemeinen Unzufriedenheit mit seinem Beruf, den er trotz allem sehr liebte, in unbestimmten Sehnsüchten nach Veränderung; er fühlte sich oft schwach, Situationen, die ihn sehr forderten, nicht gewachsen, und in seiner Ehe kam es zu Entfremdungserlebnissen. Er hatte einen sozialen Beruf und wurde in dieser Eigenschaft oft von Menschen um Rat gefragt, und er konnte ihnen auch helfen. Zu seinen positiven Eigenschaften gehörten große Sensibilität sowie geduldiges Zuhören und Abwartenkönnen, was ihn beliebt machte. Aber, wie Nietzsche sagt: «So mancher kann seine eigenen Ketten nicht lösen und ist doch dem Freunde ein Erlöser.»

Der Analysand war nicht mit allen Eigenschaften, die er mit seinem Geburtstag im Zeichen des «Fisches» verband, einverstanden. Annehmen konnte er seine Sensibilität, seinen Einfallsreichtum, seine Fähigkeit, die Mitmenschen zu verstehen und sich in sie einzufühlen. Annehmen konnte er auch seine vielfältigen musischen Interessen und seinen Opfersinn, sein Engagement für Soziales und den Frieden sowie seine Religiosität. Mit anderen Wesensseiten war er aber ganz und gar nicht einverstanden: seiner nicht sehr ausgeprägten Durchsetzungskraft, seiner Gutgläubigkeit (er wurde manchmal ausgenutzt). Er hielt sich nicht für sehr intelligent und fühlte sich allen Menschen, die vorwiegend mit dem Denken operierten, unterlegen, er fühlte sich nicht kraftvoll und stark genug, und es gebrach ihm manchmal an Mut.

In den ersten Stunden seiner analytischen Arbeit träumte er, daß über seinem Haus im Fenstergitter ein Fischsymbol angebracht war. Er verstand das so, daß er sich mit seinen oben erwähnten Eigenschaften, die er mit dem Tierkreiszeichen «Fisch» und seinem Geburtstag in Verbindung brachte, aussöhnen solle. Das konnte er sehr lange nicht. Es ist ja für uns alle sehr schwer, zu unserem So-und-nicht-anders-Sein ja zu sagen, uns selbst so zu lieben, wie wir nun einmal sind, und vor allem auch zu unserem «Schatten» zu stehen. Unter «Schatten» werden in der Tiefenpsychologie C. G. Jungs all die Eigenschaften verstanden, die wir aus religiösen, moralischen oder familiären Gründen nicht ausgebildet, die wir verdrängt haben. Diese Eigenschaften sind keineswegs immer nur schlecht wie etwa Neid, Geiz und Unehrlichkeit, sondern es können durchaus solche Wesensseiten von uns sein, die wir zu fruchtbaren Fähigkeiten hätten entwickeln können, wenn wir sie an unsere Persönlichkeit angeschlossen hätten, wenn wir sie hätten mitleben lassen. Viele von uns konnten das aber aus inneren Gründen nicht, weil wir uns an Normen anpassen mußten. Auf diese Weise stehen uns diese Eigenschaften nicht in entwickeltem Zustand zur Verfügung, wenn wir sie brauchen könnten, eben weil wir sie nicht mitleben lassen konnten, sondern sie gleichsam in den «Orkus» verbannten. So ging es auch unserem Patienten.

Um verstehen zu können, was diesem Patienten an sich selbst

nicht so sehr gefiel, muß ich noch einiges nachtragen, was mit seiner Typologie zusammenhängt. Bei der Typologie geht es darum, welche Funktionen der Mensch im täglichen Leben hauptsächlich gebraucht und welche er meistens vernachlässigt, es geht auch darum, ob er sich vorwiegend den äußeren Dingen zuwendet und sich von ihnen anregen läßt oder ob er sich von inneren Dingen, wie Träumen, Fantasien und Symbolen, ergreifen läßt.

Der oben erwähnte Analysand gehörte zu den Menschen, die stark aus dem Gefühl heraus leben. C. G. Jung bezeichnet diese Funktion als *Fühlfunktion,* sie wertet nach den Gesichtspunkten: das ist mir angenehm oder das ist mir unangenehm. Mein Patient empfand seine Fühlfunktion eher als hinderlich, vor allem dann, wenn er sich mit anderen Männern verglich, die mehr aus dem Denken heraus ihr Leben gestalteten. Sein Fühlen verstrickte ihn immer wieder in menschliche Schicksale, und er konnte sich nicht immer – auch wenn es notwendig war – leicht daraus lösen. Er wurde von allem menschlichen Geschehen um ihn herum sehr stark beeinflußt und empfand das als störend. Er bewunderte den Denktyp, der alles nach den Gesichtspunkten «richtig» und «falsch» beurteilte, gelehrte Bücher und Aufsätze schrieb und möglichst im Blickpunkt der Öffentlichkeit stand.

Die zweite oft gebrauchte Funktion des Patienten war seine *Intuition.* Darunter versteht C. G. Jung ein Ahnen und Erfassen von Möglichkeiten auf irrationalem Wege. Seine Intuition gab ihm Fantasien, Ideen und ließ ihn seinen Beruf sehr originell gestalten. Manchmal überfielen ihn diese Einfälle allerdings in solcher Fülle, daß er sie nicht mehr ordnen und deshalb auch nicht mehr im täglichen Leben anwenden konnte – er wollte zu viele von ihnen auf einmal in die Realität umsetzen. Stets war er von etwas Neuem fasziniert. Die *Empfindungsfunktion,* die «fonction du réel», war bei ihm nicht so gut entwickelt, der Tatsachensinn weit weniger ausgebildet. Die Erledigung der Dinge des täglichen Lebens überließ er seiner Frau, weil sie ihm lästig waren und er lieber in seinen Fantasien lebte. Auch geriet er manchmal an den «Falschen», wurde getäuscht oder ließ sich über Gebühr ausnutzen.

Außerdem war der Analysand *introvertiert,* das heißt, seine seelische Energie wandte sich vorwiegend seinen inneren Bildern zu, er bewies sehr viel Verständnis gegenüber seinen Träumen und Symbolen. Er hatte wenige, aber intensive Freundschaften, große Massen von Menschen verabscheute er. Insgesamt war er mit seinen Funktionen und seiner Einstellung unzufrieden, er bewunderte, wie gesagt, den extravertierten Denker, seinen *Gegentyp*. Darunter versteht man einen Menschen, der mit seiner Einstellung und seiner am meisten gebrauchten Funktion genau entgegengesetzt reagiert wie man selbst.

Dieser Patient hatte nun anläßlich einer Fortbildungsveranstaltung über Jungsche Psychologie im süddeutschen Raum eine Aktive Imagination gemacht, die etwas mit seinem Symbol, dem Fisch, zu tun hat. Die Aktive Imagination ist ein Meditationsverfahren, das von C. G. Jung in die Tiefenpsychologie eingeführt worden ist, es handelt sich aber um eine uralte Technik. Wir finden zum Beispiel schon vor 4000 Jahren im ägyptischen Kulturkreis ein Gespräch eines Lebensmüden mit seinem «Ba», das heißt mit seiner Seele. Jung entwickelte diese Technik weiter und empfahl sie seinen Patienten in bestimmten Situationen, zum Beispiel, wenn die Träume nicht weiterführen, oder wenn kein Analytiker da ist, mit dem man sich besprechen kann, oder aber, wenn man sich in einer ausweglosen Situation befindet. In der Aktiven Imagination führt der Analysand ein Gespräch mit Figuren weiter, die in seinen Träumen oder Fantasien vorkommen und die ihn anregen, sich mit ihnen weiter zu beschäftigen, ohne daß er zunächst weiß, was sie ihm sagen wollen.

Im Anschluß an ein Seminar war der Patient sehr unzufrieden mit sich selbst aus dem Saale gegangen. Nachts hatte er einen *Traum,* den er vergaß, dessen Gestimmtheit ihm aber anhaftete, er war mit sich selbst nicht im reinen. Danach schrieb er die folgende Imagination auf:

Der Fisch

Es war einmal ein Fisch. Der wollte gern gut zu sich sein. Er fühlte sich eingeengt – in seinem Teich, in seinem Element. Er sehnte sich nach Luftveränderung (wenn man das bei einem

Fisch sagen kann). Zugleich wünschte er sich, groß und stark zu sein, zielsicher und erfahren, lustbetont und fähig zu kämpfen.

Eines Tages stand da wieder ein Angler an seinem Teich, gleichmütig und doch lauernd auf einen Fang. Der Fisch wußte, dies war eine Möglichkeit, aus seinem Teich herauszukommen, aber er würde sich in Abhängigkeit begeben, wenn er seine Träume und seine Gedankengänge vergessen und nach dem Köder schnappen würde.

Plötzlich wußte er, was zu tun war: ehe er sich's versah, begann er rasch und rascher zu schwimmen, durchbrach wie ein Flugkörper die Wasseroberfläche, flog durch die Luft, länger als er je für möglich gehalten hatte, überflog sogar noch den Zaun, der seinen Teich vom Weg trennte, und landete unsanft, aber glücklich, auf dem Weg, von dem er sich schon so oft ausgedacht hatte wie er wohl zu erreichen und zu begehen sei.

Zugleich bemerkte er zu seinem Erstaunen, wie groß er offensichtlich war, er bemerkte es, weil ein Mann, der dem Angler zugesehen hatte, plötzlich einen erschrockenen Sprung auf den Zaun machte. Dem Fisch gefiel das. «Der hat ja Angst vor mir», seufzte er glücklich und genoß seine Größe. Und um diesen Genuß zu verlängern, schnappte er noch ein paar Mal – nein, nicht nach Luft, sondern aus purem Übermut – in die Gegend.

Seine Gegend, ihm vertraut seit Jahren: eine idyllische Landschaft, sein blauer Teich, das Grün der Wiesen und Wälder. Störend darin nur der Stacheldraht am Zaun zwischen Wasser und Weg. «Ein Glück, daß ich daran nicht hängengeblieben bin», dachte er, noch im nachhinein erschrocken über seinen Mut und den jähen Einfall, sich zu verändern.

Doch was nun? Da lag er, auf diesem ockerfarbenen Weg, und kam kaum von der Stelle. Er wäre gern weitergeflogen, doch trotz des Erlebnisses war er kein fliegender Fisch!

Er schaute sich um. Auf dem Zaun hockte noch immer ängstlich dieser Mann. Ob er ihn fragen sollte, um sich seine Fähigkeiten einzuverleiben? Doch das würde ihn nur beschweren und träge machen, ihm im Bauch «grummeln». Plötzlich hatte er die rettende Idee.

Er sprach den Ängstlichen an: «Fürchte dich nicht vor mir»,

begann er zögernd, «ich bin kein Raubtier, kein Ungeheuer – ich brauche dich, deine Füße, deine Erfahrung auf den trockenen Wegen jenseits des Teiches, ja, deine Zuneigung. Willst du mich tragen, ertragen? Kommen wir zusammen von der Stelle? Probier's – ich mache mich leicht.» Er sah, wie der Mann zögerte. Er sah in seinen Augen die Frage, was er denn davon hatte, was ihm diese seltsame Mischung von Mann-Fisch oder Fisch-Mann denn einbrächte außer Last und sicher auch Spott. Er wollte, ja er mußte diesen Mann für sich gewinnen. Was konnte er ihm versprechen, womit ihn überzeugen? Die Zeit drängte. Alles stand auf dem Spiel.

«Ich nehme dir die Angst vor dem Wasser», sagte er laut und spürte, er würde diesen Mann gewinnen. «Du wirst dich auch im Trockenen wohlfühlen wie ein Fisch im Wasser, du wirst das allzu Trockene befeuchten und befruchten. Ich werde dir erzählen, was es in meinem Teich für Geheimnisse gibt, und du wirst weise sein und beliebt bei den Menschen. Du wirst ihnen helfen können, das wiederzugewinnen, was zu verlieren so viele im Begriff sind: die Tiefe des Teiches.»

Er sah, wie der Mann seine Angst verlor. Er stieg vom Zaun und nahm ihn auf den Arm, tat ein paar Schritte und fing dann an, unmäßig zu lachen. «Was für ein seltsames Gespann wir sind – ein Bild für die Götter. Fisch-Mann auf Reisen.» Er stockte und sah den Fisch lange und zärtlich an. Schließlich brach er das Schweigen, in dem sein Entschluß gereift war, und sprach: «Ich werde dich jetzt –.»

«Halt», rief der Fisch, «teile mich nicht, sonst bist du nicht Fisch und nicht Fleisch! Wirf mich zurück in den Teich, und versprich mir, mich täglich zu besuchen und Zwiesprache mit mir zu halten. So werde ich erfahren, was in der Welt geschieht, und du lernst es sehen mit den Augen der Tiefe.» Und so geschah's: der Zaun verschwand. Der Fisch lebte hinfort in seinem Element, neugierig auf die Welt und zufrieden in seinem Teich.

Der Mann aber lebte die Sehnsucht des Fisches und teilte mit ihm seine Erfahrungen. Und in vertrauter Zwiesprache gewannen sie beide und wurden, was sie sich gewünscht hatten zu sein: glücklich, weise und stark.

Dieses selbsterfundene Märchen spricht für sich selbst, ich möchte dem nicht viel hinzufügen. Der Erzähler wird sich hier seiner Eigenart noch einmal bewußt: Er ist vorwiegend mit dem Fisch identifiziert und erlebt hier noch einmal seine Unzufriedenheit in seinem «Teich», in seiner jetzigen Lebenssituation, seine Eingegrenztheit in diesem einen Element und seine relativ geringe Beweglichkeit. Er will so gern seine Fähigkeiten um die eines anderen Wesens, hier des Menschen, der auf dem Element Erde wohnt, erweitern, ebenso die Möglichkeiten der beiden Elemente Wasser und Erde miteinander verbinden. In diesem Märchen erlebt er aber auch positiv den Tiefgang des Introvertiert-Intuitiven, die «Tiefe des Teiches».

Es zeigt uns damit etwas von der «transzendenten Funktion» des Symbols (C. G. Jung) und seiner heilenden Kraft im Sinne der Ganzwerdung. Es vermag sonst Unvereinbares symbolisch zu verbinden, Erde und Wasser, Mensch und Fisch, und es vermag dem Erzähler ein neues Wertbewußtsein zu geben: Er ist glücklich, weise und stark, weil beide, Mensch und Fisch, ihre Erfahrungen miteinander teilen und sie ergänzend gebrauchen können.

Der Fisch als verschlingendes Ungeheuer

Der Prototyp des verschlingenden Meeresungeheuers, eine Art «Riesenfisch», ist das Fabelwesen Leviathan. In der phönizischen Mythologie ist er eine Art Fisch-Monster. Man mußte sich hüten, ihn zu erwecken, zum Beispiel durch einen Fluch, denn er würde, einmal aufgewacht, die bestehende Ordnung verschlingen.

In der Bibel wird dieser Leviathan eindrucksvoll beschrieben im Buch Hiob (41,4 ff.): «Ich will nicht schweigen von seinen Gliedern, wie groß, wie mächtig und wohlgeschaffen er ist. Wer kann ihm den Panzer ausziehen, und wer darf es wagen, ihm zwischen die Zähne zu greifen? Wer kann die Tore seines Rachens auftun? Um seine Zähne herum herrscht Schrecken. Stolz stehen sie wie Reihen von Schildern, geschlossen und eng aneinander gefügt. Einer reiht sich an den anderen, daß nicht ein Lufthauch hindurchgeht. Es haftet einer am anderen, sie schießen heraus.

Aus seinen Nüstern fährt Rauch wie von einem siedenden Kessel und Binsenfeuer. Sein Odem ist wie leichte Lohe, und aus seinem Rachen schlagen Flammen. Auf seinem Nacken wohnt die Stärke, und vor ihm her tanzt die Angst. Die Wampen seines Fleisches haften an ihm, fest angegossen, ohne sich zu bewegen. Sein Herz ist so hart wie Stein und so fest wie der untere Mühlstein. Wenn er sich erhebt, so entsetzen sich die Starken, und vor Schrecken wissen sie nicht aus noch ein. Trifft man ihn mit dem Schwert, so richtet es nichts aus, auch nicht Spieß, Geschoß und Speer. Er achtet Eisen wie Stroh und Erz wie faules Holz. Kein Pfeil wird ihn verjagen, die Schleudersteine sind wie Spreu. Die Keule achtet er wie einen Strohhalm, er spottet der sausenden Lanze. Unter seinem Bauch sind scharfe Spitzen, er fährt wie ein Drehschlitten über den Schlamm. Er macht, daß die Tiefe brodelt wie ein Topf, und rührt das Meer um, wie man Salbe mischt. Er läßt hinter sich eine leuchtende Bahn, man denkt, die Flut sei Silberhaar. Auf Erden ist nicht seinesgleichen, er ist ein Geschöpf ohne Furcht. Er sieht allem ins Auge, was hoch ist; er ist König über alle stolzen Tiere.»

Wahrlich, ein beeindruckend-schreckliches Ungeheuer! Es kann einen Menschen zweifellos in Angst und Schrecken versetzen!

Im folgenden will ich Ihnen einen Patienten vorstellen, der öfter von einem Fisch-Ungeheuer träumte, allerdings nicht vom Leviathan, den er gar nicht kannte, sondern von einem «weißen Hai».

Er träumte vom Anfang der Therapie an von Haien und beschrieb sie mir, wie sie in dem Film «Der weiße Hai» von Steven Spielberg zu sehen sind. Diese Art Hai kommt, wie Grzimek beschreibt, in allen australischen Gewässern vor, kann dreieinhalb, ja bis zu sechs Meter lang werden und einen Menschen in Stücke zerreißen. Die größten Exemplare können sogar einen ganzen Menschen verschlucken. Auch kleinere Boote werden von diesen Tieren angefallen. Dazu verzehren sie Fische aller Art, selbst der eigenen, also auch Haie, zudem Seeschildkröten, Delphine und Seelöwen und allen Abfall, den man ins Meer wirft – er gilt als der gefräßigste aller Haie und folgt Schiffen bis in Küstennähe.

Schon viele Menschen sind ihnen zum Opfer gefallen. Kein Wunder also, daß der Träumer Angst vor ihnen hatte. Doch zunächst zu den Träumen.

Meine Frau und ich befanden uns in Italien im Urlaub. Wir saßen in einem Restaurant mit Blick auf das Meer. Später schwamm ich im Meer und wurde plötzlich von einem Hai angegriffen. Ich konnte mich gerade noch zu meiner Frau auf eine Boje retten. Ich beschwerte mich am Badeort, danach wurde ein Netz durch die Bucht gespannt. Ich wachte auf.

Kurze Zeit später hatte er folgenden eigenartigen Traum:

Ich sah, wie Asterix und Obelix auf einem großen Hai standen, der durch das Meer schwamm. Da bückte sich Obelix plötzlich zu dem Fisch hinunter, zog ihm die Augenlider auseinander und schaute ihm tief in die Augen. Dann war dieses Bild weg, und meine Frau zeigte auf große, weiße Haie, die am Strand von Singapur im Meer schwammen. Plötzlich schwebte ich an einem Haifischnetz entlang und zog es dabei heraus, um es auf seine Sicherheit zu überprüfen. Am Schluß schwebte ich zu einem Hochhaus am Strand und hielt mich dort an einem vergitterten Fenster fest.

Der Analysand, damals Anfang Dreißig, hatte gewisse Schwierigkeiten, mit seiner Frau eine befriedigende Ehe zu führen, weil er an Potenzstörungen litt. Da das Einvernehmen zwischen den Eheleuten sonst gut war, ertrugen beide diese Beeinträchtigung geduldig, in der Hoffnung, daß die Behandlung Hilfe bringen könnte.

Der Träumer hatte eine stark dominierende Mutter gehabt, die ihn aus Gründen ihrer Berufstätigkeit tagsüber allein lassen mußte, ihn dafür aber abends und an Feiertagen desto mehr, vor allem mit Geld und guten Spielsachen, verwöhnte. Tagsüber betreute ihn die Großmutter, eine sehr dominierende Frau; außerdem hatte der Analysand eine starke Bindung an seine ältere Schwester. Der Vater, ein Choleriker, wirkte auf ihn eher angsterregend, vor ihm hütete er sich sehr und ging ihm aus dem Wege.

Der in seinen Träumen immer wieder auftauchende Hai mit seinem geöffneten Rachen steht wohl symbolisch für die verschlingende Mutter, die sehr gefährlich ist, weil sie ihn zwar verläßt, aber dennoch nicht loslassen kann. Auch die anderen Frauengestalten im Leben des Träumers waren starke, dominierende Frauen gewesen. Sie können sich sicher vorstellen, daß es für einen Jungen bei solch mächtigen «Müttern» schwer ist, das eigene männliche Wesen zu finden, seine männliche Identität zu entwickeln.

In seiner beruflichen Laufbahn war der Analysand immer wieder an mächtige, sadistische Chefs geraten, die ihre Macht skrupellos ausspielten, gegen die er sich nicht wehren konnte, eben weil seine eigene Männlichkeit noch schwach entwickelt war. Er blieb bei ihnen immer nur kurze Zeit und kündigte dann, was zeitweise zu einer gewissen Unstetigkeit in seinem Berufsleben führte.

Die Träume des Analysanden zeigen, wie sehr er sich fürchtet, vom Unbewußten verschlungen zu werden, sein Ich zu verlieren, denn der weiße Hai steht hier sicher auch für die überstarke Macht seiner unbewußten Kräfte.

Seine Frau, die er seit Jahren kennt und die ihm als seine damalige Freundin während einer langen Krankheitsphase treu zur Seite stand, ist im ersten Traum die Rettung, allerdings steht sie auf einer Boje. Was ist schon eine Boje gegen einen herannahenden weißen Hai! Das Netz, das dann auf sein Drängen hin gespannt wird, gibt ihm etwas Sicherheit vor den Raubfischen, die sich dort nicht hindurchzwängen können.

Die Szene von Asterix und Obelix im zweiten Traum zeigt, daß er in die Augen des Untieres schauen will; das bedeutet wohl, daß er es in seinem Wesen erkennen möchte. Obelix war eine Figur, die in seiner Kindheit eine große Rolle spielte, er identifizierte sich mit dessen Stärke. Weil der Träumer sich seiner eigenen Schwäche sehr bewußt war, wählte er auch immer starke Freunde, die ihn vor den Angriffen der anderen beschützten; er belohnte sie, indem er ihnen besondere Spielsachen auslieh, die ihm seine Mutter aus Schuldgefühl heraus schenkte. Männlich und stark werden wollte er wie Obelix; sowohl die starken Freunde in der

Realität wie diese Comic-Figur sind Idealbilder für die von ihm gewünschte Männlichkeit und Stärke.

Die beiden Träume haben wegweisende Funktion: Sie zeigen uns zum einen, woher die Störungen des Patienten kommen, sie zeigen uns den Ursprung der Symptome; sie weisen andererseits auch den Weg zur Lösung. Zum Beispiel ist die Ehefrau auf der Boje ein Hinweis, wo erst einmal Sicherheit gefunden werden kann, wenn auch nur vorübergehend. Später muß der Klient selbst eine wirkungsvolle Maßnahme veranlassen: das Netz spannen. Dieses dient auch in der Realität den Menschen als Schutz vor Haifischen.

Das Unbewußte des Analysanden verfolgt das Thema «Fisch» in einer Traumserie, das heißt in einer Reihe von Träumen, die immer wieder ein Thema und ein bestimmtes Symbol aufnehmen und in Variationen durchspielen. Eine Traumserie zeigt besonders deutlich, was ein bestimmtes Symbol speziell für den Träumer bedeutet, sie zeigt auch eine Entwicklung, es bahnen sich Lösungsmöglichkeiten an, die, zuerst in den Träumen, später auch im Leben, verwirklicht werden können.

Zunächst aber stelle ich Ihnen noch einen weiteren Traum meines Patienten vor, der zeigt, mit wieviel Einschüchterung er erzogen worden war, um ihn gehorsam zu machen, das heißt in diesem Fall, um ihn zum Einschlafen und zum Essen zu bringen.

Ich lag auf einem Brett, einer Art Floß, im Wasser. Plötzlich sah ich in einiger Entfernung eine Haiflosse auftauchen. Mir kam der Gedanke, daß hier irgendwo eine Einzäunung im Meer sein mußte, worin ein Hai gehalten wurde. Der Hai diente dazu, Leuten, die im Verhör nicht die Wahrheit sagten, Angst zu machen und sie damit einzuschüchtern. Ich ließ mich ins Wasser gleiten und wollte hinabtauchen, um es mir anzuschauen. Dabei überkam mich solche Angst, daß ich aufwachte.

Neben Mutter, Großmutter und Schwester hatte es noch eine Tante gegeben, die im Nachbarhaushalt lebte und der der Patient bis heute nicht über den Weg traut. Während die ältere Schwester eher eine gute «Vize-Mutter» war, die ihm früher half, über die

Zeiten des Alleinseins hinwegzukommen, indem sie ihn mit sich in ihre Schulklasse nahm, war diese Tante jemand, vor dem man Angst haben mußte.

Das Böse, Drohende und auch Einschüchternde, das in diesem Traum in der Haifischflosse liegt, ordnete der Analysand seiner Mutter zu. Er mußte als Kind viel essen und sofort einschlafen. Wenn er nicht willig war, brauchte die Mutter Drohmittel, um ihn dazu zu bringen.

Die Haifischflosse deutet an, was dahinter steht: Wenn du beim «Verhör» nichts sagst, kommt der Haifisch und frißt dich auf. So empfand der Träumer seine Mutter, aber auch seine Tante. Und wenn man als Junge dermaßen unter Druck gesetzt wird, kann man kein Mann werden. Der Vater war dem Patienten in seiner cholerischen Art keinerlei männliches Vorbild oder nachahmenswertes Beispiel – ihn lehnte er ab. Der Vater war ihm also keinerlei Hilfe auf dem Wege, Mann zu werden.

Die Ängste des Analysanden aus der Kindheit, verkauft und geschlachtet zu werden, kamen im folgenden Traum zum Ausdruck:

Ich sah, wie ein Riesenfisch von einem Fischerboot heruntergeleitet wurde. Er wurde auf dem Marktplatz in kleinere Portionen zerlegt und sofort an den Mann gebracht. Es war ein Muttertier. Kurze Zeit später wurde ihr Kleines vom Boot geschleppt, es mußte erst vor kurzem auf die Welt gekommen sein. Ich hatte einen schalen Geschmack im Mund, es wurde mir ganz übel. Ich schrie die Fischer an und versuchte, ihnen den Fisch wegzunehmen. Dabei wachte ich auf.

Das Motiv vom Fressen und Gefressenwerden als Bild für den Existenzkampf, auch der Menschen, wird in dem auf der nächsten Seite wiedergegebenen Bild von Pieter Breughel besonders deutlich: Die Angst des Patienten, der sich schwach fühlte und damit jederzeit «freßbar» war, wird uns unmittelbar einfühlbar.

Hier sieht man seine Kindheitsangst, von der Mutter getrennt und – ebenso wie das Muttertier im Traum – geschlachtet und verkauft zu werden. Die Ehe der Eltern war instabil gewesen, der

Vater drohte ständig mit Scheidung und Weggehen, und die berufstätige Mutter mußte häufig von ihm fortgehen. So ist diese Kindheitsangst aus mehreren Quellen gespeist. Bis heute hat der Träumer diese Lebensangst: von den Großen irgendwie überrannt und quasi geschlachtet zu werden. Man kann sich gut vorstellen, daß dieser Träumer unruhig, fast ruhelos war und erst durch die Ehe ein wenig Geborgenheit erfuhr, weil seine Frau ihn anerkannte und in einer Notsituation zu ihm gestanden hatte.

Eine langsame Wandlung zeigte sich in dieser Traumserie vom verschlingenden Fisch, als der Patient in einem Traum einige Zeit – vom geschützten Raum aus – dem Spielen der Fische zusah.

Wir waren mit meinen Eltern und meiner Frau auf einer Seefahrt. Es war eine kleine Yacht, ich lag mit meinem Vater vorne bäuchlings und schaute während der Fahrt ins Wasser. Meine Frau und meine Mutter lagen in der gleichen Stellung hinter uns. Wir sahen ins Wasser und schauten dem Spielen der bunten Fische zu. Es war herrliches Wetter an diesem Tag, und ich genoß es, dem Spiel der Tiere zuzusehen.

Der Träumer erzählte dazu, daß er etwas Ähnliches in Kenia erlebt hatte: ein Schiff mit gläsernem Boden, auf dem man hinausfahren und unter sich Korallenriffe, sich tummelnde Fische und ihr Zusammenspiel erleben konnte. Die Gefährlichkeit der Tiere erlebte er hier nicht, da er geschützt und mit ihm vertrauten Menschen zusammen war. Hier wird eine Distanz von seiner Angst, gefressen zu werden, spürbar – ja, er kann sich sogar am Spiel der bunten Fische (sicherlich keine Haie!) freuen, weil die Fische harmloser sind als die Raubfische in früheren Träumen.

Diese Traumserie, die sich etwa über einen Zeitraum von einem Jahr erstreckte, zeigt uns die allmähliche Wandlung im Erleben des Analysanden: von der Angst vor dem großen, menschenverschlingenden Haifisch, vor dem der Mensch sich nur durch die ausgespannten Netze schützen kann – von der Bedrohung durch Raubfische (angedeutet durch die Haifischflosse) bis hin zum Beobachten, ja Sich-Freuen an dem Zusammenspiel der bunten Fische unter ihm. Hier ist der Träumer nicht mehr ausgeliefert, sondern erlebt das Lebendigsein dieser Tiere, die sich in ihrem Element tummeln. Der Patient selbst wurde in diesem einen Jahr ruhiger und sicherer, nachdem er erlebt hatte, was für Botschafen ihm sein Unbewußtes im Symbol des Fisches sandte.

Zum Abschluß dieses Kapitels will ich noch auf die bekannte Geschichte von Jona hinweisen, der von einem Fisch verschlungen wird.

Er wird aber nicht gefressen, sondern nach drei Tagen wieder ausgespien (Jona 2,1 ff.):

«Aber der Herr ließ einen großen Fisch kommen, Jona zu verschlingen. Und Jona war im Leibe des Fisches drei Tage und drei Nächte. Und Jona betete zu dem Herrn, seinem Gott, im Leibe des Fisches und sprach: Ich rief zu dem Herrn in meiner Angst, und er antwortete mir. Ich schrie aus dem Rachen des Todes, und du hörtest meine Stimme. Du warfst mich in die Tiefe, mitten ins Meer, daß die Fluten mich umgaben. Alle deine Wogen und Wellen gingen über mich, daß ich dachte, ich wäre von deinen Augen verstoßen, ich würde deinen heiligen Tempel nicht mehr sehen. Wasser umgaben mich und gingen mir ans Leben, die Tiefe umringte mich, Schilf bedeckte mein Haupt. Ich sank hinunter zu der Berge Gründen, der Erde Riegel schlossen sich hinter mir ewiglich ... Aber du hast mein Leben aus dem Verderben geführt, Herr mein Gott ... Und der Herr sprach zu dem Fisch, und der spie Jona aus ans Land.»

Das Verschlungenwerden bedeutet in dieser Geschichte eine Rückkehr ins Unbewußte; es ist gleichsam eine Strafe für den Ungehorsam des Propheten Jona, der Gottes Auftrag, wider die Stadt Ninive zu predigen, nicht erfüllen wollte, sondern in einem Schiff aufs Meer floh.

Jona sah sich durch diesen Auftrag vor eine ihm nicht lösbar erscheinende Aufgabe gestellt. Er fühlte sich überfordert, nicht stark genug und entzog sich dem Auftrag durch die Flucht. Er wurde ins Meer geworfen, vom Fisch verschlungen und blieb drei Tage in dessen Bauch. Hier war er völlig einsam, hatte Zeit nachzudenken und aus dem Dunkel neue Kraft zu schöpfen. Er änderte seine Einstellung zum Leben und wurde darauf vom Fisch wieder ausgespien.

In dieser Geschichte geht es nicht wie oben beim Hai um ein Gefressenwerden, sondern Jona mußte sich im Bauch des Fisches besinnen auf seinen göttlichen Auftrag und sich wandeln in seiner Einstellung zu sich selbst, zu Gott und zum Leben – dann wurde er auf Gottes Geheiß wieder ausgespuckt. Er kehrte ins normale Leben zurück und vermochte jetzt seine Aufgabe zu erfüllen.

Der weiße Wal

Nun möchte ich Ihnen einen Traum vorstellen von einem weißen Wal, der dreigeteilt war und den die Träumerin durch Pflege am Leben erhielt, bis ein Fachmann ihn durch eine Operation heilen konnte. Diesem Traum entsprach eine Wandlung in drei verschiedenen Gebieten ihres Lebens.

Ich stehe an einer Meeresküste und schaue weit hinaus auf die See. Da schwimmen drei riesige weiße Fischleiber auf mich zu. Sie liegen dicht unter der Wasseroberfläche, so daß man sehen kann, wie die Wellen sie vor sich herschieben und ihre drei Leiber abbilden.

Es handelt sich um Wale, die von weither kommen, wo etwas

Schlimmes passiert ist, vor dem sie ausweichen. Was sich ereignet hat, weiß ich nicht. Mit einem kräftigen Ruck legen alle drei im selben Moment ihre riesigen Schädel auf den Rand der befestigten Uferpromenade.

Die Tiere sind erschöpft und bedürfen der Pflege und Versorgung. Ich weiß nicht, was ich ihnen geben soll; ich habe in meiner nahe gelegenen Pension nur das Weihnachtsgebäck, das ich eigentlich den Sternsingern hatte geben wollen. Das will ich jetzt holen, denn die Wale haben Hunger. Auch hartes Brot muß ich noch in meinem Quartier haben.

Als ich mit den Plätzchen zurückkomme, sehe ich, daß es nicht drei Wale sind, sondern drei Teile eines einzigen Riesenwales, den man bei dem Unglück auf hoher See zerteilt hat.

Ich habe auch einen riesigen Suppenlöffel und reines Süßwasser mitgebracht. Vorsichtig tippe ich mit dem Löffel auf die Lippen des Kopfteiles. Er öffnet das Maul, saugt gierig das gute Wasser ein, so heftig, daß er den Löffel fast verschluckt. Immer wieder gebe ich ihm Wasser, dann Plätzchen. Ich erhalte ihn am Leben, bis man ihn in einer Operation zusammennähen wird.

Die Patientin war Ende Fünfzig und befand sich am Ende einer schweren Krise, als ein Neuanfang in Sicht war. Die Krise betraf drei zentrale Bereiche ihres Lebens: den Beruf, die Ehe und ihre Tochter:

Die Träumerin hatte sich entschlossen, frühzeitig in den Ruhestand zu gehen und den Abschied vom Beruf der Lehrerin, den sie gerne ausgeübt hatte, zu vollziehen. Damit verbunden war ein Ortswechsel, da sie sich in einer Universitätsstadt ihren philosophisch-psychologischen Interessen widmen wollte. Während der Berufstätigkeit blieb ihr dafür kaum Zeit.

Ihre Ehe war nicht in Ordnung, und das Ehepaar lebte schon einige Jahre getrennt, ohne daß die Scheidung vollzogen wurde. Die Patientin befand sich in einer längeren Analyse, und der Ehemann war endlich auch bereit zu einer Ehetherapie. Dies führte dazu, daß die Ehe formal aufrechterhalten wurde bei getrenntem Wohnen und gemeinsamer Unterstützung der erwachsenen Tochter.

Diese war wegen einer jahrelangen Erkrankung ein Sorgenkind gewesen und hatte beide Eltern stark beansprucht. Nach dem Diplom an der Universität wollte sie nun noch ihren Doktor machen und war daher weiter auf die finanzielle Unterstützung durch ihre Eltern angewiesen.

Im Traum taucht ein in drei Teile zerstückelter weißer Wal aus dem Wasser – dem Unbewußten – auf. Dazu fällt mir folgendes Zitat ein: «Derjenige, der eine tiefgreifende Wandlung durchzumachen hat, wie einst der legendäre Prophet Jonas, wird von seinem Unbewußten, vom großen Fisch, für einige Zeit verschlungen. Als Gewandelter wird er an die helle Küste eines neuen Bewußtseins ausgeworfen werden.» (Aeppli, S. 384) Das heißt, die Träumerin befindet sich am Ende ihrer Krise. Der Leser erfährt, daß im Traum vorher etwas Schlimmes passiert ist. Die drei Teile müssen gepflegt, ja sie müssen operiert werden, um wieder heil zu sein. Zunächst gibt die Patientin ihnen Nahrung von dem, was ihr gerade zur Verfügung steht: Weihnachtsgebäck (indirekt wird hier auf die göttliche Geburt hingewiesen) und hartes Brot; den Durst des Fisches stillt sie mit Süßwasser. Die intensive Mühe lohnt sich, der Wal kommt wieder zu Kräften. Die nachfolgende Operation, das Zusammenfügen des dreigeteilten Tieres, muß allerdings jemand anders vornehmen, ein Operateur.

Die Patientin hatte auch in Wirklichkeit eine Wandlung durchzumachen, die sich äußerlich, wie ich bereits schilderte, in einer neuen Lebensgestaltung zeigte: Sie konnte den Abschied vom bisherigen Beruf bejahen, der mit einem Ortswechsel verbunden war; sie entwickelte neue Lebensperspektiven, indem sie ihre lange brachliegenden Interessen wiederaufnahm, und auch die Ehekrise ließ sich wenigstens annähernd bewältigen durch eine Therapie des Mannes und durch eine neue Übereinkunft zwischen den Eheleuten. Die Krise der Tochter hielt noch eine Weile an, Reifungsschritte, die normalerweise in der ausklingenden Pubertät geleistet werden, mußten nachgeholt werden. Für die Patientin galt es, ihre überbehütende Haltung aufzugeben und die Tochter ihren Lebensweg mit allen Irrungen und Stürzen allein gehen zu lassen.

Zum Schluß möchte ich noch auf die weiße Farbe des Wales

im Traum eingehen. Weiß ist in Mythologie und Religionen oft die Farbe der Opfertiere, und in Volkssagen findet sich der Glaube an die besondere Kraft weißer Tiere.

Wir können die weiße Farbe des dreigeteilten Wales so verstehen, daß von der Patientin in drei wichtigen Bereichen ihres Lebens ein Opfer gefordert war: erstens das Opfer des Prestiges ihres Berufes (die Patientin hatte eine leitende Stellung inne) zugunsten des Ruhestandes, zweitens das Opfer des Ideals der (über)fürsorglichen Mutter und drittens das Opfer des Ideals der vollkommenen Ehe zugunsten einer Zweckgemeinschaft.

Weiß ist auch eine Farbe des Überganges. Übergangsriten sind in allen Kulturen bekannt, sie bewirken eine Veränderung des Seins nach einem klassischen Schema: symbolischer Tod und darauffolgende Wiedergeburt. Sowohl das Eintreten der Patientin in den Ruhestand wie auch das Entlassen der Tochter in ihr eigenes Erwachsenenleben und auch die Neugestaltung der Ehe waren Riten des Übergangs.

Durch einen solchen Übergangsritus verändert sich der Mensch gegenüber der Gesellschaft. Aber auch die Gesellschaft entwickelt ein anderes Verhältnis zu diesem Menschen. Mit der Aufgabe der Berufstätigkeit stand der Patientin einerseits mehr Zeit für ihre Interessen zur Verfügung, andererseits hatte sie keinen Einfluß mehr auf ihre Schüler und die Gestaltung des Schullebens. Das heißt, sie mußte in mehreren Bereichen ihre Persona – die Anpassung an die Realität – ändern. Das bewältigte sie gut.

Das Hergeben des Kindes, damit dieses sein eigenes, selbständiges Leben führen konnte, gelang ihr weniger gut. Diese Aufgabe war besonders schwer, da die Tochter erhebliche Entwicklungskrisen zu bestehen hatte und daher immer wieder die Hilfe der Mutter benötigte. Hier mußte noch ein «Operateur» eingreifen, um alles wieder heil zu machen.

Die Scheidung, die mit großem Alleinsein verbunden gewesen wäre, brauchte nicht vollzogen zu werden, weil sich die Partner zu einem Kompromiß durchrangen: zum Aufrechterhalten einer partiellen ehelichen Gemeinschaft in beiderseitigem Interesse.

Der Fisch als Fruchtbarkeitssymbol

In diesem Kapitel will ich Ihnen, liebe Leser, den Fisch als Fruchtbarkeits- und Erossymbol in den Bräuchen verschiedener Völker und auch in den Träumen moderner Menschen vorstellen.

Bei jüdischen Hochzeiten, besonders in Nordafrika, wird ein Fischtanz aufgeführt, damit dem Paar viele Kinder beschert werden mögen.

In Tunis ist es üblich, vor das Brautpaar unter den Trauhimmel einen Fisch zu legen – damit sie sich vermehren sollen so zahlreich wie die Fische. Zu Hochzeiten wird hier besonders gern Fisch als Hauptspeise gereicht.

In Indien gibt es folgendes Hochzeitsritual: Das neuvermählte Paar steigt bis zu den Knien ins Wasser und fängt mit einem neuen Gewand Fische, wobei es einen Brahmanenschüler fragt: «Was siehst du?» Antwort: «Söhne und Vieh.» Hier versinnbildlichen Fische den Kindersegen und den Reichtum an Vieh.

Eine gleichartige symbolische Bedeutung hat der Fisch als Phallussymbol: Fischgenuß bewirkt nach Erzählungen einiger Völker Schwangerschaft.

Der in Frankreich herrschende Brauch, zum 1. April Scherzkarten mit Fischen (Poisson d'Avril) zu schicken, weist auf den oben erwähnten Fruchtbarkeitsritus hin. Die Buben hängen sich in Frankreich ebenfalls am 1. April Tuch-Fischchen an. Wenn Ostern in den März fällt, werden Eier als Fruchtbarkeitssymbole verschickt, wenn es in den April fällt, Fische. Hier wird der Zusammenhang mit Fruchtbarkeitszauber sehr deutlich.

In der Provinz Posen gilt: Wenn man von Fischen träumt, wird man heiraten. Auch hier hat der Fisch phallischen Charakter und ist Fruchtbarkeitssymbol: Er kündet die Begegnung mit dem Männlichen und eventuell Kindersegen an.

Ich stelle Ihnen nun Träume von Analysanden vor, die das soeben Gesagte veranschaulichen.

Ich gehe mit einem älteren Herrn, Kollege meines Mannes. Ich sehe im niedrigen Wasser einen Fisch und wundere mich. Wir gehen weiter, und ich denke, ich muß aufpassen, daß der Mann sich keine falschen Hoffnungen macht. Noch ist unsere Beziehung unverbindlich und heiter. Da sehe ich im schlammigen Flußbett Fische dicht zusammengedrängt im Schlamm stecken. Ich wundere mich und überlege, ob sie wohl noch leben oder schon tot sind.

Die Patientin stand zum damaligen Zeitpunkt am Anfang ihrer Analyse. Sie war recht depressiv, nahm Medikamente, hatte Arbeitsstörungen und Schwierigkeiten, sich im Beruf durchzusetzen. Zwischen ihr und ihrem Mann gab es wenig Erotik und Sexualität, sie zeigte sich ihm gegenüber abweisend, kalt. Sie war aber – wie der Traum uns zeigt – sehr empfänglich für die Avancen anderer Männer, wenn diese ihr nicht zu nahe kamen. Die Fische stehen hier für ihre gestaute seelische Energie, für ihre Depressivität. Ihr seelisches Leben war zum damaligen Zeitpunkt – von außen betrachtet – fast zum Erliegen gekommen. Sie hatte Angst, ihren Beruf ganz aufgeben zu müssen und nicht einmal mehr den Haushalt führen zu können. Ihre sexuellen Empfindungen gegenüber ihrem Mann waren wie «tot». Sie war auch unfähig, eine Beziehung zu einem anderen Mann aufzunehmen, weil sie zu «leer» war; sie lehnte das auch aus ethischen Gründen ab.

Der Traum weist sie darauf hin, daß die Fische aus dem Schlamm heraus müssen ins freie Wasser, daß sie ihre seelische Energie wieder freibekommen muß. Neun Monate später hatte sie folgenden Traum:

Ich stehe auf einer Brücke und schaue auf einen Fluß mit klarem Wasser. Dort sehe ich Forellen und kleine Wale schwimmen. Später schaue ich von einem Zimmer aus mit einer Frau auf den Fluß und sage: «Hier ist es aber schön.»

Es ging ihr zu diesem Zeitpunkt schon wesentlich besser, die Depressionen waren fast verschwunden, und die Arbeit ging ihr wieder schneller von der Hand. Nur die Beziehung zu ihrem Mann war – von ihrer Seite aus – noch ohne Erotik.

Die Fische stecken nicht mehr im Schlamm, sondern schwimmen im Fluß herum. Auch was sie mit einer Frau, einer früheren Zimmerwirtin, vom Fenster aus sieht und was sie fühlt, ist sehr angenehm. Diese frühere Zimmerwirtin war wohl so etwas wie eine positive Mutter, die sie als Kind nicht erleben konnte.

Die noch fehlende Erotik hing mit einer Überidealisierung ihres Vaters und einer unbewußten Identifizierung mit ihrer Mutter zusammen, die alles Erotische auf Geschäftliches reduziert hatte. Die Elternbeziehungen mußten erst durchgearbeitet werden, ehe Erotik in ihrer eigenen Ehe zum Tragen kommen konnte. Die Zimmerwirtin als «gute Mutter» ist der Hinweis auf eine innere Wandlung des Mutterbildes.

Eine andere Analysandin war zum Zeitpunkt des folgenden Traumes sehr unglücklich in ihrer Ehe, in der der Eros fehlte. Sie litt sehr unter der inneren Entfremdung von ihrem Mann. Da träumte sie folgendes:

Ich stehe vor einem Schaufenster. Es ist mit Wasser angefüllt wie ein Aquarium. Das Wasser ist indirekt beleuchtet. Seine Farben: Pastelltöne – hellgrün, türkis und hellblau – bezaubern mich. Die Fische, die darin herumschwimmen, verwandeln sich in große, rote Buchstaben. Sie schweben, schweben und schwingen leise im Wasser und haben das Wort «Eros» gebildet.

Die Analysandin erfaßte sofort, was dieses Traumbild ihr sagen wollte: Es erinnerte sie an eine sehr schöne Zeit in ihrem Leben, als sie mit einem Zoologen befreundet und in ihn verliebt war. Sie verbrachte damals viel Zeit mit ihm in Aquarien, beide ließen sich vom Spiel der bunten Fische noch mehr verzaubern, als sie es in ihrer Verliebtheit schon waren. Der Traum in dieser Zeit der Analyse wies sie darauf hin, daß gerade Leidenschaft und Eros in ihrem Leben fehlten. Es ist eine Eigenschaft der Träume, zu kompensieren, was im realen Leben zu kurz kommt (oder zu wichtig ist). Sie lebte auch in der Realität sehr leistungsbezogen ihren Beruf und hatte dort viel Erfolg, der Eros und ihre Gefühlsseite kamen dabei aber zu kurz. Ihr Unbewußtes sagte ihr mit den Worten, die fast stabreimartig geformt sind: schweben, schweben, schwingen, daß sie das spielerische Element des Eros neben der Leistung mehr pflegen solle. Sie erwachte nach diesem Traum sehr glücklich.

Der Fisch als Symbol des Opfers und stummen Leids

Im Volksmund gibt es die Redensart: «Stumm wie ein Fisch». Der Fisch, oder besser der verletzte Fisch, wird in diesem Zusammenhang oft zum Symbol des stummen Leids, das so überwältigend ist, daß der betroffene Mensch darüber gleichsam die Stimme einbüßt.

Ich lasse die jüdische Dichterin Nelly Sachs zu Wort kommen, in deren Gedichten das Symbol Fisch oft in diesem Zusammenhang verwendet wird.

Hier und da ist die Laterne der Barmherzigkeit
zu den Fischen zu stellen,
wo der Angelhaken geschluckt
oder das Ersticken geübt wird.

Dort ist das Gestirn der Qualen
erlösungsreif geworden.

Oder dahin,
wo Liebende sich wehe tun,
Liebende,
die doch immer nahe am Sterben sind.

(aus: *Fahrt ins Staublose.* Die Gedichte der Nelly Sachs, S. 60 © Suhrkamp Verlag Frankfurt 1977.)

Seit sie selbst 1933 nach einem Gestapoverhör, einem «Hexenprozeß», für Tage die Stimme verlor, erscheint die Metapher Fisch immer wieder in ihren Gedichten.

Ich lasse noch ein weiteres Gedicht folgen von ihr, in dem das Symbol Fisch für das Leiden ihres ganzen Volkes steht:

Wer weiß, wo die Sterne stehn
in des Schöpfers Herrlichkeitsordnung
und wo der Friede beginnt
und ob in der Tragödie der Erde

die blutig gerissene Kieme des Fisches
bestimmt ist,
das Sternbild Marter
mit seinem Rubinrot zu ergänzen,
den ersten Buchstaben
der wortlosen Sprache zu schreiben –

Wohl besitzt Liebe den Blick,
der durch Gebeine fährt wie ein Blitz
und begleitet die Toten
über den Atemzug hinaus –
aber wo die Abgelösten
ihren Reichtum hinlegen,
ist unbekannt.

Himbeeren verraten sich im schwärzesten Wald
durch ihren Duft,
aber der Toten abgelegte Seelenlast
verrät sich keinem Suchen –
und kann doch beflügelt
zwischen Beton und Atomen zittern
oder immer da,
wo eine Stelle für Herzklopfen
ausgelassen war.

(aus: *Fahrt ins Staublose,* S. 55)

Diesen ergreifenden Bildern möchte ich nichts hinzufügen.

Im folgenden werde ich Ihnen Träume von Analysanden vorstellen, in denen der Fisch als Symbol des nicht mehr sagbaren Schmerzes oder als Opfer erscheint. Eine Frau träumte:

Ich stehe in einem Heim für ältere Menschen und sehe zwei Fische als Ornament an der Wand: der eine ist ein Süßwasserfisch, der tot ist, der andere ist ein Meeresfisch, der verletzt ist und in einer Art Museum hängt. Ich war von diesem Bild sehr bewegt.

Der Träumerin fiel dazu die Gedenkwand in Yad Vashem in Jerusalem ein.

Sie war zur Zeit des Traumes vierzig Jahre alt und in einer schweren Lebensmitte-Krise, die eine Wandlung ihrer Persönlichkeit und eine Veränderung ihrer äußeren Lebensumstände erforderte. Sie hatte eine Scheidung erlebt und mußte ihren Beruf wechseln, was mit einem Ortswechsel verbunden war. Die Analysandin lehnte sich gegen beides auf und wollte am liebsten alles beim alten lassen. Bei einem Besuch bei ihren Verwandten in Jerusalem hatte sie die oben genannte Gedenkwand gesehen, auf der sie das unten wiedergegebene Relief sehr beeindruckt hatte, das den Namen trägt: «Von der Vernichtung zur Wiedergeburt».

Im ersten Abschnitt dieses Reliefs ist ein zerbrochener Fisch zu sehen, der sie tief ergriffen hatte und der ihr zu diesem Traum wieder einfiel. Neben ihm ist ein Verbrennungsofen dargestellt, der die Schrecken des Holocaust symbolisiert. Naphtali Bezem, der Künstler, der diese Gedenkwand entwarf, sagte dazu folgendes: Die Stummheit, die für den Fisch kennzeichnend ist, ist auch die Stummheit der Leute, die zur Opferung, das heißt in den Holocaust geführt werden. Der Fisch steht hier – in der jüdischen Symbolik – anstelle des Hahnes, dem sonst im Judentum üblichen Tier für das Sühneopfer zum Jom-Kippur-Tag. N. Bezem war der Hahn zu laut, der stumme Fisch schien ihm angemessener zu sein

für das, was er ausdrücken wollte – den stummen Gang seines Volkes zur Schlachtstätte.

Im zweiten Abschnitt auf der Gedenkwand folgt die Auflehnung der Juden gegen die Vernichtung. Ein Dorf steht in Flammen, Schwert und Gewehr erscheinen als Symbol des Kampfes.

Der dritte Abschnitt symbolisiert die Heimkehr in das Land der Väter, eine Leiter steht für den Aufstieg, das heißt die Einwanderung ins Land, und der Mann im Boot ist ein solcher Einwanderer; er trägt Waffen, weil er die gerade neu gewonnene Heimat sogleich wieder verteidigen muß.

Der vierte Abschnitt endlich, die Wiedergeburt, zeigt, daß der Mann im Boot sein Land nun erreicht hat. Er hat die Gestalt eines Löwen (des Löwen Juda). Daneben ist eine Pflanze mit Kaktusblättern zu sehen, Symbol des Landes Israel und zugleich der neuen Generation, der Sabra, die aus der Generation des Holocaust wiedergeboren ist.

Die Träumerin war Halbjüdin und hatte während langer Jahre ihres Lebens die Beziehung zum jüdischen Kulturkreis verloren, aus dem ihr Vater stammte. Identifikatorisch erlebte sie das Schicksal ihres Volkes und seine Wiedergeburt nach der Katastrophe in Europa mit an der Krise in ihrem eigenen Leben. Es wurde von ihr die Auflösung ihrer gesamten bisherigen Lebensumstände verlangt: Ehe, Beruf, Wohnort – und sie war sprachlos vor Schmerz, was da alles von ihr verlangt wurde. Sie versuchte auch, innerlich dagegen zu trotzen. Im Symbol des verletzten Fisches erlebte sie sich selbst, weil sie alles, was ihr bisher lieb gewesen war, opfern mußte und fast stumm war vor Schmerz und Auflehnung. In ihren Einfällen zu diesem Traum, vor allem aber in der Geschichte des Reliefs, dessen Anfang sie geträumt hatte, fand sie aber auch Hoffnung für einen guten Ausgang ihrer tiefen Krise und ihres Opfers. Beides war damals für sie noch nicht sichtbar. Erst später zeigte sich, daß alles nötig war zu einer «Wiedergeburt»: Sie fand einen neuen, ihr mehr entsprechenden Beruf, den sie mit größerem Erfolg als vorher ausübte, der Ortswechsel bekam ihr gut, weil sie einen neuen Freundeskreis aufbauen konnte. Allerdings fand sie eine neue Partnerschaft erst sehr viel später, nachdem die Analyse zu Ende war.

Aus einer anderen Analyse stammt der folgende Traum:

Ich tanze den Fischopfertanz. Vor mir waren andere Mädchen an der Reihe gewesen. Dieser Tanz ist für mich bestimmt. Er handelt von Fjordfischern, die ihren reichen Fang ans Ufer ihrer Insel bringen. Die Männer sind sehr erschöpft. Ihre Frauen weisen sie darauf hin, daß sie die Fische opfern müssen: die Frauen kommen den Männern aus einem Wald entgegen, helfen ihnen aber nicht bei der qualvollen Arbeit. Die Fische mußten gestochen werden, damit ihr Blut fließen konnte. Die Fischer mußten sich dazu auf dem Bauch rutschend vorwärts bewegen und sich mit dem Blut der Fische beschmieren. Das war sehr mühe- und qualvoll. Aber sie taten es mit großem Ernst und ohne Klage, weil sie wußten, daß es richtig war. Im Tanz war ich Fischer, Fisch und Frau zugleich. Als Fischer hieß ich nicht mehr Owi, sondern Ovid, der aussah wie Alexis Sorbas. Er mußte sich auf felsigem Grund bäuchlings an der Uferböschung hochschieben. Die Frauen sangen am Waldrand, dorthin mußte Ovid, zum Schluß durfte ich ein braunes, dickbauchiges Krüglein nehmen. Ich war meiner sehr sicher, als mich eine fremdländische Musik zum Tanze zog; ich wußte, daß dieser Tanz der wahre und richtige für mich sei. Zu Beginn des Tanzes hielt ich einen Ring über meinem Kopf. Ob ich den Preis für den Tanz bekommen habe, weiß ich nicht, wahrscheinlich nicht, aber der Preis war überhaupt nicht wichtig für mich.

Die Träumerin war damals um die dreißig Jahre alt und litt an einer schweren allgemeinen Wertkrise, sie verneinte fast alles und auch sich selbst, vor allem ihre Weiblichkeit. Ganz allgemein wertete sie das Männliche stets höher als das Weibliche und geriet damit in tiefe Konflikte mit sich selbst. Auch ihren Körper vernachlässigte sie. Auf der symbolischen Ebene sind Weiblichkeit, Körper, Erde, Materie identisch, und da sie ihren Körper unterbewertete, rächte sich dieser dafür und machte sich negativ bemerkbar durch Ekzeme, Schuppen, vegetative Störungen. Die Analysandin war zudem suizidgefährdet wegen ihrer stark zerstörerischen Tendenzen, die sie auch gegen sich selbst richtete.

Sie hatte eine erhebliche künstlerische Begabung im gestalterischen Bereich, die sie nie ganz vernachlässigt hatte, die aber zum damaligen Zeitpunkt wenig Anklang in der Außenwelt fand und von ihr selbst teils als sehr wichtig erlebt, teils entwertet wurde.

Im Traum bekommt sie von ihrer inneren Stimme den Befehl, den Fischopfertanz zu tanzen, und es wird im nachfolgenden Teil auch erzählt, was das für ein Tanz ist. Sie ist ganz sicher, daß sie ihn tanzen muß, weil ihre innere Stimme, ihr Selbst, es ihr gesagt hat. Das Selbst ist der innere Kern in jedem Menschen, der göttliche Funke in ihm, durch den sein Leben geführt und gelenkt wird. Auffällig ist weiter, daß sie in diesem Traum gleichzeitig Fisch, Fischer und Frau ist; alles, was in dieser Opferhandlung, dem Tanz, geschieht, betrifft sie als ganze Person, die handelnden Personen sind Anteile ihrer eigenen Wesensseiten.

Die Frauen, also ihr weibliches Ich, sagen ihr, daß der männliche Teil in ihr, die Fischer, ihren reichen Fang opfern müssen. Es ist eine blutige, qualvolle Handlung, zugleich ist sie mühevoll. Die Männer müssen mit dem Bauch über die Erde kriechen, ein Symbol äußerster Mühe und auch Demut vor der Mutter Erde, ein Akt des Sich-Beugens des Männlichen vor dem Weiblichen. Aber nur dadurch, daß sie ihren männlichen Anteil Opfer bringen läßt, darf sie sich letzten Endes das runde, braune Krüglein aussuchen, das sie als Symbol ihres weiblichen Selbst empfand. Äußere Ehre und Würde sind ihr dabei gleichgültig, sie bekommt den Preis, der für einen guten Tanz ausgesetzt ist, wahrscheinlich nicht.

Die Fische sind hier deshalb als ein Opfer zu verstehen, das von ihr (ihrem männlichen Teil) gefordert wird, weil sie gerade stolz darauf war, einen so reichlichen Fang getan zu haben. Trotz allem zeigt der Ring über ihr nicht nur, daß sie jetzt an der Reihe ist, sondern auch, daß es sich um einen Traum handelt, der sie zu ihrer inneren Ganzheit führt. Kreis und Mandala im inneren Geschehen weisen darauf hin, daß es sich um eine seelische Wandlung handelt, die zu einer Neuwerdung führt.

Es dauerte noch einige Zeit nach diesem Traum, bis die Patientin ein neues Verhältnis zu ihrer eigenen Weiblichkeit fand und sich mehr und mehr als Frau bejahen konnte. Sie erlebte sich schließlich als dem Männlichen gleichwertig, nicht mehr ihm untergeordnet. Außerdem empfand sie sich in ihrer malerischen Begabung in ganz anderer Weise als vorher als schöpferisch. Sie konnte zu ihren Bildern stehen, auch wenn sie draußen in der Welt abgelehnt wurden, ja sie konnte sogar später mit einer Ausstellung an die Öffentlichkeit treten und fand große Anerkennung.

Der Fisch als Symbol des Selbst

Der Mensch hat auf seinem Lebensweg eine Reihe von Aufgaben äußerer und innerer Art zu bewältigen. Diese Aufgaben sind verschiedenen Lebensaltern zugeordnet, wie zum Beispiel der Schulbesuch dem Alter von sechs bis fünfzehn Jahren, das Erlernen eines Berufs dem ausklingenden Pubertätsalter, den späteren Jahren der Aufbau einer Existenz, die Gründung einer Familie, das Erziehen von Kindern und das Knüpfen von Beziehungen, der Zeit ab fünfundsechzig Pensionierung und Alter, Vorbereitung auf den Tod. Das Bewältigen dieser Anforderungen in der äußeren Welt setzt jeweils eine innere Reifung des Menschen voraus beziehungsweise begleitet sie; geschieht diese nicht, können die Aufgaben nicht gelingen. Die innere Reifung des Menschen erfolgt in bestimmten Entwicklungsschritten, mit denen sich die Psychologie und speziell die Tiefenpsychologie befaßt. Inneres und äußeres Reifen hängen zusammen; das bedeutet, wenn die innere Entwicklung nicht weiterschreitet, kann ich in der Regel die äußeren Aufgaben nicht bewältigen. Die innere Reifung hat aber auch einen Sinn in sich selbst. Der Mensch soll nicht nur reifen, um in der Außenwelt zu funktionieren, sondern er muß sich entwickeln nach dem Gesetz, «nach dem er angetreten» (Goethe), er steht unter dem Motto: «Werde, der du bist» (Pindar).

Dieses Zu-sich-selbst-Kommen wird von dem inneren Zentrum geleitet, das C. G. Jung das Selbst nennt. Dieses Selbst ist eine Idee, ein Archetypus, den man nicht sehen und greifen, wohl aber an seinen Wirkungen erspüren kann. Es steuert gleichsam die innere Entwicklung des Menschen, es ist der «göttliche Funke» (Meister Eckehart) in ihm, der unzerstörbar ist. Bilder, in denen wir unser inneres Zentrum erleben können, sind beispielsweise: Buddha, Christus, die Naturmutter, die Sophia, die Perle, die blaue Blume, das Mandala, um nur einige zu nennen.

Wenn die obigen Bilder auftauchen, sind wir aufs höchste ergriffen, wir erleben sie numinos, das heißt mit göttlicher Gewalt. Christus ist ein solches Bild für das innere Zentrum, daher ist auch der Fisch, der für Christus steht, ein Symbol des Selbst.

Der Fisch als Symbol eines Gottes hat eine reiche Vorgeschichte, nicht nur im christlichen, sondern auch im asiatischen Raum, ich möchte das hier kurz aufzeigen.

Der babylonische Gott Oannes wurde als Fisch dargestellt; die phönizische Göttin Atargatis hatte in ihrem Tempelbereich heilige Fischteiche, niemand durfte die Fische darin berühren oder gar essen, sie waren gleichsam die Göttin selbst in Fischgestalt beziehungsweise ihre Kinder.

Ein rettender Gott in Gestalt eines kleinen Goldfisches ist zum Beispiel der indische Gott Vischnu. Ein an ihn gerichtetes Gebet lautet: «Wie du, o Gott, in Gestalt eines Fisches die in der Unterwelt befindlichen Veden (= Ahnen) gerettet hast, so rette auch mich, o Keśava!»

Sogar als Seelensymbol diente der Fisch, wie in Ägypten der Seelenvogel Ba, und zwar ist er in dieser Bedeutung abgebildet auf einem Sarkophag der späthellenistischen Zeit: die Mumie liegt auf einer Bahre, und über ihr schwebt statt eines Vogels (wie sonst üblich) ein Fisch, er stellt die entweichende Seele dar.

Hier ist auch das Symbol des Delphins zu nennen. Er galt in der Antike als Geleiter der Seelen in das Totenreich, er war Symbol der Rettung, des Heiles der Abgeschiedenen, der Jenseitshoffnung. Häufig wurde er in diesem Sinn auf Sarkophagen abgebildet. Im christlichen Bereich wurde der Retter, der Delphin, auf Christus bezogen, er galt als der Erretter vom Tod zum Leben.

Sowohl von dieser Deutung aus der Antike wie auch von der Taufe im Wasser des Jordan her ist der Fisch ein Symbol für Christus. Auch der Christ wird nach diesem Vorbild ins Taufwasser getaucht und lebt dann wie «ein Fisch im Wasser». «Wir Fischlein werden wie unser Fisch (Ichthys) Jesus Christus im Wasser geboren, und nicht anders als im Wasser verbleibend haben wir das Leben», sagt der Kirchenvater Tertullian.

Nun zeigt die tiefenpsychologische Erfahrung, daß Selbstsymbole immer dann auftauchen, wenn sich die Analysanden in Zeiten seelischer Desorientierung oder Neuorientierung befinden. Selbstsymbole sind Ordnungssymbole, sie «beschwören als Zauberkreise die gesetzlosen Mächte der Dunkelwelt und bilden eine Ordnung ab oder erzeugen eine solche, welche das Chaos in einen Kosmos wandelt», sagt C. G. Jung.

Ich gebe Ihnen ein Beispiel für den Fisch als Selbstsymbol in einem Traum.

In einem großen Garten. Dort herrscht Leben, viele Kinder spielen darin herum. Es arbeiten dort auch pädagogische Gruppen. Viele Menschen, darunter auch ich, arbeiten an einem großen Fisch aus Ton. Er ist schon fertig. Trotzdem wird immer noch an ihm gearbeitet. Man kann sich auch vom großen Fisch Ton holen und wieder einen kleinen neuen Fisch formen. Es macht mir großen Spaß. Der große Fisch wird zwar immer wieder beschädigt, aber er wird nie verletzt, und er wird nie aufgebraucht.

Die Träumerin, etwa vierzig Jahre alt, erlebt sich in einem großen Garten, der ihrem Analytiker gehört. Viele Schülerinnen, so auch sie, formen an dem großen Fisch, der eigentlich schon fertig ist, an dem aber weitergearbeitet wird. Diese an sich widersprechenden Eigenschaften sind charakteristisch für das innere Zentrum: Es ist immer schon da, und wir müssen doch gleichzeitig immer daran arbeiten. Jeder der «Schüler» kann aber auch von diesem großen Fisch immer wieder Substanz fortnehmen, um einen neuen kleinen Fisch zu formen, der große wird dabei nie aufgebraucht.

> «Er nimmt nicht ab und nimmt nicht zu.
> Sie kommen und gehen
> und schöpfen aus dem Brunnen.»

Dieses Wort aus dem I-Ging, dem Hexagramm «Der Brunnen», fiel ihr dazu ein.

Die Analysandin hatte damals eine Zeit der äußeren Unordnung zu bestehen und mußte sich in beruflicher und familiärer Hinsicht neuen Lebensumständen anpassen. Diese Neuorientierung erforderte viel seelische Kraft, die sie im Anschluß an diesen Traum in ihrem inneren Zentrum, dem Selbst, finden konnte, sie war allerdings zu diesem Zeitpunkt auf den Beistand ihres Seelenführers, des Analytikers, angewiesen, denn das Selbst war noch in seinem Garten beheimatet.

Charakteristisch für diesen Fisch ist seine Größe, er steht im Mittelpunkt des Gartens. Der Garten ist hier Symbol für einen umgrenzten, inneren Bezirk, der das, was darin geschieht, umhegt und schützt. Auch das ist wesentlich für das innere Zentrum, es muß in einem umschlossenen Bezirk geschützt sein, damit wir von ihm empfangen können und er doch immer vollständig bleibt.

Im Laufe der weiteren analytischen Arbeit konnte die Träumerin ihr inneres Zentrum im eigenen Garten finden, und sie gewann dadurch die notwendige seelische Kraft, den Wandlungsprozeß, den das Leben von ihr forderte, anzunehmen und zu gestalten.

Etwas später träumte sie:

Als ich aus dem Mittagsschlaf erwache, sehe ich ein holzschnittartiges Bild vor mir: das Christuskind und der kleine Delphin.

Sie verfertigte eine Zeichnung von diesem Bild, das ihr sehr viel innere Sammlung und eine tiefe Freude schenkte. Es tauchte in der Folgezeit immer wieder auf, wenn sie im täglichen Leben Kraft brauchte.

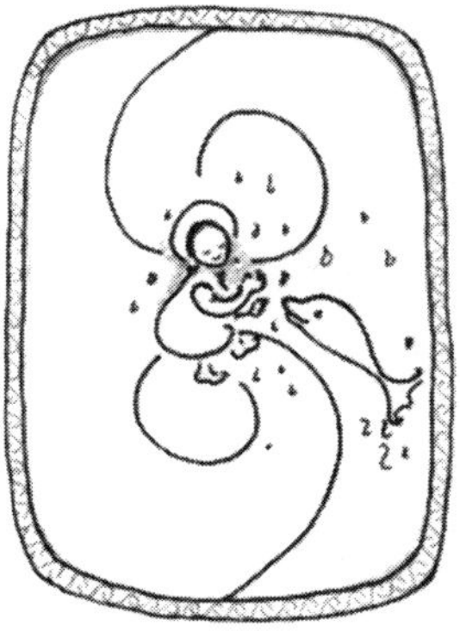

Sie war nach jahrelanger analytischer Arbeit von einer Selbstzerstörung, einer Abtötung ihrer inneren und äußeren Bedürfnisse, unter der sie sehr litt, wie befreit. Ihr inneres Zentrum, das Selbst, taucht gleich zweimal als Retter auf. Ich weise Sie, liebe Leserin, lieber Leser, auf das vorher über den Delphin Gesagte hin: Er galt in der Antike als Seelengeleiter und Retter der Seele in das Totenreich. Häufig war er deshalb auf Sarkophagen abgebildet. Das göttliche Kind, Christus, ist ebenfalls ein Selbstsymbol. Es trägt die Aura, den Strahlenkranz, um den Kopf. Wir verstehen unter Aura eines Menschen ein subtiles, aus sich heraus leuchtendes Energiefeld, das jedes Lebewesen umgibt. Wir heutigen Menschen können sie im allgemeinen nicht mehr sehen. Sie ist aber wahrnehmbar als Ausstrahlung eines Menschen. Ist er mit sich und der Welt im reinen, ist seine Aura hell und klar wie ein «Heiligenschein», hat er böse und rachsüchtige Gedanken, ist die Aura gezackt und hat dunkle Flecken. Das, was in der Esoterik Aura genannt wird, kann durch eine bestimmte fotografische Technik (Kirlian-Fotografie) festgehalten und nachgewiesen werden.

Das Christuskind steht hier als göttliches Kind für das innere Zentrum der Träumerin. Es sagt ihr, daß sie durch die Vereinigung ihrer männlichen und weiblichen Seite (das Kind entspringt einer Vereinigung von Männlichem und Weiblichem) eine neue Kraftquelle gefunden hat; sie konnte sich als Mensch und Frau danach besser annehmen und hatte auch bessere Beziehungen zu ihren Mitmenschen.

Mit meinem Hausarzt, Dr. F., gehe ich den Weg an der alten Aue entlang. In dem klaren Wasser sehe ich viele große Fische. Eindrucksvoll sind die Bewegungen der Flossen anzuschauen. Wenn ich doch einen davon hätte! Da springt ein Fisch zu uns auf den Weg. Ich suche mein Taschenmesser, um den Fisch zu schlachten. Inzwischen nimmt Dr. F. den Fisch und reißt ihm mit dem Finger die Kiemen auf, damit er ausbluten kann.

Der Träumer ist ein Theologe in der Lebensmitte, der durch eine Fortbildung im Rahmen seiner Analyse auf die Träume und Botschaften seines Unbewußten achten gelernt hatte.

Der Analysand befand sich am Anfang seiner seelischen Arbeit und war noch unfähig, eigene aggressive Impulse zuzulassen, um sein Selbst wirklich zu gewinnen. Hier ist der Fisch ein Symbol des inneren Zentrums, das er gern erreichen, freilegen möchte; es ist ja immer vorhanden. Aber auch die dunkle Seite des Menschen, hier seine aggressiven Impulse, gehören zum Selbst und müßten schrittweise integriert werden.

Dr. F. ist in der Realität ein befreundeter Arzt, er steht hier im Traum aber wohl stellvertretend für seinen inneren Zwillingsbruder, der ihm seelisch in der Bewältigung einer aggressiven Handlung voraus ist, der etwas schon kann, was der Träumer selbst erst später zuzulassen vermag.

Das Fischsymbol in einer Traumserie

In diesem Kapitel möchte ich Ihnen eine Traumserie vorstellen, in der das Symbol «Fisch» in verschiedenen Variationen vorkommt. Wie schon gesagt, verstehen wir unter einer Traumserie eine Folge von Träumen, in der ein bestimmtes Thema in symbolischer Form immer wieder mit wesentlichen Veränderungen behandelt wird. Und zwar wird in der Traumfolge durch das sich wandelnde Symbol auch eine Veränderung der Einstellung des Träumers zu seinen Problemen angedeutet, die sich dann – meist später – auch in der Realität, in seinem Verhalten zu sich selbst und zu den Mitmenschen, vollzieht.

Die Träumerin ist Ihnen aus dem Kapitel über den Fisch als Symbol des Opfers schon bekannt. Zwischen Traum 1 und 6 dieser Serie liegen zirka vier Jahre harter analytischer Arbeit an ihr selbst und an ihrer Spaltung in «Geist» und «Körper» mit einer Überbewertung des geistigen Bereiches.

Traum 1: Fischopfertanz

Diesen Traum haben wir schon kennengelernt (Seite 152).

Die Klientin träumte ihn zu Beginn der Analyse in der Initialphase. Sie hatte im beruflichen Bereich gute Erfolge errungen. Sie hatte einen Sonderlehrauftrag an einer Spezialeinrichtung, und die Studenten und Studentinnen dort liebten sie sehr. Die Erfolge, den «reichlichen Fischfang», mußte sie jetzt opfern, so sagten ihr die Frauen, die ihre eigene weibliche Seite repräsentieren.

Der reichliche Fang steht hier wohl für Fruchtbarkeit im beruflichen (männlichen) Bereich, der geopfert werden muß in demutsvoller Haltung, um die seelische Ganzheit zu erringen, die mit dem weiblichen Selbst, dem Krüglein, verbunden ist.

Traum 2
Ich sitze mit Mama im Park eines Kurhauses an einem Gartentisch eines Restaurants ... Danach sehe ich mich in einem Märchenbuch blättern, eine Geschichte zieht mich an. Ich sehe nun zwei fliegende Fische, die immer wieder aus dem Meer auftauchen, durch die Luft schwebend fliegen und wieder eintauchen. Das tun sie in gleichmäßigem Rhythmus und ganz parallel. Die Fische sehen auch gleich aus. Sie tragen Kronen, und ihr Körper schillert golden und in vielen Farben. Lange schaue ich den Fischen zu. Ich wache auf, weil ich gerne erzählen möchte, was ich gesehen habe.

In diesem Traum symbolisieren die Fische nach den Aussagen der Klientin etwas Göttliches – sie tragen Kronen und schimmern golden und in allen Farben; sie sind Bilder der Weisheit und des Selbst. Da sie sich – gegen die Natur – schwebend in der Luft und im Wasser aufhalten, verbinden sie die geistige Welt des Oben (Luft) mit der unbewußten Welt des Unten (Wasser); dies ist eine Aufgabe des inneren Zentrums der Träumerin und dient ihrer Selbstfindung.

Daß die Bewegung rhythmisch erfolgt, weist auf ein natürliches Geschehen hin. Die Selbstfindung geschieht sowohl auf natürliche Weise im Selbstregulierungsprozeß der Psyche, das heißt autonom, wie auch mit Hilfe eines Analytikers in der seelischen Arbeit an sich selbst. Hier ist das autonome Geschehen betont.

Die Klientin sagte zu diesem Traum, daß sie langsam Vertrauen zu dem Prozeß gewann, der in ihr geschah und der von ihrem inneren Zentrum her gesteuert wurde, das göttliche Qualitäten hat.

Immer wenn sie von Zweifeln geplagt wurde, verhalf ihr das Erleben und innere Schauen der sich rhythmisch bewegenden Fische zum seelischen Gleichgewicht und zum Vertrauen in den Sinn ihres Leidens.

Traum 3
Ich befinde mich in einem großen, etwas sterilen Raum. Er erinnert an einen Krankenhaussaal ohne Betten. Eine Frau und ein junger Mann bereiten eine Prüfung für mich vor. Ich soll tanzen, weil ich krank oder schuldig bin. Während des Tanzes muß ich verschiedene Aufgaben lösen, wobei auch Tiere eine Rolle spielen. Es gibt Pinguine, Katzen und einen Schwarm sehr bunter großer und ganz kleiner Fische. Die kleinen sind länglich schmal, rot mit schwarzen Streifen. Die großen Fische sind rund und leuchtend gelb und orange. Außerdem haben manche Fische kleine Glöckchen umgehängt. Die Aufgaben mit den ersten Tieren löse ich gut. Und die Tiere werden zu Kinderspielzeug. Nun komme ich zu den Fischen. Auf einmal wird alles dunkel um mich, und ich spüre, wie die Fische in meine Unterhose und in mich eindringen wollen. Aber ich will das nicht. Ich kämpfe gegen sie, denn es sind Raubfische, deutlich spüre ich, daß sie mich beißen. Ich blute, und sie reißen ganze Fleischstücke aus mir. Die Fische sind aber nicht zu tief in mich eingedrungen, so daß sie mich nicht ganz auffressen konnten. Nachher fehlen den Fischen ein paar Zähne, die haben sie sich an mir ausgerissen. Mich irritiert, daß diese Raubfische so schön und anreizend aussahen und dann so fürchterlich wurden. Nach dieser Prüfungsphase ziehe ich mich erschöpft um. Im Umkleideraum wartet schon eine andere Frau, es ist meine Nachbarin. Die anwesende Frau ist dunkelhaarig und vital. Die dunkle Frau muß auch die Fischprüfung machen, wie ich, als Läuterung. Ich warne die dunkle Frau. Nun höre ich ihre Schmerzensschreie. Aber ich weiß, sie wird es aushalten.

Hier erlebt die Träumerin einen anderen Aspekt der Fische. Sie soll wiederum (wie in Traum 1) tanzen, und zwar in Form einer

Prüfung. Sie bewältigt die Probe mit den anderen Tieren (außer den Fischen) ganz gut. Die Prüfung mit den Fischen, die sie als Raubfische bezeichnet, wird aber für sie sehr schmerzhaft.

Auch die dunkelhaarige Frau, eine Art Doppelgängerin der Klientin, mußte die sehr schmerzhafte Prüfung aushalten. Aber die Träumerin wußte, daß diese so vital war, daß sie sie auszuhalten vermochte.

Die Analysandin hatte, wie früher erwähnt, stark destruktive, autoaggressive Tendenzen in sich, und die Raubfische symbolisieren diese, wie sie selbst sagte.

Das Eindringen in die Unterhose zeigt, daß ihre Selbstdestruktivität sich gegen ihre weibliche Vitalität und Sexualität richtet, ja, überhaupt gegen ihren Körper gewandt ist. Daß die dunkle Schattenschwester – wie ihr Ich-Bewußtsein auch – diese Probe bestehen kann, macht deutlich, daß sie ihre bisher als dunkel erkannten Wesensseiten zum Bestehen der Prüfung einbeziehen muß und daß dazu auch das Bejahen des Schmerzes gehört.

Traum 4
Auf dem Rückweg hielt Marcel das Bild ganz fest an sich gedrückt. Er ging immer in meiner Nähe und sprach zuerst wenig mit mir, dann wandte er sich aber wieder seinem Freund zu. Es war, als ob wir Frieden geschlossen hätten.

Am Schluß des Traumes spürte ich, daß mich etwas Feuchtes immer wieder ins Gesicht küßte – ohne daß ich etwas sah. Das muß ein Fisch sein, dachte ich, denn es fühlte sich wie ein Fischmaul an. Ich mußte lachen, und ich freute mich über die Liebkosung.

Beim Aufwachen sah ich auf einmal das Bild eines Fisches, der vom Himmel zu kommen schien und der die Erde küßte, die ich als Halbkugel sah. Ich empfand es als sehr schönes Bild.

Dieser Traum liegt zirka ein Dreivierteljahr nach Analysebeginn. Die Träumerin hatte mit Marcel, einem verhaltensauffälligen Rowdy aus der Nachbarschaft, Frieden geschlossen.

Der Fisch, der sie hier küßt, läßt sie nach ihren eigenen Worten ahnen, daß sie als Frau liebenswert und ihr Gesicht anziehend sein könnte. Sie kann sogar lachen und braucht nicht mehr rowdyhaft aufzutreten, um ihre Empfindsamkeit zu verbergen.

Den Fisch, der vom Himmel kommt, empfindet sie als numinos, und das Küssen der Erde erlebt sie wiederum als göttliche Annahme ihres irdischen Körpers, als Bejahung ihrer weiblichen Existenz.

Traum 5
Eine Expeditionsgruppe von Forschern ist bei mir, alle diese Männer sind meine Freunde. Wir bereiten zusammen die Tiefsee-Expedition vor. Ich sehe von oben Korallenbänke schemenhaft im Wasser, und ich weiß, daß sie voll bunten Lebens sind.

Ich freue mich auf die Tauchexpedition, aber die Abenteuerlust ist nicht leichtsinnig, weil ich auch zugleich meine Angst spüre. Das Meer ist schon gewaltig und verbirgt so vieles. Ich frage, ob es Haie gäbe. «Nein, in dieser Gegend nicht», sagen mir die Männer.

«Aber es gibt Muränen hier, kleine schwarze und auch größere», sagen sie mir. Und auf einmal sehe ich eine ganz große, weiße Muräne mit braunen Tigerflecken. Sie ist ein ganz besonderes Tier und heißt Löwenmuräne.

Jetzt lasse ich mich ganz in das Bild der Muräne versinken. Und ich spüre in mir, daß die, die mir eben noch unheimlich war, eigentlich sehr traurig ist. Ja, sie hatte sich sogar Löcher in den eigenen Schwanz gebissen. Jetzt finde ich es auf einmal sehr schön, wie sie da unten im Wasser dahingleitet. Sie ist weiß, groß und stark, sie ist glücklich und dankbar, frei schwimmen zu dürfen. Sie ist nicht bösartig und eher verletzlich.

Ich frage mich dann auf einmal, ob diese Muräne nicht auch Angst hat in der plötzlichen Freiheit. Ich fühle am eigenen Körper, wie es angst macht, wenn man keine Schutzhülle mehr hat, nicht mehr zusammengeringelt in der Hülle ist, den Atem nicht mehr zusammenpreßt, sondern sich frei bewegt und die Luft und alles um sich herum spürt.

Der Raubfischcharakter des Fisches taucht hier wiederum auf. Die Klientin sagt dazu, daß sie mit der Forschergruppe in dem Traum ihr Unbewußtes (die Tiefsee) erforschen will. Aus einem intuitiven Wissen heraus ist ihr klar, daß ihr Unbewußtes nicht nur angenehme Dinge enthält, sondern auch Bedrohliches wie Haie und Muränen.

Die Muräne ist ein schlangenähnlicher, aalartiger Fisch mit kräftigen Fangzähnen. In der Gaumenschleimhaut und auch an der Basis der starken Zähne liegen Giftdrüsen, die beim Zubeißen Gift in die Wunden des Opfers entleeren. Sie leben an felsigen Küsten oder in Korallenbänken und verbergen sich am Tage in Löchern und Spalten, erst in der Dämmerung gehen sie auf Nahrungssuche. Manche sind so giftig, daß ein Mensch an ihrem Biß sterben kann.

Die Klientin erlebt hier die Muräne zunächst autoaggressiv: Sie beißt sich selbst in den Schwanz. Sie assoziiert dazu, daß sie sich hier in Tiergestalt erlebt, und zwar ihre eigene Selbstdestruktion.

Danach erfährt sie den Fisch aber anders. Er ist ungebunden, schwimmt frei herum und wird von der Träumerin eher als verletzlich und angstvoll in seinem freiheitlichen Leben erfahren. Sie kann das Bild der schwimmenden Muräne genießen und erlebt in ihr gleichzeitig eine Lebensform, die sie gerade – nach drei Jahren Analyse – zu verlassen im Begriff ist: das Eingeigeltsein, den von Angst gepreßten Atem, den Schutzpanzer, die Auto- und Hetero-Aggressivität. Sie fühlt, daß das, was aggressiv in ihr ist, eigentlich das ist, was geliebt und geschützt werden möchte.

Sie muß aber die Aggressionen an ihr Ich-Bewußtsein anschließen und damit umgehen lernen: Sie darf aggressiv sein zur Selbstabgrenzung und -behauptung, aber sie darf nicht Aggressivität signalisieren, wenn sie eigentlich geliebt werden möchte. Letzteres wurde von ihrer Umgebung fast immer mißverstanden: Wenn sie aggressiv war, erntete sie Gegenaggressionen und nicht etwa Liebe, die sie eigentlich empfangen wollte.

Nach diesem Traum begann allmählich ihr Panzer von innen heraus aufzubrechen, und die Klientin konnte sich Verletzlichkeit, Schmerz, Trauer und Sehnsucht nach Geliebtwerden eingestehen. Damit hatte sie eine andere Ausstrahlung auf die Mitmenschen und bekam auch mehr Zuwendung von ihnen, als sie bisher auf ihre aggressive Art erhalten hatte.

Traum 6

Als ich aus dem Mittagsschlaf erwache, sehe ich ein holzschnittartiges Bild vor mir. Das Christuskind und der kleine Delphin.

Dieser Traum wurde schon früher besprochen (Seite 157f.). Der Fisch (Delphin) ist hier Symbol des inneren Zentrums, des Selbst der Klientin. Sie sagte dazu, daß das Imaginieren dieses Bildes ihr immer wieder große Kraft und tiefe Hoffnung gebe, daß sie von ihren Leiden befreit werden würde, was sich dann im darauffolgenden halben Jahr auch bewahrheitete. Sie war danach symptomfrei und konnte zufriedener und glücklicher leben.

Literatur

Aeppli, Ernst, *Der Traum und seine Deutung,* Knaur, Nachdruck 1992.
Ammann, Adolf N., *Aktive Imagination.* Darstellung einer Methode, Walter 1978/1984.
Anderten, Karin, *Traumbild Wasser.* Von der Dynamik unserer Psyche, Walter 1986.
Dölger, Franz J., *Ichthys – Das Fischsymbol in frühchristlicher Zeit,* Aschendorff 1922–43.
Luther, Martin, *Die Bibel,* Deutsche Bibelstiftung 1978.
Grzimek, Bernhard (Hg.), *Grzimeks Tierleben,* DTV 1970.
Hark, Helmut, *Der Traum als Gottes vergessene Sprache.* Symbolpsychologische Deutung biblischer und heutiger Träume, Walter 1982/1985.
–: *Träume als Ratgeber.* Deutungshilfen für die Praxis, Walter 1983.
–: *Religiöse Neurosen,* Kreuz 1983.
–: *Traumbild Baum.* Vom Wurzelgrund der Seele, Walter 1985.
Jacobsohn, H., *Das Gespräch eines Lebensmüden mit seinem Ba.* Zeitlose Dokumente der Seele, Rascher 1976.
Jung, C. G., *Aion:* Gesammelte Werke (GW) 9/II, Walter 1976.
–: *Symbole der Wandlung,* GW 5; Grundwerk 7 und 8, Walter 1985.
–: *Vom Wesen der Träume:* GW 8; Grundwerk 1; C.G. Jung-Lesebuch, Walter ^{4}1984.

SCHLANGENTRÄUME

Von Gert Sauer

Gewidmet meiner geliebten Frau in Dankbarkeit

Annäherung an die Schlange

Gegen Schlangenbisse, an die himmlische Schlange

Wenn in der Nacht der Fuß
über ein Hindernis stolpert, das sich zusammenzieht,
aufrichtet und beißt,
dann füge, o Schlange, du, unser Vater, der Vater des Stammes,
– und wir sind deine Söhne –,
füge, daß es ein Zweig, ein kleiner Zweig sei,
der sich aufrichtet und schlägt,
und nicht einer deiner Söhne mit dem spitzen Maul,
o Vater des Stammes, – denn wir sind seine Söhne.

Gebet eines Pygmäenstammes in Mittelafrika, dessen Totemtier die Schlange ist (aus: di Nola, S. 238).

Wer sich nachts im Traum oder auch in einem Tagtraum plötzlich einer Schlange gegenübersieht, der kann sich die Frage sparen, ob er Schlangen gern hat oder nicht. Ihm geht es wie dem Pygmäenjäger. Er muß sich mit der Natur der Schlangen auseinandersetzen, ob er will oder nicht. Der Pygmäe weiß noch, daß eine Schlange sowohl gefährlich als auch hilfreich sein kann. Die Antike läßt den Heilgott Asklepios (Äskulap) und Hygieia, die Göttin der Gesundheit, stets von einer Schlange begleitet sein. Der moderne Mensch muß sich erst wieder einfühlen lernen in das Wesen von Schlange und Schlangenhaftem im eigenen Leben.

Das Gebet der Pygmäen beginnt mit der Feststellung, daß die Schlangen Söhne des Schlangengottes und auch die Menschen Söhne dieses Schlangengottes sind. Menschen und Schlangen sind also Kinder des gleichen Vaters. Diese Beobachtung ist entscheidend für das Verständnis von Tierträumen und in unserem Fall von Schlangenträumen.

Im Tiertraum und damit auch im Schlangentraum begegnet dem Träumer zu ihm Gehörendes, Gleichartiges. Im Fall von Kuscheltieren mag das problemlos sein. Zu «Schlange» dagegen gehört häufig eine ganze Portion Angst. Die Vorstellung, daß jemand Verwandtschaft oder verwandte Eigenschaften mit Schlangen haben könnte, erregt Erinnerungen an Schimpfworte: Sie oder er ist wie eine Schlange! Weib, dein Name ist Schlange! Brillenschlange! Wie die Schlange im Paradies! Schlangen- und Natterngezücht! Das alles sind unangenehme Einfälle.

Die Arbeit mit Träumen setzt eben nicht nur Mut, sondern auch Bereitschaft voraus, uns dem wirklich Vorhandenen zu stellen und die Welt der Tagesillusionen über unser Selbstbild zu verlassen. Im genannten Fall begegnen wir mit solchen Schlangenassoziationen der Angst vor dem negativen Urteil der anderen. In der Tat haben Schlange und Angst miteinander zu tun. Vom Klang her gehören sie zusammen. Von beiden wird gesagt, daß sie sich einschleichen. Verborgen in dunklen Winkeln unseres Wesens stoßen sie uns plötzlich zu. Der Schlangentraum stößt uns zu, und gelegentlich stößt die Schlange im Traum zu. Hat sie zugestoßen, dann wird es uns oft eng, ein weiteres Wort, welches zu diesem Klang und zu diesem Wortsinn gehört.

Zum gleichen Wortstamm gehört das Wort «schlängeln»: Sich wie eine Schlange fortbewegen. Leicht und unhörbar. Jede Dekkung nützend. Flink und geschmeidig. Das Bild der tanzenden Schlange führt zum geschmeidigen Tanzen des Menschen. Schlängelnde Bewegungen verbinden immer wieder die eine Seite mit der anderen, das eine Extrem mit dem anderen. Die Schlange enthält so aufgrund ihrer Fortbewegungsart bereits den symbolischen Charakter der Gegensatzverbindung. Rituelle Tänze, Kreis- und Labyrinthtänze sind oft Schlangentänze. Ineinanderverschlungenes wird in der keltisch-germanischen wie auch in der mittelalterlichen Buch- und Ornamentkunst zum Suchweg nach dem schwer zu findenden Sinn.

Mit der Schlange begegnet uns Ineinanderverschlungenes. Die Schlange kann schlingen, was hinunterschlucken bedeutet, und eine Schlinge bilden, die uns einfängt wie das Wild im Wald. Zur Schlinge gehört dann wohl auch noch der Schlingel. Schlingel sind Menschen, die sich Unausweichlichem zu entziehen versuchen. Schlangenhaft winden und drehen sie sich, um bestimmten Verpflichtungen auszuweichen. In der Schlange erscheint ihnen das Unausweichliche. Der Schlingel windet sich wie die Schlange und geht sich selbst in die Falle. Vergegenwärtigen wir uns, daß Schlingen und Schlange dynamische Bewegungen verkörpern. Ein Fluß fließt in Schlangenwindungen. Alte religiöse Vorstellungen spiegeln deshalb häufig die Macht der Gewässer in Bildern von göttlichen Schlangenwesen. Die Bewegung nach rechts oder nach links hin drehend wird aufgenommen in der Spirale, und die ruhende, aufgerollte Schlange mit dem Kopf in der Mitte ist das Symbol des Labyrinths.

Richten wir unseren Blick auf die Schlange in den Träumen, ist es also wichtig, alles Schlangenartige miteinzubeziehen. Linie, Seil und Knoten, Drahtgeflecht und Buchstabeninitial, Spiralförmiges aus der Chemie oder sonst einer Naturwissenschaft, Strömungen und Flüsse wie auch der Zickzack des Blitzes, sie alle können Erscheinungsformen des Schlangenartigen und der Schlangenkraft im Träumer sein. Deshalb gehört zum Verständnis von Schlangenträumen die Frage: Was bedeuten mir persönlich die Schlangen?

Jede allgemeine Antwort ist so richtig, wie sie allgemein ist, und so falsch, wie sie auch unbedingt individuell gültig sein will.

Träume wollen uns lehren, uns selbst und unser Leben besser zu verstehen. Der Weg der Selbsterkenntnis ist ein Schlangenweg, dessen Ende im Leben nicht zu überblicken ist. Aber was eine oder mehrere Schlangen mir bedeuten, das kann ich wissen. Ich brauche dazu nur meine eigene Erfahrung zu befragen.

Anhand der Geschichte des Träumers A läßt sich dies verdeutlichen: Er lebte in seiner Kindheit in einer Gegend, in der es keine Schlangen mehr gab. Doch gab es noch Warnungen vor Kreuzottern, die er erst viel später auf einer Wanderung im Mittelgebirge sah. Er hatte ein Naturlexikon mit farbigen Schlangenbildern, aber auch mit vielen anderen Tieren.

Schlangen kannte er aus Erzählungen seines Vaters, der den

Kleinen mit Schilderungen von armdicken Klapperschlangen im Westen der Vereinigten Staaten erschreckte, wo er in Gefangenschaft gewesen war. Blitzschnell sollten sie aus einer Höhle hervorschießen und zubeißen. Sandvipern aus dem Krieg in Nordafrika spielten eine ähnliche Rolle. Die ersten Schlangenträume tauchten etwa im Alter von fünf bis zehn Jahren auf.

Der Junge wanderte jeweils in einer heißen, trockenen Gegend. Plötzlich tauchte vor ihm eine zusammengerollte Schlange auf, die als giftig empfunden wurde, und biß blitzschnell zu. Regelmäßig erwachte der Träumer voller Schrecken.

Diese Träume waren immer mit Fieber verbunden, weshalb er fieberhafte Erkrankungen sehr fürchtete. Seine Mutter hatte ihm erzählt, daß er im zweiten Lebensjahr an einer lebensgefährlichen Infektionskrankheit gelitten hatte und nur durch Transfusionen gerettet worden war. Mit diesen Erlebnissen erstaunt es nicht, daß der Kleine beim Durchstreifen des Uferbereichs des nahen Flusses mit seinem Freund auf zwei große Nattern treffend in panischem Schrecken davonstob. Riesenlang erschienen ihm die Tiere, wie sie durch den Schlick des Ufers ins Wasser hineinglitten. Es versteht sich von selbst, daß er danach vor dem Baden an dieser Stelle große Angst hatte. Daneben war das Gewässer bekannt für seine vielen Schlingpflanzen. Deren Gefahr verband sich in seiner Fantasie mit den Schlangen, zumal sein Vater immer wieder davon zu berichten wußte, wie unvorsichtige Schwimmer von den Schlingpflanzen Sommer für Sommer in die Tiefe gezogen wurden.

Aber er kannte auch eine andere Seite der Schlange. Seine Mutter hatte ihm aus ihrer Jugend erzählt, daß ihre Eltern mit einem Halbindianer, einem Wissenschaftler, befreundet waren. Ging dieser mit ihnen spazieren, muß das in «Schlangenintervallen» vor sich gegangen sein. Jedenfalls brauchte es im Laub oder Gras oder Unterholz nur zu rascheln, dann sprang der Bekannte hinein und zog mit geschicktem Griff eine Schlange ans Licht. Die ließ er natürlich wieder laufen, wenn er sie nicht für sein Institut brauchte, wo er ihr gekonnt, durch einen Biß der Schlange in ein

Glas, das Gift entzog. Hatte er Besuch, pflegte er den Tisch, der mit einer Glasplatte belegt war, mit Schlangen zu dekorieren. So hörte es der Kleine. Jener Mann erweckte Heldenfantasien in ihm und rief die Vorstellung wach, daß es Gegenkräfte gegen die Macht der Schlangen geben könnte. Mit diesem Mann als Freund würde er sich auch in einen sehr gefährlichen Urwald getraut haben.

Der Kleine las alles, was er finden konnte. In der Bibliothek seines Vaters liebte er besonders drei Bände über Völkerkunde und darin besonders ein Bild mit tanzenden Hopiindianern, die Schlangen in ihrem Mund trugen. Indianer und Beherrschung der Schlangenkraft, Heldentum und geheimes Wissen verbanden sich für ihn zu einem hilfreichen Bild, das auch die Erzählung über eine Anakonda im Amazonasgebiet, die einen ganzen Hirsch verschlang, nicht zerstören konnte.

Da die Familie nicht sonderlich religiös war, lassen sich frühe Beeinflussungen durch negative biblische Schlangensymbolik ziemlich ausschließen.

Zusammengefaßt war dem Träumer die Schlange bekannt als Angsttier, das durch sein Gift den Tod bringen konnte. Sie war für ihn verbunden mit trockenen und heißen wie auch mit feuchten Gegenden und Wasser. Dunkle Spalten, Baumhöhlungen, Fels und Strauch sowie Gift und Würgendes gehörten zu ihr. Auf der positiven Seite kannte er die aus dem Schlangenserum hergestellte heilende Medizin. Auch daß das Schlangenfett besonders heilsame Kräfte enthalten solle, war ihm bekannt. Diese positive Seite wurde später durch Lesebuchtexte in der Grundschule noch verstärkt, in denen Geschichten von der segnenden Schlange in Haus und Hof beschrieben waren. Der halbindianische Wissenschaftler in Verbindung mit den Schlangentänzern und dem Regenzauber wurde zum positiven Leitbild, in denen sich der Archetyp des Helden und wissenden Schamanen mit naturwissenschaftlicher Arbeit verband. Die dadurch wachgerufenen psychischen Kräfte halfen dem Träumer, die Schrecken seiner Fieberschlangen in Schach zu halten.

Für das Verständnis der Träume ist es wichtig, jeweils den ganzen Traum anzusehen. Da der Träumer in einer Gegend lebte, in der keine Schlangengefahr bestand, können wir ausschließen, daß das Unbewußte mit diesem Traum eine direkte Warnung aussprechen wollte, was das Umherstreifen in der Umgebung betroffen hätte. Somit bezieht sich der Traum auf die Gesamtpersönlichkeit des Träumers.

Es liegt nahe, die heiße, sandige Gegend im Fiebertraum mit der Hitze des Fiebers in Verbindung zu bringen. Der im Traum erlebte Weg läßt vermuten, daß hier nichts Ruhendes, sondern dynamische Entwicklungen angedeutet werden: Veränderungen im Leben des Träumers, die ihn mit einer tödlichen Gefahr konfrontieren. In der Tat zeigt die Beobachtung von Kindern häufig, daß sie nach einer Krankheit einen großen Entwicklungsschritt getan haben. Oft sieht es so aus, als ob die Übergangsphasen der Entwicklung soviel Kraft kosten, daß dadurch das Immunsystem in Mitleidenschaft gezogen wird und infektiöse Krankheiten auftreten.

Die Schlange kann dann als ein Symbol der Angst verstanden werden, die den Menschen befällt, der vor einem neuen Schritt in seiner Entwicklung steht. Es ist die Angst vor dem Leben selbst, als Angst, im Leben – paradoxerweise – zu sterben. Es ist Prüfungs- und Durchgangsangst, bei der die Schwierigkeit, überholte Lebensphasen loszulassen und sterben zu lassen, eine erhebliche Rolle spielt. Das alte Kinderlied vom «Hänschen klein», das seine Mutter nicht verlassen kann, weil sie so sehr weint, gehört hierher.

Der Träumer erinnerte sich daran, ein sehr an die Mutter gebundener liebevoller Sohn gewesen zu sein, was sich durch die häufigen Krankheiten der Eltern und ihr gegenseitiges Leiden aneinander in der Ehe noch verstärkte. Das Leben zeigte sich in Kriegs- und Nachkriegsjahren sowohl kollektiv als auch persönlich nicht gerade verlockend. Die Schlangen dieser Kindheitsträume lassen sich auch gut verstehen als die Schrecken der Umwelt, die mit ihrem Biß jeden Schritt ins Unbekannte bedrohten.

Betrachten wir das Lebensalter, in dem diese Schlangenträume auftauchten, dann läßt sich noch eine spezielle Seite der Schlangensymbolik heranziehen. Unser Träumer erlebte seinen Vater erst nach Krieg und Gefangenschaft und war deshalb intensiv mit der Mutter verbunden. Die elterlichen Zerwürfnisse bezog er direkt auf die Männlichkeit des Vaters, zumal dieser von seinem Leiden unter dem Wesen seiner Frau nicht erzählte. Mann sein und Müttern Leid verursachen verbanden sich recht schnell. Gelegentlich kann die Schlange, sonst Symbol für weibliche und männliche Kräfte, auch ausschließlich als Symbol der Männlichkeit auftauchen. Hier bedeutet der Weg ins Leben auch den Weg, ein Mann zu werden, was den Penis mit einer gewaltigen und gefährlichen Macht ausstattet.

Für die zukünftige Entwicklung des Träumers ein günstiges und ermutigendes Zeichen seiner Ich-Stärke ist die Tatsache, daß er immer aus diesen Träumen, wenn es gefährlich wurde, aufwachen konnte. Auch später hatte der Träumer direkten Zugang zum Unbewußten. Was ihm dann zu einer Quelle steter Krafterneuerung wurde, war in seiner Kindheit zunächst eine Bedrohung. Das Unbewußte drohte ins Bewußtsein einzubrechen, wenn durch die Lebensumstände die Ich-Stärke herabgesetzt war. Aber das Bewußtsein wurde nie vom Unbewußten überschwemmt oder zerstört. Wenn die Belastung zu groß wurde, konnte der Träumer zurück auf die rettende Insel des Wachseins gelangen.

Es zeigt sich hier bereits die heilende Kraft der Schlange: Ohne jemals den Sinn der gefürchteten Träume zu verstehen, wurde dem Träumer regelmäßig die Erfahrung zuteil, daß er in gefährlichen Situationen besonders gut auf seinen Weg schauen mußte und besonders wach zu sein hatte. Auch diese Fieberträume waren eine Initiation ins Leben.

Anschauen der Schlange

Nach der Klärung des persönlichen Wissens und der persönlichen Erfahrung mit der Schlange beginnt eine neue Runde auf unserem Schlangenweg. Auf die Wahrnehmung erfolgt das Anschauen und das Ordnen des Geschauten. Es gilt, sich in die Natur der Schlange zu versenken. Als erstes fällt die Gestalt der Schlange auf. Langgezogen bewegt sie sich durch das Gelände, schlängelt sich hierhin und dorthin. Mit Recht bezeichnet der «Dictionnaire des Symboles» sie als lebendiggewordene Linie (IV, S. 181). Der Ausdruck der Fremdartigkeit wird ausgelöst durch ihre eigenartig ziehende Bewegung, rechts und links verbindend dahinfließend. Geradlinig zustoßend ist sie nur beim Biß. Die Schlange kommt aus dem Unsichtbaren und geht ins Unsichtbare, sie ist damit für das Bewußtsein des Menschen verbunden mit lebendiger Kraft, die Sichtbares und Unsichtbares verbindet.

Fremdartig wie die Bewegung durch Muskelkontraktion, die an die Darmmuskulatur erinnert – wie die Schlangengestalt selbst an den Darm erinnert –, ist auch das Äußere. Die Schlange trägt ein Kleid und gilt doch als nackt. Sie hat damit teil an der Symbolik der Nacktheit, soweit sie Wahrheit, Echtheit und Schutzlosigkeit bedeutet. Die nackte Wahrheit ist eine Schlange, die den Menschen aus dem Dunkel der Verhüllungen und Illusionen heraus überfällt. Schlangenbegegnung heißt auch Begegnung mit einer unverhüllten Wahrheit. Schließlich gehört zur Schuppenhaut der Schlange, die zum Vorbild von Schuppenhäuten und Schuppengeflechten in der antiken und mittelalterlichen Kriegstechnik wurde, das Wunder der Hautung. Wenn die Schlange gewachsen ist, wird es ihr in ihrer Häut zu eng. Sie kann diese abstreifen und wird so zum Bild von Erneuerung, Auferstehung und Wiedergeburt. Kein Wunder ist es deshalb, wenn die Schlangenkraft auch als Gestalt Christi erlebt wurde. Christus ist die Medizin, die den Tod als Krankheit des Lebens überwindet. Verbunden mit der Symbolik des Weges, die sich ebenfalls sowohl bei der Schlange als auch den großen Erlösern und Heilsgestalten findet, erscheint hier jene Kraft der Schlange, die verschiedene Seiten heilsam verbinden kann, die Bewußtes und Unbewußtes vereinigt und zur Genesung führt. Einseitiges Bewußtsein wird durch das Erlebnis der Schlange kompensatorisch von seiner Einseitigkeit geheilt.

So träumt die Träumerin B, als die Zeit gekommen war, daß aus den verschiedenen Inseln ihres Lebens ein ganzer Kontinent werden sollte,

daß eine heliotropfarbene Schlange acht Bäume umkriecht und sie schließlich wie ein Band miteinander verbindet.

Eine ihrer schlimmen Verletzungen war die Trennung vom Geliebten gewesen aufgrund sozialer Vorurteile der Umgebung und seiner eigenen Muttergebundenheit. Schon viel früher, aber seither besonders, konnte sie nur durch immerwährende Trennungen in ihrer Seele existieren. Sie war ständig von vielen psychosomatischen Leiden geschüttelt worden und insofern eine sehr typische Schlangenträumerin. In diesem Traum nun ist die Schlange das verbindende Element. Die Träume malten diese und die Bäume liebevoll und den Traumfarben entsprechend (Helios ist das griechische Wort für Sonne). Wenig später träumte sie von der beglückenden Begegnung mit einem grünen Kind, und dann imaginierte sie das Bild einer wundervollen grünen Schlange. Die Schlange erschien hier zunächst als Symbol eines neuen, aufgehenden Bewußtseins, in dem ihre einzelnen Lebensphasen verbunden waren, und dann stellte sie auch gleich mit der grünen Farbe, die als Farbe der Natur bezeichnet wurde, die Verbindung her zu ihrem Körper, der so lange nur durch Leiden auf sich aufmerksam machen konnte.

Schließlich gehört zur Betrachtung der Schlange die Erinnerung an ihre Sinnesorgane. Schlangen besitzen kein unserem Gehörsystem vergleichbares Wahrnehmungsorgan. Dafür nehmen sie die feinsten Erschütterungen wahr, reagieren intensiv auf Wärmestrahlung und haben in ihrer Zunge ein vorzügliches Geruchsorgan. Die Augen nehmen nur Objekte wahr, die sich bewegen. Die geschilderten Wahrnehmungsorgane reihen die Schlange wie auch den Hund in die Symbole ein, die als instinktive Kräfte dort wahrnehmen können, wo die menschlichen Sinnesorgane versagen.

Schlangen sind wie Hunde Tiere der Seelenführung. Präziser gesagt, Führer des Bewußtseins in den Gefilden des Unbewußten. Deshalb wurden Schlangen häufig an Orakelstätten als weissagende Tiere verehrt.

Auf den ersten Blick sind an der Schlange keine geschlechtlichen Unterschiede zu erkennen, sie scheint somit für die Symbolik beide Geschlechter in einem Körper zu vereinigen. Mit ihrer Fähigkeit, bald als männlich, bald als weiblich oder als beides in einem zu erscheinen, verkörpert sie eine Einheit, die beim Menschen in der Trennung der Geschlechter äußerlich auseinandergerissen ist und als innere Einheit heute mühsam wiederhergestellt werden muß, um seelische Gesundheit zu bewirken. Auch hier ist die Schlange Symbol der Heilung durch Verbindung der Gegensätze.

Fremdheit scheint demnach bezüglich der äußeren Gestalt und der Sinnesorgane vorzuherrschen. Ähnlichkeiten finden sich – wie bereits erwähnt – mit der Gestalt des Darmes und vor allem mit dem Hirnstamm und dem Rückenmark. Hier stoßen wir auf die stammesgeschichtlich ältesten Verbindungen. Die Schlange symbolisiert auch den Kontakt zu jenen tiefen instinktiven Schichten, die in diesen Körperregionen des Menschen angesiedelt sind und allzuoft vom Bewußtsein kaum beachtet und noch weniger gepflegt werden. Dazu gehören alle autonomen Vorgänge des Körpers und der Psyche wie Einatmen und Ausatmen, Nahrung aufnehmen und verdauen, Sexualität und Erotik, das gesamte Stoffwechselgeschehen.

Bei Schlangenträumen ist die Frage wichtig, wie der Träumer mit dem Körper umgeht. Der Träumerin B war durch eine harte Kindheit, durch Not und Unterdrückung keine Freude am Körper geblieben. Mit dieser biologischen Grundlage ist selbstverständlich auch die Psyche gemeint, die sich in den Gefühlen ausdrückt, welche mit diesen Teilen des Lebendigen verbunden sind: Ärger, Wut, Schmerz, Freude, Lust, Sehnsucht, Hunger – auch der Hunger nach Leben –, Sättigung, Gier und was auch immer dazugehört.

Meiner Erfahrung nach müssen sich Schlangenträumer häufig mit psychosomatischen Erscheinungen wie Kopfschmerzen bis zur Migräne, Störungen des Kreislaufs, der Verdauungsorgane und des Genitalbereichs auseinandersetzen. Wer unter einer solchen Voraussetzung von Schlangen träumt, wird mit Recht die Angstseite der Schlange als Warnung erleben, die bedeutet: Achtung, es geht an die Substanz.

Wahrscheinlich ist dies der tiefere Sinn der Tatsache, daß in Griechenland die Schlange die Begleiterin des Arztgottes Asklepios (Äskulap) und der Göttin der Gesundheit ist.

Erste Begegnungen mit der Schlange

Die Träumerin C beginnt ihre Traumarbeit mit einem dramatischen Schlangentraum. Sie träumt:

Plötzlich merke ich, daß ich in einem Korb mit seildicken Schlangen liege. Ich fahre hoch vor Schrecken und wache schreiend auf.

Dazu malt sie folgendes Bild:

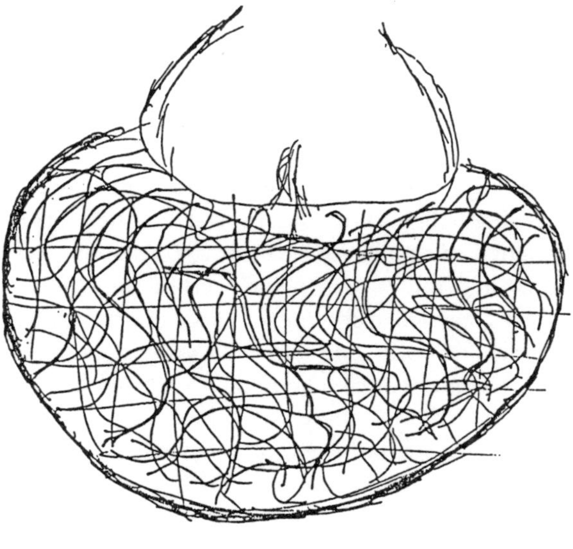

Tatsächlich hatte eine Fülle von Symptomen die Träumerin zum seelischen Aufwachen gebracht. Störungen im Genitalbereich, Schwierigkeiten mit dem Ehemann und mit den Kindern, Schlafstörungen, Kopfschmerzen hatten ihre äußerlich geordnete Welt durcheinandergerüttelt. Nach einem längeren Leidensweg war sie schließlich in Therapie gekommen. Ihre erste Assoziation zu diesem Traum spiegelt ihren Schrecken: Liz Taylor, als Cleopatra in den Schlangenkorb greifend. Sie entspricht nicht ganz dem Bild, da sie im Traum im Korb schläft und nicht hineingreift, die Assoziation ist aber doch auch ein Hinweis auf eine unbewußte

Selbstmordtendenz, weil die Lage als auswegslos empfunden wird.

Zentrum der Bearbeitung muß hier zunächst das Ergebnis des Traumes sein: Die Träumerin wacht auf. Aufwachen und Bewußtwerden gehören zusammen. Wenn Menschen schlafen, sind sie unbewußt und nur auf den Schutz bestimmter Reflexe angewiesen. Schlaf und Unbewußtes sind verknüpft mit frühen Paradiesvorstellungen. Im ersten und zweiten Kapitel der Bibel wird der Mensch als unbewußt geschildert. Nach der Begegnung mit der Schlange und der Übertretung des Verbots wird er bewußt. «Da wurden ihre Augen aufgetan.» (1 Mose 3,7)

Die Begegnung mit der Schlange bedeutet also Bewußtseinserweiterung. Bei der Träumerin C erfolgte diese Bewußtseinserweiterung durch Schrecken. Sie bestand in der Erfahrung, an einem sehr gefährlichen Ort unbewußt zu sein.

Das Symbol des Schlangenkorbes führte zu Cleopatra, aber auch zum alltäglichen Haushalt. Es war nämlich ein Einkaufskorb, mit dem die Lebensmittel transportiert wurden. Bei genauer Betrachtung des Bildes wird eine Verbindung zwischen den Schlangen und dem Korb erkennbar. Das Geflecht des Korbes hat die gleiche Struktur wie die ineinander verwickelten Schlangen. Die Gefahr kommt also gleichermaßen vom Korb wie von den Schlangen. Beide repräsentieren verschiedene Aspekte der gleichen Gefahr. Die Assoziation «Einkaufskorb» war hier entscheidend. Denn in Wirklichkeit war die Träumerin in Gefahr, sich selbst und die Familie in ihren mütterlichen Pflichten zu ersticken. Das Familienleben und das persönliche Leben begannen sich in der mütterlichen Sorge um den Haushalt zu erschöpfen, wobei bei allen Beteiligten eine dumpfe Unzufriedenheit die Folge war. Alle anderen Fähigkeiten weiblichen Lebens blieben undifferenziert wie die nach allen Richtungen dahinstrebenden Schlangen. Der Korb als Bett erinnert in seiner Gestalt zudem an den Mutterbauch. Das Unbewußte signalisiert damit, daß die Träumerin im Aufgehen in den mütterlichen Pflichten sich gegenüber dem Mutterarchetyp verhielt wie ein unbewußtes, unmündiges Kind.

Wirre Knäuel von Schlangen in Träumen sind oft ein Zeichen dafür, daß die Lebensenergie wenig Möglichkeiten hat, sich ge-

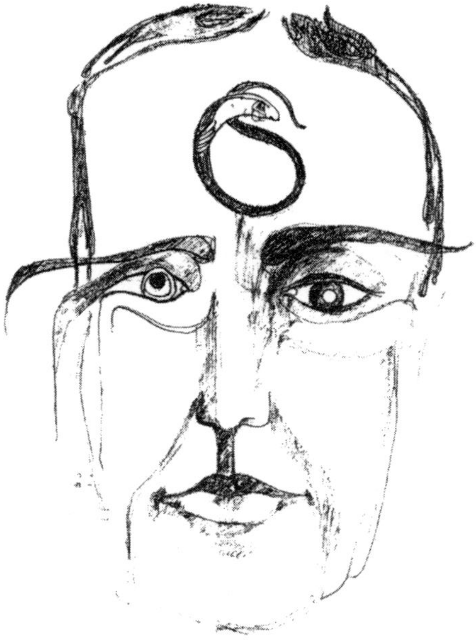

zielt zu entfalten. In diesem Traum sind die Schlangen obendrein eingesperrt in dem zum Bereich des Hausfraulich-Mütterlichen gehörenden Einkaufskorb. Aber auch hier ist die Fähigkeit, aufzuwachen und nicht der hypnotischen Wirkung der Angst zum Opfer zu fallen, ein günstiges Vorzeichen für den Verlauf der Therapie.

Beim Träumer D verdichten sich viele Bilder mit Lilien-, Krokus-, Schwanen-, Enten- und Gänseköpfen, Zwiebelmotive mit Gebärmuttercharakter und Schlingpflanzen eines Tages zu der klaren Zeichnung eines Männergesichtes mit einer Schlange auf der Stirn (siehe oben). Auch die rechte und linke Stirnbegrenzung ist schlangenartig ausgeführt. Ein Vergleich der Gesichtshälften läßt erkennen, daß die natürlichen Verschiedenheiten eingehalten, aber auch in ihrer Verschiedenheit akzentuiert wurden durch die mäßig verschiedenen Augenbrauen und die schwarze Iris des rechten sowie die weiße des linken Auges. Dem Malenden ist ein ausdrucksvolles Symbol gelungen: Die Schlange auf der Stirn ägyptischer Könige des Altertums ist Zeichen der lebenserneuernden Macht, die sie von den Göttern verliehen bekommen haben, aber auch ihrer Macht über Leben und Tod. Hinter dem dunklen rechten Auge des Bildes – das in Wirklichkeit das linke des Porträts ist –, geht der Blick direkt in die Tiefen des Nichts oder des Jenseits.

So vereinigt dieses Bild in sich die Macht des Jenseits und des Diesseits, was wiederum ein weiteres Kennzeichen der Schlangensymbolik ist. Tod und Leben fallen im Bild der Schlange zusammen. Dem Träumer ist hier in seiner umfassenden Aussage ein regelrechtes «Gottesbild» unter den Stift gekommen. Gebieterisch wie ein Pharao aus Ägypten verlangt das Unbewußte, vom Träumer angeschaut und ernstgenommen zu werden. Leider war ihm, damals befangen in einer kindlich spielerischen Haltung, die er aus Abwehr gegen die Schrecken des Lebens eingenommen hatte, dies nicht gut möglich.

Genau das kündigt sich in dem folgenden Traum an:

Der Träumer geht spazieren und legt unabsichtlich mit dem Stock auf einem Acker ein Loch mit Schlangen frei. Zuerst sieht er kleine, dann riesengroße Schlangen – geringelt um perlenähnliche Eier.

Der Träumer erkannte im Nachdenken über den Traum, wie schwierig auch in Träumen der eigene blinde Fleck zu überwinden ist. Von seinem Herkommen her war ihm das Gleichnis vom Schatz im Acker (Mt 13,44 f.) durchaus bekannt. Aber nicht einmal die perlenähnlichen Eier brachten ihn darauf, den Sinn des Traumes zu verstehen. In der Bibel wird die Perle von Jesus verwendet als Symbol der höchsten Kostbarkeit, des Reiches Gottes. Schatz im Acker, kostbare Perle und Reich Gottes sind tiefenpsychologisch betrachtet Symbole der höchsten Werte einer Persönlichkeit und des Lebens schlechthin. Der Träumer hatte seine höchsten Werte bislang weitgehend in einem differenzierten, aber einseitigen Denken gelehrt bekommen. In seinem Traum fand er absichtslos, unbewußt, intuitiv die Schlangen und den damit verbundenen höchsten Wert auf dem Acker, das heißt in der Natur.

Die weitere Entwicklung zeigte, daß es ihm nach dem Traum gelang, sein einengendes Denken durch die psychischen Bilder zu erweitern. Auch seine religiösen Vorstellungen wurden mit Hilfe des Traumes wieder in das Leben eingebunden. Gleichzeitig wurde aber in der Begegnung mit den Schlangen auch die Gefahr deutlich, in der er sich befand. Selbst sehr differenziertes Denken kann gelegentlich in geradezu ländlicher Naivität mit hochgefährlichen Inhalten umgehen, wie Kinder, die auf ein Schlangen- oder Wespennest stoßen und darin mit ihren Stöcken herumstochern.

Dieser Traum kündet an und fordert geradezu, daß eine lebensgefährliche Enge dringend überwunden werden muß, damit sich die Schlange als Heilsschlange und als Kraft der Erneuerung entfalten kann. Der Träumer mußte dazu den Weg zurückgehen bis zum mütterlichen Symbol des Ackers und des Ursprungs im Ei. Dieser Weg ist voller Gefahren, wie das Schlangennest zeigt. Angesichts der früheren Haltung empfahl sich dem Träumer eine intensive Auseinandersetzung mit der Schlange, um die Enge seines Denkens zu überwinden.

Für das Ich auf der Suche nach Welt und Sinn seines Lebens gibt es keinen Weg an der Schlange vorbei. Manchmal erscheint diese als Drache. Was im Mythus als der Drachenkampf von Helden wie Siegfried dargestellt wird, ist für stark auf intellektuelles Denken festgelegte Menschen die Notwendigkeit, sich mit den einfachsten und grundlegendsten Regungen des eigenen Lebens auseinanderzusetzen und sie zu pflegen. Einseitiges Denken macht oft hochmütig und kennt wenig Achtung vor der Natur lebendiger Zusammenhänge. Diese werden technisch verstanden und auf Formeln reduziert. Hier holt dann oft ein Schlangenbiß den Betroffenen auf den Boden seiner natürlichen Existenz herunter.

Träumer A träumte nach seinen Fieberträumen der Kindheit (siehe S. 172 ff.) als Erwachsener erstmals wieder einen Schlangentraum:

Ich bin in einem hohen Haus, vielleicht im Moskauer Kreml, jedenfalls in Moskau. Ich fahre im Fahrstuhl nach unten und entdecke plötzlich entsetzt, daß die Schlange, die ich in zwei Teile geschnitten und tiefgekühlt hatte, durch die Wärme meiner Hände aus der Starre wieder aufwacht, und nun muß ich mich mit zwei Schlangen auseinandersetzen.

Für den Betroffenen war der Traum alles andere als heiter; um sich ja nicht mit seiner Schlangennatur auseinandersetzen zu müssen, hatte er – schlau, wie er war – einen doppelten Weg eingeschlagen, nach dem Motto «doppelt gemoppelt hält besser»; so stark war seine Angst vor dem Lebendigen in ihm selbst. Bewußtes Wissen wird im Traum vom Unbewußten gezielt eingesetzt. Der Träumer wußte, daß Schlangen in der Kälte starr werden und schlafen. Er wußte aber auch, daß Regenwürmer nach einer Durchtrennung weiter lebensfähig sind. Kälte als Symbol der Erstarrung läßt ahnen, wie stark die Schlange mit warmen Gefühlen verbunden ist – ganz entgegen ihrer angeblich kaltblütigen Art.

Schnee, Eis, eisige Gegenden tauchen oft in Depressionen von Mitteleuropäern als Bilder von Zuständen auf, in denen das Bewußtsein von der warmen Erde und allem Lebendigen getrennt ist. Tatsächlich hatte der Träumer das Einfrieren seiner Schlange mit Depressionen bezahlt. Mit dem Traum scheint sich eine neue Entwicklung anzubahnen. Er hat seine Schlange wieder in den Händen – wie früher die Große Mutter auf Kreta oder wie die mit Schlangen tanzenden Indianer. Seine Angst vor dem, was sich da zu regen beginnt, ist noch groß, aber es steigen bei ihm auch positive Schuldgefühle auf, wie kalt und gefühllos er wohl mit seiner eigenen Natur umgegangen war. In der Angst steckt übrigens häufig eine Menge schlechten Gewissens und auch Angst vor der Rache des betroffenen Wesens.

Träume geben auch Blitzlichtaufnahmen des gegenwärtigen oder dauernden Zustandes eines Träumers wieder. Das zeigt sich besonders bei Bildern ohne Dynamik und Bewegung. Erscheint die vom Menschen als kaltblütig empfundene Schlange im Traum, so kann dies eine Aufforderung zu der Überlegung sein, wo im eigenen Wesen eine solche Kaltblütigkeit vorliegt. Zwar heißt es sicher zu Recht, daß für den Helden eine gewisse Kaltblütigkeit erforderlich ist, und so schenkt Esther Harding den

Schlangenaugen des Helden besondere Beachtung (Das Geheimnis der Seele, S. 275), aber im normalen Alltag verhindert Kaltblütigkeit warme Beziehungen.

Die Angst des Träumers A wirkte so stark, daß er mit zerschneidendem Verstand die Ganzheit der Natur zu trennen versuchte. Für ihn lag zu «Moskau» die Assoziation Mütterchen Rußland und Diktatur nahe. In der Tat hatte sein Intellekt, den er als Abwehr entwickelt hatte, eine Tendenz zum Totalitarismus. In der Abwehr der Schrecken des Elternhauses war sein Intellekt zuerst eine Stütze gewesen, um dann später, als das Leben sich entfalten wollte, zu einem übergewichtigen Hindernis zu werden. Wie nicht anders zu erwarten war, litt er unter heftiger Migräne, die sich in der Therapie nicht selten als «gefrorene Wut» herausstellte: Symbol für ein überwertiges Denken, das der emotionalen Lage nicht mehr Herr wird, aber auch für die sich zur Wut zusammenballenden Gefühle, die wehrlos und eingeschlossen sind. Die Begegnung mit der Schlange ist hier lebensnotwendig, weil der Träumer sonst von seinen Wurzeln abgeschnitten wird oder bleibt.

Schlangenartiges

Zu einem späteren Zeitpunkt träumt A den folgenden Traum:

Mit anderen komme ich auf meiner Wanderung an einen Hügel. Er besteht aus einer Lehmschicht. Ihr entströmen nach allen Himmelsrichtungen lebendige Quellen. Sie schlängeln sich glitzernd durch das Land. Eine französische Jugendgruppe staut spielerisch den Bach, der in die Richtung fließt, aus der wir kommen. Erst bin ich ärgerlich, dann finde ich, daß sie ihr Vergnügen haben sollen. Das Wasser wird sich schon seinen Weg wieder graben. Auf der anderen Seite liegen die Reste einer uralten Stadt. Ich sehe den Stadtplan vor mir. Es war ein längst verschwundenes Volk, das hier aus unbehauenen Steinen dunkle Häuser und Heiligtümer errichtet hatte. Sie wurden von den Römern vertrieben, aber ihr Geist ist lebendig. Als eine Gruppe französischer Solda-

ten von unten kommt, habe ich ein wenig Angst, mit meiner Frau weiterzugehen. Dann aber wird mir klar, daß Frieden ist und sie auch nur die Stadt besichtigen wollen.

Die Symbole Quelle und Wasser sowie das Schlangensymbol stehen in einem Zusammenhang. Der vorliegende Traum zeigt dies aufs schönste. Die Schlange kommt aus den dunklen Tiefen der Erde wie das Wasser eines Brunnens oder einer Quelle. Der Träumer hat sich seit seinen Schlangenträumen in der Kindheit längst auf den Weg gemacht. Er ist an einem Punkt seines Schlangenwegs angekommen, an dem er erlebt, daß die in der Schlange abgebildete Naturkraft in sich die Ganzheit des Kosmos, die vier Himmelsrichtungen und das Zentrum, den Hügel, sozusagen als Nabel der Erde, enthält. Begegnung mit ihr bedeutet Erfrischung und neues Leben. Dabei wird wichtig, was dieses schlangenartige Wasser an Begegnungen enthält: Jugendliches als Symbol der Entwicklungsmöglichkeit, Spielerisches als Symbol des zweckfreien Tuns, das in sich Lernen aus dem Unbewußten heraus verkörpert, und die Fähigkeit, gezielt zu kämpfen, die in den Soldaten auftaucht. Noch hat der Träumer Angst vor seinen pubertären jugendlichen Anteilen wie auch vor seinen kämpferischen Möglichkeiten.

Die Chinesen bezeichnen das Wasser als den härtesten Stoff. In der Botschaft, daß das Wasser des Lebens sich seinen Weg schon graben wird, liegt Weisheit für den Träumer A. Er braucht nicht für Ordnung zu sorgen, wenn die Psyche spielt. Die seelische Energie findet ihren Weg, und das Ich hat auch mit seinen bislang abgelehnten kämpferischen Anteilen Frieden geschlossen. So kann die Schlange zum Bild werden für den sich dahinschlängelnden Lauf des Wassers, wenn er den Lauf des Lebens darstellt, wie auch für die plötzlich aus der Höhle der Erde hervorschießende lebendige Kraft einer Quelle. Einige Zeit später träumt A, daß er an eine Quelle kommt, die aus dem Boden schießt, und später gelangt er in ein Heilbad mit ebensolchen Quellen namens «Heilbronn», wo er Gesundheit und Stärke findet. Das Beispiel dieser Verknüpfung oder Verschlängelung macht einen weiteren Grundsatz der Traumdeutung sichtbar: In unseren Träumen webt unsere

Psyche die verschlungenen Muster unserer Gesamtpersönlichkeit in anschaulichen Bildern. Gerade Schlangenträume verlangen gebieterisch die Verknüpfung mit den übrigen Seelenbildern. Ihre Botschaft lautet so gesehen: Verbindung gegen Spaltung.

Der folgende Traum verwendet wieder die Schlangengestalt als Symbol der vegetativen Kraft des Lebendigen. Im achten Traum zeigt der Träumer A seiner Tochter, wie sie ihren Weg findet «durch die Schlangenstreifen der Gärten». Und der Schlangenweg taucht danach als Serpentine auf:

Ich laufe im Wald eine Serpentine von links nach rechts. In ihr entdecke ich eine weibliche Gestalt zwischen Mädchen und Frau. Ich denke, während ich in der Kurve bin, daß ich sie doch nicht liegen lassen kann. Nun kommt auch ihr Freund hinzu. Es stellt sich heraus, daß sie beide ihrer strengen Mutter fortgelaufen sind. Ich beschließe, sie mitzunehmen.

Wenig später erfährt der Träumer endgültig, daß sein Leben ein «Schlangenweg» sei. War vorher die Schlangengestalt Wegbeschreibung, so wird durch sie nun eine Identifikation beschrieben. Der Träumer schwingt ein in den Rhythmus des Lebens, das von einem Höhepunkt der Selbstentwicklung über die Tiefe der Auflösung in den nächsten Höhepunkt schwingt. Vom Höhepunkt der Geburt durch die Tiefe der «Nesthockerzeit», nach der Geburt zur Höhe des Kleinkindalters, durch die Tiefe der Krise zwischen vier bis sechs Jahren zur Höhe des Großkindalters usw. Der lebendige Rhythmus der Natur schwingt im Auf und Ab der Linien.

In den Psychoanalysen ist die Entwicklung oft mit einer spiralförmigen Schlangenlinie vergleichbar, bei der genaues Hinsehen den Fortschritt zu beschreiben erlaubt. Entgegen der europäischen Fortschrittsideologie, die nur ein Eilen vom Guten zum immer Besseren erlaubt, gilt es festzuhalten, daß die Schlange als Symbol des Lebens Auflösung und Neuwerdung in sich verbindet. Der Serpentinentraum läßt eine weitere Wendung im Leben des Träumers A erkennen:

Wichtige psychische Inhalte erscheinen, die bislang im Mutterkomplex gefangen waren, und werden integriert: zunächst eine weibliche Kraft, dann eine männliche. Hinter dem Traum läßt sich unschwer das Motiv der Flucht von Bruder und Schwester aus dem Haus einer negativen Mutter erkennen, wie sie das Grimmsche Märchen von Hänsel und Gretel oder das von Brüderchen und Schwesterchen erzählt. Der Traum erlaubt auch einen Ausblick auf die Liebesfähigkeit des Träumers, der nun entscheidende Anteile der Fähigkeit zu Freundschaft und Liebe aus dem Bereich der Sehnsucht nach mütterlicher Geborgenheit und kleinkindhafter Sehnsucht nach Anerkennung heraushalten kann. Im nächsten Traum enthüllen sich Kräfte, die nicht an ihrem Platz sind:

Ich bin dabei, das Frühstück zu servieren. Da entdecke ich, daß ich zwei Wesen wie Backenhörnchen im Zimmer habe. Sie rollen sich beim Anfassen zusammen und beißen auch. Sie sind niedlich, aber ihr Flurschaden ist groß. Ich befördere sie nach draußen. Dann entdecke ich im Zucker eine Art Tausendfüßler. Auch ihn werfe ich durchs Fenster. Die Backenhörnchen spielen im Garten. Ein schmutziger Schlangenkaktus bewegt sich unter dem Spülstein und reißt den Boden auf. Er sieht aus wie eine grüne Schlange. Ich muß ihn unbedingt verpflanzen.

Sichtlich gibt es in diesem Haushalt Leben, das nicht an dem ihm gemäßen Platz ist. Das Wort Haushalt ist heute im allgemeinen Sprachgebrauch auch mit dem Stichwort «psychischer Haushalt» verbunden. Sehen wir von den übrigen Kräften ab, die im Traum zum Ausdruck kommen, und wenden uns dem Gegenstand des Buches zu, dann entdecken wir die grüne Schlange der Natur in Gestalt eines Schlangenkaktus unter dem Spülstein. Also ganz im Bereich des Vegetativen und obendrein in einer Gestalt, die auch in einer wüstenähnlichen Gegend überleben kann. Kakteen sind für ihre Überlebenstechnik durch Speicherung des Wassers und durch ihre Stacheln bekannt. Weder der Kaktus noch die grüne Schlange sind unter dem Küchen-Spülstein am richtigen Platz. Der Träumer zeigt sich hier seiner Natur zugewandt und sorgt dafür, daß die Pflanze an einen geeigneten Platz kommt, weil sie sonst den Küchenboden zerstören würde. Die Assoziation zum Traum erbrachte, daß im Bild des schlangenartigen Kaktus ein Stück Männlichkeit auftauchte, die noch ganz im Bereich des Mütterlichen in der Küche gefangen war, sich aber nun mit Macht Bahn gebrochen hat.

Als letztes und tiefstes begegnet uns Schlangenartiges im Symbol der Spirale oder des Labyrinths. Im folgenden Traum verhält sich der Betroffene den inneren Kräften gegenüber richtig. Die Spirale wendet ihm deshalb ihre gewährende, freundliche Seite zu und nicht die versperrende, verschlingende.

An der Grenze nach Jugoslawien bejahe ich die Bitte, im Sommer für zwölf Kilometer den Zug zu nehmen, um den Autostau aufzulockern. Das scheint mir die richtige Antwort gewesen zu sein. Nun gehe ich mit meiner Frau zu Fuß. Uns folgen fünf Mummenschanz treibende Gestalten in dieser Nacht. Ich verhalte mich gleichfalls neckend. Auch das scheint richtig gewesen zu sein. Dann kommen wir an eine Stelle, wo die Straße einen Bach im rechten Winkel überquert. Am Bach ist unter einem Holzdach, das sie ganz abdeckt, eine Waschstelle eingerichtet. Oben dreht sich eine große Spirale aus Metall, die den Weg öffnet und schließt. Nach freundlichem Gruß an die Wäscherin links kann ich den Weg mit einem leichten Ruck öffnen. Die Wäscherin winkt uns ebenfalls freundlich zu. Nun können wir weitergehen. Wir sind jetzt so einfach gekleidet wie die anderen. Umhang und Decke aus Filz und Tuch, breiter Hut und Sandalen. Meine Frau schläft in meinem Schoß. Glück erfüllt mich.

Die schlangenartige Spirale ist hier Ausdruck der Beziehung. Dreimal fällt der Träumer nicht aus der Beziehung heraus und trifft die richtige Antwort. Das Schlußbild bestätigt das doppelt. Einerseits ist die Grenzüberschreitung geglückt, und äußerlich ist er einfacher geworden. Andererseits zeigt sich die gewonnene Beziehung nach innen und außen im Bild des glücklichen Paares. Schlangenartig ist auch das Liebeserlebnis. C. G. Jung zitiert dazu ein Gedicht von Eduard Mörike (Mörike, Werke II, S. 35):

Erstes Liebeslied eines Mädchens

Was im Netze? Schau einmal!
Aber ich bin bange;
Greif' ich einen süßen Aal?
Greif' ich eine Schlange?

Lieb' ist blinde
Fischerin;
Sagt dem Kinde,
Wo greift's hin?

Schon schnellt mir's in Händen!
Ach Jammer! O Lust!
Mit Schmiegen und Wenden
Mir schlüpft's an die Brust.

Es beißt sich, o Wunder,
Mir keck durch die Haut,
Schießt 's Herze hinunter!
O Liebe, mir graut!

Was tun, was beginnen?
Das schaurige Ding,
Es schnalzet da drinnen
Es legt sich im Ring.

Gift muß ich haben!
Hier schleicht es herum,
Tut wonniglich graben
und bringt mich noch um.

Die Schlange als Angstsymbol

Sehr viele Menschen reagieren mit Angst auf die Begegnung mit einer Schlange. Darum gilt es nun, sich der Schlange als Angstsymbol zuzuwenden. Ihr Auftauchen bedeutet eine sehr betonte Mahnung an das Ich der Träumer.

Die Träumerin E suchte meine Hilfe auf, erschreckt durch einen Traum und getrieben durch Probleme ihrer sozialen Beziehungen. Sie hatte sich ganz dem Intellektuellen, Geistigen verschrieben. Sie träumte:

Ich laufe durch einen Wald und komme an einen Abhang. Da liegen viele Bäume, das heißt Holz, an dem in vielfältiger Weise das Innere zu sehen ist. Darunter sind wunderbare Holzfaserungen – manche in der Größe von Tischplatten. Unten am Abhang steht mein Kollege und betrachtet solche Holzteile. Ich möchte den Hang hinunter. Er macht mich beim Weitergehen aufmerksam auf eine große, schöne Platte und meint, ich suche doch so eine. Ich sehe andere und meine, so groß brauche sie auch nicht zu sein. Ich bin dann auch unten und schaue den Hang hinauf. Da fällt mir etwas Sonderbares auf: Ich sehe etwas, was wie ein schlanker Baumstamm aussieht mit schlanken Seitenarmen, Ästen ähnlich. Eine auffallende Form und Maserung. Ich mache den Kollegen aufmerksam. Plötzlich wird das lebendig und bewegt sich nach unten. Eine Riesenschlange mit großem Kopf bewegt sich auf eine andere zu, die sich von unten nach oben zu bewegt (die eine rot, die andere schwarz). Die, die von oben kommt, ist die größere. Diese öffnet ihr Maul, so daß die andere direkt von ihr aufgefressen wird. Es ist mir ganz unheimlich. Ich halte das nicht für möglich, daß die eine, so mächtig sie aussieht, die andere ganz verschlingen kann. Wir entfernen uns. Ich schaue immer wieder zurück. Was wird geschehen?

Die Träumerin wird hier eines gewaltigen Geschehens ansichtig. Ihre männliche Seite nimmt die Gestalt eines Kollegen an. Nach ihren Assoziationen repräsentiert er kompetentes berufliches Fachwissen. Er macht die Träumerin auf etwas aufmerksam. Das heißt, sie soll genau hinschauen, mit ihrem eigenen Fachwissen, das sie in der Realität brillant einzusetzen vermochte. Sie befindet sich in einem Wald, wo viele Bäume geschlagen worden sind. Wald und Holz haben erfahrungsgemäß oft etwas zu tun mit dem Mutterkomplex und dem Körper. An den Baumteilen sind die Jahresringe erkennbar, und die Träumerin beschäftigt sich mit ihnen und den Maserungen. Das Symbol hat zwei Aussagen: Einerseits wird sie dazu aufgefordert, die Jahre zu zählen, und andererseits soll sie die Zusammensetzung des Holzes (übertragen: woraus sie «geschnitzt» ist) wahrnehmen. Dazu kommen die beiden riesigen Schlangen. Eine frißt die andere. Solche Schlangen erscheinen nicht selten als Symbole von Zeitspannen.

Dieser Traum war ein Initialtraum einer Behandlung, in der sehr schnell sichtbar wurde, daß soziale Umstände hätten verändert werden müssen. Kleinere Veränderungen nahm die Träumerin vor. Sie sah sich aber nicht in der Lage, die Umstände grundsätzlich zu verändern, sie vermochte sie jedoch auch nicht weiter zu ertragen. Die Mahnung des Traumes, die sich im Aufgefressenwerden der einen Schlangen durch die andere und auch in den Unterweltfarben Schwarz und Rot niederschlug, konnte sie nicht beherzigen. Die Ausweglosigkeit zeigte sich dann in einer körperlichen Krankheit, die sie zur Bewegungslosigkeit verurteilte und die zum Tod führte. Damit bestätigt sich die Beobachtung, daß Schlangenträume nicht selten aufmerksam machen auf körperlich problematische Zustände.

Ein weiterer Traum derselben Träumerin:

Ich stehe vor der Scheune. Oben unter dem Dach ist Reisig gelagert. Dazwischen sehe ich den Schwanz einer Schlange heraushängen. Mir schaudert, und ich schaue näher hin, ob es tatsächlich so ist. Ja, es ist eine Schlange und bewegt sich sichtlich ganz vergnügt aus dem Dach heraus, einen Balken entlang. Auffallend ist die Farbe Blau. Jetzt gewahre ich am Boden eine schwarze Schlange, die aber mehrere Arme hat, etwa fünf bis sechs (erinnert später an einen Tintenfisch). Ich empfinde sie als ein Ungeheuer, schaue sie jedoch genau an. Sie ist so ungewöhnlich. Als sie sich bewegt, laufe ich in den Garten.

Wieder sind es zwei Schlangen, sie repräsentieren den Gegensatz der verschiedenen Kräfte in der Träumerin. In diesem Traum schafft sie es, sich aus der Gefahr heraus in den Garten zu bewegen, in dem sie schon früher Kraft geschöpft hatte. Die schwarze Schlange ist ein Ungeheuer mit vielen Greifarmen. Das Schwarz verbindet die Patientin mit Tod und Unterwelt, auch mit der Mutter, wobei sich hier ihre gestörte Elternbeziehung deutlich abbildet. Die blaue Schlange dagegen erinnert sie an das Blau des Himmels, und sie assoziiert dazu den himmlischen Vater und das Denken.

Der schon mehrmals erwähnte Träumer A sah sich in seinem Traum mit sich selbst in Gestalt junger Männer konfrontiert:

In einem wüstenähnlichen Gebiet finde ich mich angehalten von jungen Männern. Sie umringen mich. Einer von ihnen tritt vor und bewirft mich mit etwas Abscheulichem: zerschnittenen Schlangen oder ähnlichem. Er grinst dabei sadistisch. Dann tritt der nächste vor, wendet sich halb ab, um mich nun noch mehr zu quälen. Es ist eine ausweglose Situation, weil auch meine Frau im Auto tatenlos zusieht, anstatt Hilfe zu holen. Ich denke, daß dies der Tod ist, und beschließe, mich zu fügen.

Viele sind sehr erleichtert, wenn in ihren Träumen das Böse mit dem Gesicht anderer erscheint. Im Rückblick auf den Traum von den Soldaten am Hügel (S. 185 f.) ist dieser Traum leicht zu verstehen. In den sadistischen jungen Leuten erscheint das jugendliche Abbild des Träumers, der ebenso mit den Schlangen umgegangen ist wie die jungen Männer dieses Traumes. Natürlich ist das Erleben schrecklich. Dem Täter wird sein Opfer zugeworfen, und er gerät in Angst, daß es ihm selbst genau so ergehen könnte. Die zerschnittenen Schlangen werden hier ein Symbol seines Todes. Wenn er sich von seiner Natur abschneidet, dann wird diese sich in Gestalt der jungen Peiniger rächen, und schließlich wird es ihm so ergehen, wie es der Schlange im vorherigen Traum durch ihn ergangen war. Das volkstümliche Sprichwort aus der Bibel sagt: «Was du nicht willst, daß man dir tu', das füg auch keinem andern zu.» Es verwundert nicht, daß die Frau des Träumers ruhig zuschaut. Denn sie symbolisiert seine weiblichen Seiten, von denen er sich gleichfalls teilweise abgeschnitten hatte.

Der Träumer war vor diesen Träumen in einer elementaren Gefahr gewesen: Als kultivierter Mitteleuropäer hatte er alle grausamen, archaischen und von ihm als primitiv empfundenen

Formen des männlichen Lebens abgelehnt und bei sich selbst nicht sehen wollen. Nun begegnet ihm die gleiche Szene, die König David erlebt hat (2 Sam. 12), als er sich über den ungerechten Reichen aufregte und der Prophet Nathan ihm sagte: «Du bist dieser Mann!» Äußerlich gesehen war der Träumer kultiviert, angepaßt und wohlerzogen. Wohl bemerkten andere auch die dunklen Seiten an ihm, aber er selbst, er merkte sie nicht. Die Botschaft des Traumes lautet: Du bist der Mann, der zu Tierquälerei fähig ist, der sadistische Spiele treibt und andere erschreckt. Nach diesem Traum war – wie die Umgangssprache sagt – «der Lack ab». Er wußte nun, wozu er in der Lage war, aber auch, was ihm bevorstünde, wenn er seine einseitige und falsche Haltung nicht ändern würde. Der Traum ist durchaus eine Warnung der Natur, die mit einer schweren Krankheit droht. Als er beschließt, zum Tod bereit zu sein, bedeutet das aber die grundlegende Umkehr. Wie die Schlange sowohl Leben als auch Tod bedeuten kann, so kann der Tod Wiedergeburt und Neuanfang bedeuten. Bereitschaft zu sterben heißt nicht selten, liebgewordene Standpunkte aufzugeben und neu zu werden. Der Träumer hat hier Einsicht, daß ein weiterer Widerstand sinnlos sei, und wird so paradoxerweise gerettet. Dieser Schluß läßt auch die Teilnahmslosigkeit der Frau in einem anderen Licht erscheinen. Normalerweise müßte sie sich in einer solchen Situation ja auch fürchten oder aber gefühllos sein. Da letzteres nach Aussagen des Träumers nicht zutrifft, läßt sich vermuten, daß dieser Traum, nachdem das Ich seinen richtigen Platz gefunden hat, eine Art Einführung in ein tieferes Verständnis der Situation darstellt. Der Ort des Geschehens spricht dafür. Früher mußten sich die jungen Leute langen Einweihungsriten unterziehen, die sie unter anderem in die Wüste oder Einöde führten, wo sie für ihr Leben wichtige Erlebnisse hatten.

Zur Schlange in Verbindung mit dem Tod zählt auch der folgende Traum:

Ich befinde mich in einem Pilgerzug. Auch ein katholischer Pfarrer ist da. Die Plätze vor mir nehmen Unbekannte ein. Ich beobachte einen Mann bei seiner Arbeit im Fluß. Er steht bis zu den

Knien in Wasser und Kies. Typisch – denke ich – diese südamerikanische Ausbeutung. Nun sehe ich, wie der Mann von einer Schlange gebissen wird. Statt in Panik zu verfallen, hält er ruhig und bestimmt sein Bild vor die Brust, bevor er stirbt und im Kies versinkt. Der Vorarbeiter sieht dabei ruhig zu.

Zur bewußten Erfahrungswelt des Träumenden gehören Informationen über die Ausbeutung der armen Massen in südamerikanischen Ländern. Goldsuchergeschichten kennt er aus der Lektüre. In dieser kleinen dramatischen Szene ist die Schlange der Anlaß zum Tod. Auffällig ist die Sterbensweise. Weder der Betroffene selbst noch der Vorarbeiter sind darüber aufgeregt. Da der Träumer kein Katholik ist, läßt der Pilgerzug darauf schließen, daß er etwas Ungewöhnliches gezeigt bekommen soll. Dieses besteht in der Verbindung von goldführendem Fluß, Schlange und der Haltung des Sterbenden.

In den Träumen ist die Suche nach Gold häufig eine Suche nach dem höchsten Wert der Persönlichkeit, nämlich nach dem Sinn des eigenen Lebens. Das Gleichnis vom Schatz im Acker und von der kostbaren Perle meint das gleiche. Die Art des Sterbens des Arbeiters läßt auf eine Art Lehrtraum schließen, der bedeutet: Wer seine eigene Identität oder sich selbst gefunden hat – das ist mit dem Bild gemeint –, der kann den Todesbiß der Schlange ruhig akzeptieren. Wichtig ist einzig und allein, wenn es um Tod und Sterben geht, sich gefunden zu haben und im Sterben sich selbst nicht zu verlieren. Der Traum ist beispielgebend, der Sterbende beispielhaft. Unser Tod ist unausweichlich, aber die Freiheit des Menschen besteht zu einem kleinen Teil darin, selbst zu entscheiden, wie er stirbt. Wir stoßen hier auf eine kleine Weisheitsgeschichte, die durch das Unbewußte im Bild der Schlange vermittelt wird.

Gelegentlich wird die Schlange zum Symbol für aktuelle Situationen, wie der folgende Traum zeigt:

Ich komme durch die nördliche Inselgruppe zurück in die Eisgebiete Kanadas. Das Durchkommen wird hier mit dem Auto etwas schwieriger. Plötzlich befinde ich mich in einem Zimmer und habe um das rechte Bein einen Kranz riemendicker Schlangen. Eine wird schon warm. Ich erschrecke heftig und bitte meine Frau, das Fenster zu öffnen. Hier kann ich die Schlangen zu meiner Erleichterung abstreifen.

Dazu erzählt der Träumer eine Vorgeschichte: Er hatte am Vorabend an einer Versammlung teilgenommen, bei der er nach kurzer Zeit meinte, keine Luft mehr zu bekommen. Irgendwie schien ihm die Atmosphäre mit Ärger geladen, der nicht ausgesprochen wurde und sich nur in gelegentlichen Spitzen zeigte. Dafür wurde aber in schleimiger Weise um das Problem herumgeredet. Herr A hatte in kurzer Zeit den Eindruck, daß sein Bewußtsein langsam mit irgendeinem Gift eingeschläfert werden sollte. Verwirrt war er nach Hause gegangen, ohne sich seiner Gefühle vor dem Einschlafen klar geworden zu sein. In diesem Traum bestätigt ihm nun das Unbewußte seinen Eindruck und unterstreicht die Gefahr.

Im Traum befindet sich der Betroffene im nördlichsten Teil Kanadas. Alles ist vereist, das Fortkommen mit dem Auto schwierig. Das Eisige als Symbol für unterdrückte und verdrängte Gefühle ist uns bereits begegnet. Gleichzeitig ist er aber auch in einem Raum und findet sein rechtes Bein, das hier den bewußten Standpunkt abbildet, in einem Gewirr von Schlangen. Erst als das Fenster geöffnet ist, kann er die Schlangen loswerden. Dies geschieht in dem Augenblick, in dem er frische Luft in die vom Mief der Versammlung durchsetzte Erinnerung lassen kann. Das schleimige Gerede einiger Teilnehmer entpuppte sich schnell als giftige Kriecherei.

Ging es zuvor um einen Kommentar zu einem Ereignis in der Außenwelt, so geht es im folgenden Traum um die Bewältigung von gefährlichen Zuständen im Inneren des Träumers. Eine Stimme sagt ihm:

«Jetzt will ich dir zeigen, wie du ohne Gefahr durch den Schlangengarten hindurchkommst.»

Vor seinen Augen breitet sich ein Garten mit vielen bunten Blumen und Früchten aus. Er ist von einer Mauer umgeben, die von einem Tor durchbrochen wird. Der Weg führt unausweichlich durch den Garten. Vor den staunenden Augen des Träumers erscheint ein Elefant mit einer Flöte und spielt eine schöne Melodie. Da erheben sich alle Giftschlangen – der Garten ist voll von ihnen – und lauschen. So ist der Weg frei.

Die Einfälle zu diesem Traum führten zu einer Szene aus dem Dschungelbuch Rudyard Kiplings, wo der kleine Mogli in einem alten Gemäuer bei den Giftschlangen gefangen ist und durch Begrüßungsworte ihren Zorn besänftigen kann. Die Motive des Traums sind uralt: Sie handeln vom gefährlichen Garten, in den einer eindringen muß, um die gesuchte Kostbarkeit zu erlangen. Meist erscheinen eine oder mehrere helfende Gestalten. Im Märchen vom «Goldenen Vogel» aus der Sammlung der Brüder Grimm zum Beispiel der Fuchs. Die Vorstellung, daß Drachen und Schlangen auf Musik reagieren, ist ebenso uralt, obwohl Reptilien über kein dem menschlichen Gehör ähnliches Organ verfügen. Trotzdem gibt es in tropischen Ländern überall Schlangenbeschwörer, die mit ihrer Flöte die Schlange aus dem Korb locken.

Aus Griechenland stammt eine alte Geschichte, in der ein Hirtenjunge namens Kadmos einen Drachen mit seiner Flöte entmachtet. Für den Träumer war es ein Erlebnis zu erfahren, daß in der heiligen Sprache Indiens, dem Sanskrit, das Wort «naga» Schlange und Elefant bedeuten kann (Dictionnaire des Symboles IV, 183). Er erinnerte sich an die Geschichte in der Bibel, wo David dem von Schwermut geplagten König Saul auf der Harfe zur Linderung vorspielen muß (1 Sam. 16). Zur Zeit dieses Traumes stand der Betroffene vor der Frage, wie er mit den ihm nun endgültig bewußt gewordenen Gefühlen umgehen solle, die sich zum Beispiel in sehr pessimistischen Gedanken über seine Zukunft und die Zukunft der Welt überhaupt äußerten und ihn sehr quälten.

In dieser Lage erfährt er im Traum Schlangenhaftes: einerseits negativ quälende Gefühle als Bilder von Giftschlangen und andererseits den Elefanten mit seinem Schlangenrüssel als einen Wissenden im Umgang mit der Schlangen-Natur und Kenner des Zaubermittels, um sie in Schach zu halten. Der Elefant ist hier ein Tier der Weisheit und in der Sprache der Tiefenpsychologie ein Seelenführer, der dem Träumer tieferes Wissen um die Natur und ihre Gefahren vermittelt, aber auch einen Weg zeigt, mit diesen Gefahren umzugehen. Der Träumer muß sich auf seinem Weg der deprimierenden Gefühle bewußt werden, aber er erhält in der Flötenmusik eine Hilfe, wie er mit diesen Gefühlen leben kann, ohne in die frühere Verdrängung zurückzufallen.

Zwischen dem Elefanten und der Schlange gibt es Gemeinsamkeiten: Der Rüssel des Elefanten ist schlangenartig, und der Elefant ist, wie die Schlange, in alten Mythen ein welttragendes Tier. Hier symbolisieren er und die Stimme am Anfang des Traumes die dem Träumer zugewandte Stimme der Weisheit.

Die Schlange als Seelentier

Nach einiger Zeit kehrte das Schlangenmotiv in den Träumen von A wieder:

Ich beobachte, wie ein silbrig glänzender Wurm das Maul meines Hundes verläßt. Der Wurm hat vier Füße. Ich denke erschreckt: Das ist ein Bandwurm! Dann wird mir klar: Es ist seine Seele.

In alemannischen Erzählungen wird berichtet, daß eine Frau schwanger wurde, weil ihr eine Schlange in den Mund gekrochen war, oder daß eine Schlange während der Schwangerschaft in den Leib der Schwangeren kroch, zum Gefährten des Neugeborenen wurde und diesen Menschen dann später zu großen Schätzen führte. Von einem Merowinger König wird erzählt, eine Schlange sei während des Schlafs aus seinem Mund gekrochen und in einem Berg verschwunden. Aufgewacht erzählte er, im Traum in einer Höhle voller Schätze gewesen zu sein. Die Spur der Schlange wurde verfolgt und diese Schätze dann auch tatsächlich gefunden.

In allen diesen Geschichten ist die Schlange ein Seelentier. Das heißt, sie ist nicht Symbol der Gefahr, nicht Symbol der Heilung, sie ist ein Symbol der Seele schlechthin, der psychischen Kraft in diesem Menschen oder Lebewesen.

Zur Zeit des Traumes beschäftigte den Träumer intensiv die

Frage, inwieweit Tiere und besonders sein Hund eine dem Menschen ähnliche seelische Organisation haben. Die Antwort seiner Seele im Traum lautet – ihm war unter anderem die Geschichte des Königs aus Frankreich mit der Schlange als Seelentier bekannt –: letztlich die gleiche. Dabei geht das Unbewußte des Träumers so weit, der Seelenschlange die vier Gliedmaßen zurückzugeben, die in Urzeiten ein Vorfahre noch getragen, die sie aber längst abgelegt und verloren hat.

Gegensatzvereinigung durch die Schlange

C. G. Jungs Beitrag zur Ich-Psychologie besteht unter anderem in der Erforschung der Bewußtseinsfunktionen, nämlich der Empfindungs- beziehungsweise Wahrnehmungsfunktion, der Fühl-, der Intuitions- und der Denkfunktion. Der Träumer F war ein belesener Mann. Im Verlauf seiner Analyse machte ihm das Unbewußte sehr nachdrücklich klar, was es von seiner einseitigen Konzentration auf das Denken hielt. Eines Tages erlebte er im Traum folgendes:

Mein Sohn wirft eines meiner Bücher aus dem Fenster. Unten sehe ich eine große braungemusterte Schlange. Ich schicke ihn hinunter, das Buch zu holen, er solle sich aber in acht nehmen vor der Schlange, das könne ein Netzpython sein. Dann werde ich selbst unruhig – wie unvorsichtig, das Kind hinunterzuschicken – und gehe selbst. Ich finde den Sohn, aber das Buch ist weg. Die Schlange hat es gestohlen.

Zum Verständnis dieses Traums ist ein Einblick in das Spiel der seelischen Kräfte wichtig. Kinder orientieren sich in ihren Funktionen häufig an den «freigelassenen Stellen» im psychischen Haushalt der Familie. Im vorliegenden Fall hatte sich der Sohn als der Jüngste der Familie lange Zeit sehr deutlich auf die Fühlfunktion spezialisiert, was der Spezialisierung des Vaters aufs Denken entgegengesetzt war. Dieser Sohn wird nun im Traum zum dynamisch die Entwicklung vorwärtstreibenden Element, das unbewußt in Verbindung mit der Schlange als Entwicklungskraft steht. Für den Vater war es lange überfällig, sein Buchwissen und Denken durch Gefühl, Beobachtung und Intuition zu ergänzen. In diesem Traum war er dabei, von seinem Sohn zu lernen. Dieser spielt absichtslos mit dem Buch das Spiel vom Hinunterwerfen. Hinunterwerfen und schauen, was dann geschieht, ist eines der frühesten Spiele des Kindes. Selbst Erwachsene werfen gern von Brücken, Türmen und Felsen Dinge in die Tiefe. In diesem Traum wird ein Buch als Symbol des Denkens buchstäblich zum Fenster hinausgeworfen und damit unwirksam gemacht wie das zum Fenster hinausgeworfene Geld. Unten findet sich auch schon der wartende Komplize in Gestalt des Netzpythons, der fängt das Buch auf und trägt es davon.

Neben der typologischen Komponente haben wir hier die diebische Seite der Schlange vor uns, die ganz besonders mit der Entwicklung des Menschen verbunden ist. Der sumerische Held Gilgamesch sucht und findet das Kraut der Unsterblichkeit. Eine Schlange stiehlt es ihm wieder. Adam und Eva im Paradiesgarten werden durch die Schlange zum Diebstahl veranlaßt. In diesem Zusammenhang ist ein Wort von C. G. Jung bedeutsam:

«Der richtige Weg zur Ganzheit besteht – leider – aus schicksalsmäßigen Um- und Irrwegen. Es ist eine ‹longissima via›, nicht eine gerade, sondern eine gegensatzverbindende Schlangenlinie, an den wegweisenden caduceus [Stab des Merkur] erinnernd, ein Pfad, dessen labyrinthische Verschlungenheit des Schreckens nicht entbehrt. Auf diesem Wege kommen jene Erfahrungen zustande, die man als ‹schwer zugänglich› zu bezeichnen beliebt.» (GW 12, § 6).

In diesem Traum trägt die Schlange das Symbol des Denkens davon und läßt das Symbol des werdenden Lebens und der Erneuerung, den Sohn, völlig ungeschoren. Für die Familiendynamik selbst ist der Traum ein Fingerzeig, sich mehr mit dem Sohn als mit den Büchern zu beschäftigen. Auch in dieser Sicht verkörpert die Schlange ein heilsames Symbol.

Geraume Zeit später sitzt dann die Schlange mit am Tisch und hat ihren sicheren Platz:

Ich bemerke, daß jetzt in meine Wohnung eine Schlange eingezogen ist. Sie fühlt sich wohl bei mir, aber meine Mitbewohner haben etwas Angst. Sie erschreckt auch eigentlich niemanden. Sie hat eine kleine Schlange gefressen. Ihre Schuppen haben vier Farben: gelb, blau, grün und rot. Sie ist mit uns so vertraut, daß sie sogar einen Stuhl am Eßtisch hat und dort sehr manierlich mit uns mitißt.

Der Unterschied zum vorigen Traum ist unverkennbar. Dort ist die Schlange ein Dieb außerhalb des bewußten Raumes, der durch den Wohnraum abgebildet ist. Hier ist sie ins Bewußtsein eingezogen; ihre vier Farben stellen die Ganzheit der vier Funktionen dar. Diese sind als berechtigte seelische Kräfte anerkannt und werden so ernährt wie alle anderen Seiten des Träumers, die da noch am Tisch versammelt sind. Gelb steht für die Intuition, Blau für das Denken, Grün für die Wahrnehmungs- und Rot für die Fühlfunktion. Der Träumer war wie fast alle seine Zeitgenossen in der Schule dazu erzogen worden, ein überwertiges Denken zu pflegen, und hatte nun nach langer Arbeit an sich selbst die anderen drei Möglichkeiten miteinbeziehen können. Dabei ist unter Einbeziehen nicht etwa «in den Griff bekommen» gemeint, denn die Funktionen bleiben so autonom wie die Schlange. Sie sitzt als gleichberechtigtes Mitglied am Familientisch und nicht als gezähmtes Reptil mit gezogenen Zähnen.

Die Schlange als Hoheitszeichen

Hans Egli bezeichnet die Giftschlange in seinem schönen Buch «Das Schlangensymbol» als Symbol der Macht (S. 31). Was der Träumer D im Bild darstellte (S. 181), erschien auch dem Träumer A, als er sich mit Schwierigkeiten einer Verwandten auseinandersetzte: das Bild einer Gestalt mit einer Schlange auf der Stirn:

Meine Verwandte kommt mit ihrer Freundin ziemlich gedrückt an. Sie sind auf ihrem Weg einer Gestalt begegnet, bei der sie nicht entscheiden konnten, ob sie Mann oder Frau sei. Lächerlich fand sie, daß diese Gestalt sich mit einem Schlangenzeichen auf der Stirn geschmückt hatte. Als sie gerade ihre Bemerkungen dazu machen wollte, da habe sie gesehen, daß die aus dem Maul der Schlange heraushängende gespaltene Zunge zu züngeln anfing. Da sei sie dann doch lieber weitergegangen.

Die ägyptischen Pharaonen trugen die Uräusschlange als Zeichen der Macht des Königs auf der Stirn. Es liegt nahe, einen Zusammenhang zwischen diesem Hoheitszeichen und der geschilderten Begegnung anzunehmen. Jedenfalls erfährt die Verwandte des Träumers, daß ihr Spott eine Grenze hat. Auch sie war laut Schilderung eine Frau, die ganz gebannt war vom Absolutheitsanspruch wissenschaftlichen Denkens. Die Folge war, daß sie im emotionalen Bereich häufig in Schwierigkeiten geriet und insbesondere für gefährliche Entwicklungen seltsam blind war. Der Träumer erfuhr durch diesen Traum auch einen wahrscheinlichen Grund dieser Blindheit: Die seltsame Gestalt, in der Männliches und Weibliches verschmolzen ist, erinnert an den seelischen Zustand des Kindes, in dem das Kind Vater und Mutter noch nicht psychisch unterscheiden kann. Alles ist noch mit dem mächtigen Elternbild des Anfangs verschmolzen. Ein erwachsener Mensch, der in sich noch die Sehnsucht danach verspürt, von einer solchen Gestalt beschützt zu werden, weil er in seiner frühesten Kindheit zu viel Unsicherheit erlebte, wehrt die damit verbundenen uferlosen Gefühle gern durch Spott ab. Der Träumer erlebte hier bei seiner Verwandten die Tiefe ihrer Verletzung, aber auch ein gewisses Maß an Einsicht in die Gefahr, mit einer so mächtigen psychischen Kraft kindlich-naiv umzugehen. Der Traum enthüllt in einer sehr deutlichen Weise die Naivität, mit der hochdifferenziertes Denken gelegentlich mit psychischen Erfahrungen umzugehen pflegt.

Die Schlange im Individuationsprozeß

C.G. Jung war der tiefenpsychologische Pionier in der Erforschung sinnvollen Werdens und Vergehens der Lebensalter. Besonders beschäftigte ihn der lebenslange Prozeß, durch den ein

Mensch zu einer möglichst umfassenden Entfaltung seiner Persönlichkeit findet. Er erkannte in der notwendigen Entfaltung einen wesentlichen Faktor seelischer Gesundheit. Seine Beobachtung, daß seelische und körperliche Krankheit häufig gestaute oder verhinderte Entwicklungen zur Grundlage haben, hat den Krankheitsbegriff wesentlich verändert.

In den Symptomen seelischer Krankheit selbst finden sich die Bausteine der künftigen Entwicklung zur Ganzheit, die Jung Individuation nannte. Gemeint ist damit die psychische und körperliche Entfaltung des einzelnen im persönlichen und sozialen Rahmen. Solange die Entwicklung durch überwertige Komplexe gestört ist, zeigt sich die Schlange von ihrer destruktiven Seite wie bei der Träumerin G, die sich als Frau gar nicht annehmen konnte und statt dessen Größenvorstellungen von Väterlichem verehrte. Sie träumte:

Es ist ein Staatsempfang. Ich bin ein kleines Mädchen auf der Ehrentribüne. Mein Vater kommt angefahren. Der Präsident schickt ihm eine Motorradeskorte entgegen. Er fährt im Mercedes. Nun kommt es zu einer Schießerei mit einem am Baum hängenden Kopf eines Diktators. Er schießt die Begleiter des Vaters tot. Als ich denke, mein Vater sei gerettet, wird dieser von einer Schlange gebissen.

Die Träumerin G mußte lernen, mit dem Gefühl, sich minderwertig zu fühlen, umzugehen und es gegenüber ihrer weiblichen Seite abzubauen. Wenn dies geschieht, wandelt sich die Schlange, sie häutet sich, und die seelische Energie strebt dem Eigentlichen entgegen. Die im Kreis zusammengerollte Schlange bildet das Anfangsstadium ab, in dem die psychische Energie ungeweckt in immer den gleichen Abläufen einen Mittelpunkt umkreist. Dies ist der Zustand der seelischen Energie im Bereich der kreisförmigen Abläufe der Natur. Richtet sich die Schlange auf, dann verbindet sich die kreisförmige, zyklische Entwicklung mit der linearen, und es entsteht die für den Lebensverlauf typische Spiralform, die in immer neuen Umkreisungen der Mitte höhere Stufen erreicht. Diese Entwicklung setzt ein Sich-Einlassen auf die inneren, in der Schlange abgebildeten grundlegenden Gesetze des Lebendigen voraus. Körperliche und seelische Gesundheit sind die Folge. Bildlich gesprochen: Die Schlange lohnt es dem Träumer. Sie wird aggressiv, wenn er ihr die notwendige Pflege versagt. Konkret: wenn der Rhythmus zwischen Arbeit und Ruhe, Bewußt und Unbewußt, Schlafen und Wachen, Essen und Ausscheiden, Einatmen und Ausatmen, Stärke und Schwäche, auch im sexuellen Bereich, nicht eingehalten wird. Individuation kann auch beschrieben werden als Erweckungs- und Schöpfungsvorgang einer tieferen Menschlichkeit.

Der Träumer A erlebt diesen Vorgang in einem Ineinander von Schrecken und Erleichterung, die der Natur des Lebens angemessen ist:

Ich komme an ein Feuer mit archaisch aussehenden Menschen. Ich sehe, daß dort eine kleine Schlange liegt, und sage: Ich mag keine Schlangen. Aber ich bedaure sie von Herzen, weil sie gegessen werden soll. Darauf bekomme ich eine lebendige Schlange an einem Stab geschenkt. Im Weggehen überlege ich mir, wie ich sie versorgen und meine Scheu überwinden kann.

Der Weg des Träumers durch unbekanntes, wildes Gelände verweist auf den Prozeß der Individuation. Zum besseren Verständnis ist es wichtig zu wissen, daß sich in allen Religionen solche Hinweise auf den Weg als Weg zur Erleuchtung finden lassen. Im Christentum beispielsweise sagt der Erlöser, der sich selbst mit der Schlange vergleicht (Joh 3,14), von sich, daß er der Weg sei (Joh 14,6).

Die erste Stufe des Individuationsprozesses ist die Begegnung des modernen Menschen mit seinen archaischen Wurzeln, im Traumbeispiel in Gestalt der archaischen Menschen, die um ein Feuer lagern. Für die Entwicklung des Träumers ist es wichtig, daß über die Gefühle der Scheu vor der Schlange, die mit seinem bewußten Erleben übereinstimmen, bereits eine Annäherung von Tagesbewußtsein und dem Bewußtsein des Traum-Ichs stattgefunden hat. Sein Satz, keine Schlangen zu mögen, ist doppelt zu verstehen: 1. Er hat eine Abneigung gegen Schlangen. 2. Er mag auch keine Schlangen essen.

Zu seinen Assoziationen gehört das Wissen, daß archaische Völker, aber auch moderne, die Schlange als Nahrung durchaus gelten lassen. Erinnern wir uns aber auch daran, daß es bei allen Völkern immer Tiere gegeben hat, die als heilige Tiere nur zu besonderen Zeiten oder gar nicht gegessen werden durften. Das Essen des Tierfleisches war ein heiliger Akt der Verbindung beziehungsweise der Kommunion mit der Gottheit, wie das noch heute in den Einsetzungsworten zum christlichen Abendmahl angedeutet wird. Der springende Punkt des Traumes ist die Feststellung des Träumers, daß er die Schlange von Herzen bedauert wegen ihres offensichtlichen Schicksals, gegessen zu werden. Hier wird der Weg sichtbar, der seit dem Traum von Moskau (S. 183 f.) zurückgelegt wurde. Einfühlung und Mitgefühl, Erbarmen mit der Schlange zeigen die Veränderung an.

Ausgerechnet hier wird der häufig zu beobachtende Humor des Unbewußten sichtbar. Der Träumer erhält nun als Belohnung seiner Arbeit an sich eine Schlange, die sich an einem Stab emporringelt. Das Bild erinnert an Äskulap und seine Schlange. Aber mit solchen hehren Ideen kann sich der Träumer nicht abgeben, denn er steht jetzt vor der Aufgabe, wie sich ein geregeltes Zusammenleben mit seiner Schlange gestalten kann. Dieses wiederum wird am Szenenbild selbst deutlich: Seine inneren, archaischen und vormenschlichen Anteile sind um ein warmes Feuer gelagert. Sie brauchen einerseits einen ruhigen Platz für die Nacht und dürfen nicht eingesperrt werden in irgendwelche Reservate, andererseits laden sie das Ich ein, mit ihnen in der Dunkelheit und Nacht Gemeinschaft zu haben an einem Platz, an dem es sich selbst auch wärmen kann. Das Traumbild erlaubt aber noch einen weiteren Ausblick: Das Feuer ist ein uraltes Bild für die Kraft des Lebendigen. Dies muß aus der Erfahrung gewonnen sein, daß tote Körper kalt sind. Feuer und Schlange – verbunden als Feuerschlange – kommen in Träumen vor. Feuerspeiende Drachen gehören in den gleichen Zusammenhang.

Um das Bild eines zentralen Feuers sammeln sich die psychischen Kräfte, angefangen von der Schlange bis hin zum Ich. Der Träumer erlebt eine Einweihung in ein Leben, das sich an der Mitte alles Lebendigen orientiert. Als Bild verwendet der Traum einen Stamm von archaischen Schlangenjägern, die offensichtlich mit der Schlange leben und umgehen können. Sie sind für ihn ein Bild dafür, daß auch er von der Lebenskraft der Schlange lebt, aber daß er sie noch nicht so mag. Seine Lebensgeschichte zeigte diesbezüglich eine Zwiespältigkeit in seinem Lebensgefühl, die sich darin äußert, daß er bis dahin vom Leben eher das Negative und Schmerzliche erwartete als das Positive und Beglückende. Seine Überlegung, sich langsam der Schlange zu nähern und sich mit ihr vertraut zu machen, ist Station eines allmählichen Abklingens dieses Mißtrauens gegenüber dem Leben.

Der nächste Traum dieser Traumserie zeigt den Träumer in einem achtungsvollen Gespräch mit einem Python. Er wundert sich überhaupt nicht darüber, daß er mit der Riesenschlange sprechen kann. Danach trennen sie sich gütlich. Dieser hier nicht zitierte Traum zeigt, daß das bewußte Ich des Träumers unterdessen seine eigenen instinktiven Kräfte, die sich in dieser Schlange abbilden, als Gesprächspartner zu akzeptieren gelernt hat.

Vorbereitet wurde dieser Traum durch die Vision eines grüngoldenen Mandalas mit Verschlingungen wie bei molekularen Verbindungen. Unter Mandalas versteht die analytische Psychologie – angeregt durch C. G. Jung – in Anlehnung an Meditationsbilder aus dem Fernen Osten zentrierte, regelmäßig aufgebaute, gegenständliche oder abstrakte Bilder, in denen die Ganzheit einer Persönlichkeit in ihrem gegenwärtigen Zustand zum Ausdruck kommt. Die weitere Forschung belegte das Vorhandensein solcher Bilder weltweit, auch in der abendländischen Kunst, zum Beispiel in den Rosetten der Kirchen, aber auch in der Buchmalerei. Mandalas sind religiös gesehen häufig Gottesbilder jenseits der menschlichen Gestalt und psychologisch gesehen, wenn sie im Traum auftauchen, von großer Faszination und numinoser Kraft. Sie üben auf das Bewußtsein eine beinahe unwiderstehliche Anziehung aus, da sie in sich das Dunkle und Helle einer Persönlichkeit zu seiner Ganzheit verbinden, zu der das Bewußtsein meist nicht in der Lage ist.

Dieses Traumbild war in einer Krise beruflicher Art aus dem Unbewußten aufgetaucht. Der Träumer sah sich in einer schwierigen Lage, der er sich nicht entziehen konnte, in der er sich aber eingesperrt fühlte. Nach der Bearbeitung des Bildes gewann er die Hoffnung, daß seine Natur ihm helfen würde, mit der Lage zurechtzukommen, um sie dann in seinem Sinn zu verändern. Der nächste Schritt auf diesem Weg erfolgte etwa ein Jahr später. Nach dem Stab, an dem eine Schlange lebt und die, wie der Äskulapstab, Stärkung und Gesundheit auf seinem Weg bedeuten konnte, bekommt er nun sein Türschild:

Ich habe eine Filiale in Frankreich. Einer Frau kann ich bei einer Arbeit nicht recht geben. Sie macht mir eine tolle Szene. Aber ich kann meinen Standpunkt behaupten und begründen. Da kommt ein bleicher junger Mann und bringt mir eine von ihm erlegte Riesenschlange. Er konnte vorher nicht kommen. Aber nach dem Kampf geht es. Vor meinem Eingang breite ich sie aus. Sie muß sehr lang sein. Vielleicht dreißig Meter. Ich beschließe, sie über meine Tür zu hängen.

Nach Klaus Griehl («Schlangen verstehen», S. 12 f.) wird eine Anakonda bis zu zehn Meter und der Netzpython in Ausnahmefällen über zehn Meter lang. Festzuhalten aber ist für das Wesen der durch Schlangen abgebildeten Kräfte, daß Schlangen lebenslang wachsen, im Gegensatz zu Wirbeltieren, deren Wachstum in der Regel mit der Geschlechtsreife aufhört. Wenn im vorliegenden Traum eine dreißig Meter lange Schlange erscheint, dann stehen wir hier vor einer Entwicklung, die, wie die Schlange, nicht aufhört zu wachsen. Im Bild der Schlange symbolisiert unsere Psyche eine ihrer wichtigsten Forderungen. Zwar hört unser Körperwachstum mit der Geschlechtsreife auf, aber unser psychisches Wachstum hat die Möglichkeit, wie die Schlange mit jedem neuen Lebensabschnitt weiterzuwachsen. Da der Träumer zum Zeitpunkt des Traumes die Dreißig längst überschritten hatte, könnte sein Traum mit einer Entwicklung zusammenhängen, die vor dreißig Jahren begonnen hatte.

Der biografische Rückblick ergab, daß er zu jenem Zeitpunkt erstmals seinen Vater bewußt erlebt hatte. Die erlegte Schlange könnte dementsprechend die erfolgreiche Bearbeitung eines Problems darstellen, das der Träumer mit dem bewußten Erleben des Vaters gestellt bekommen hatte. Das spricht dafür, den einen Teil des Traumes als das zu bearbeitende Problem anzusehen. Hier gelingt es dem Träumer, einer Frau gegenüber seinen Standpunkt zu vertreten, zu kämpfen und auch zu siegen. Er konnte sich erinnern, seinen Vater Frauen gegenüber eher als kampfunfähig erlebt zu haben. So gesehen hat der Träumer hier den Kampf des griechischen Gottes Apoll nachvollzogen, der in seinem Heiligtum Delphi seine Herrschaft nach Besiegung einer alten Erdgottheit in Gestalt eines riesigen Pythons errichtet hatte. Der junge Mann im Traum wäre dann der nun dem Träumer bewußtgewordene Anteil seiner Männlichkeit, der mit einer riesigen Angst zu ringen hatte. Diese Angst in Gestalt der Schlange scheint gleichzeitig mit der Schwierigkeit verbunden zu sein, sich mit Frauen auseinanderzusetzen.

Parallel zur biografischen Deutung könnte auch die symbolische treten: Die Schlange als Kraft fortwährenden Wachstums wird im Traum als Zeichen über der Tür aufgehängt, womit der Träumer sich unter die Macht der Schlange stellt. Im symbolischen Vorgang wird damit ausgesagt, daß das Bewußtsein seine frühere Vorstellung, über der Natur zu stehen, aufgegeben hat und nun im Dienst der Natur zu stehen bereit ist, auf deren durch Häutung und lebenslanges Wachstum symbolisierte erneuernde Kraft bereits hingewiesen wurde. Christlicherseits wurde die Schlange daher auch zum Bild des Auferstandenen (unten: Die beiden Seiten eines Pesttalers, aus C. G. Jung, GW 5, S. 149).

Der letzte Traum gibt Gelegenheit, sich bewußtzumachen, daß Träume viele Seiten haben und beinahe so buntschillernd wie Schlangenschuppen sind. Deshalb ist eine einseitige Deutung gerade der Schlangenträume unangebracht. Der Träumer A träumt:

Eine große dicke Schlange hat einen Mann, der ich selbst bin, zuerst in Penis und Hoden gebissen. Dann auch noch in den Mund und die Nase. Mich durchzuckt schrecklicher Schmerz. Ich meine die Schlange sagen zu hören: «Das zur Stärkung.» Ich habe eher den Eindruck, daß dies mein Tod ist, und wache auf.

Um Mißverständnisse zu vermeiden, muß ergänzt werden, daß das Aufwachen noch zum Traum gehört. Das Beherrschende dieses Traumes ist die Todesangst und der Schmerz des Träumers. Es ist richtig, sich diesen Gefühlen so lange zu überlassen, bis sie ihren Platz gefunden haben. Verursacht wurden sie durch den Biß der Schlange, der von dieser als Stärkung gedacht ist, vom Träumer aber angstvoll als Sterben erlebt wird, eine ungeheure Bedrohung. Das ist tatsächlich eine Beleidigung für einen Europäer, den Angehörigen einer Kultur, die sich einmal als Fackelträger der Menschheit verstanden hat. Der Traum sagt, daß das Bewußtsein des Träumers im Schlaf liegt. Er braucht dringend eine Stärkung, und die erfolgt durch den Biß der Schlange. Was damit gemeint ist, macht eine genaue Betrachtung der Bißstellen deutlich: Die Schlange beginnt bei den männlichen Genitalien und fährt fort bei Mund und Nase. Da Stärkung ihr Ziel ist, dürfen wir annehmen, daß der Träumer im Bereich seines männlichen Verhaltens, im Umkreis von Essen, Aufnehmen und Sprechen sowie im Bereich der Atmung und des Geruchssinnes entsprechende Schwachstellen hat. Es ist auch anzunehmen, daß die genannten Körperteile symbolischen Charakter tragen, da keine reale Organschwäche vorlag. Bleibt also die symbolische Deutung, bei der nach dem psychischen Hintergrund der entsprechenden Organe gefragt werden muß. Psychische und körperliche Schmerzen haben die wichtige Aufgabe, auf Schwachstellen oder Punkte aufmerksam zu machen, an denen etwas nicht in Ordnung ist.

Der Träumer wird besonders auf die notwendige Stärkung der

Männlichkeit hingewiesen und erhält dazu sozusagen Schlangenserum. Es zeigte sich bei der Bearbeitung, daß auch das Motiv des Mundes sehr gut zu entschlüsseln war. Der Träumer scheute sich immer wieder, wichtige Dinge, von deren Notwendigkeit er überzeugt war, in der Öffentlichkeit auszusprechen. Auch hier lernte er mit der Zeit, die gezielte Kraft, die im plötzlichen Zubiß der Schlange abgebildet ist, einzusetzen: Die von ihm zurückgehaltenen Aggressionen, die in gewaltigen Kahlschlägen völlig unerwartet ausbrechen konnten, wurden nun mehr und mehr treffsicher an den richtigen Punkt plaziert.

Bleibt die Nase. Von der Natur der Schlange her ist diese Bißstelle auch nicht verwunderlich, besitzt die Schlange doch einen vorzüglichen Geruchssinn – allerdings im Gegensatz zum Menschen in der Zunge. Der Geruchssinn als Wahrnehmungsfähigkeit des Unsichtbaren macht die Schlange auch zum Symbol der Intuition.

Die analytische Psychologie versteht darunter jene Bewußtseinsfunktion, die in der Lage ist, über innere Bilder den Sachverhalt eines Vorgangs oder das Wesen einer Gestalt wahrzunehmen. Intuition und voraussehendes Wissen, präkognitive Gaben und manchmal prophetische Sicht gehören zusammen. Auch hier wird die zusammengerollte Schlange zum sprechenden Bild: Das Schlangenende weiß, was am Kopf vor sich geht. Nicht zufällig ist der Apoll in der altgriechischen Religion der Gott prophetischer Gaben, die vom Python in der Tiefe aufsteigen zu Pythia, der Priesterin des Gottes. Und nicht von ungefähr erlebten die alten Griechen diesen Gott als den Vater des Arztgottes, denn die Schlange verkörpert das tiefere Wissen um die verborgenen Dinge, wenn sie so auftritt wie im vorgenannten Traum.

Dieser läßt uns noch eine andere Seite menschlichen Lebens sehr deutlich wahrnehmen. Der so von der Schlange Gestärkte ist in Todesangst und Schrecken. Erst das Motiv von Stärkung und Aufwachen erlaubt, einen wichtigen Schritt zur Heilung und Ganzwerdung des Menschen zu sehen. Aber – und dies wird meist vergessen – der Traum drückt auch mit aller Deutlichkeit aus, daß Einsicht in die eigene Natur, der Weg zur Mitte, Bewußtseinserweiterung und Selbsterkenntnis – oder wie der innere

Fortschritt auch immer genannt werden mag – immer verbunden sind mit Schmerz.

Ein letztes Mal zurück zur sich häutenden Schlangennatur: Wenn der Mensch alte Häute, das heißt alte Zustände, abstreift, geht es nicht ohne die alte Erfahrung der Natur, daß zum Neuwerden das Sterben unabdingbar dazugehört.

Zusammenfassung

Schlangenträume zählen zur Gattung der Tierträume. Tiersymbole, die in unseren Träumen erscheinen, beinhalten häufig die Aufforderung, sich mit den durch sie abgebildeten instinktiven Grundlagen des Lebens vertraut zu machen. Die Schlange repräsentiert die wichtigsten Grundlagen des Lebendigen, die beim Menschen in Kleinhirn und Rückenmark konzentriert sind. Die häufig erlebte Angst, wenn Schlangen in nächtlichen Bildern erscheinen, ist nur ein Gesichtspunkt dieser Kräfte. Es gilt aber die Faustregel für den oder die Träumende bei Erscheinen der Schlange, daß er beziehungsweise sie zu den Grundlagen des Lebendigen in der Selbsterforschung vordringen kann oder sogar muß. Die Beziehung zu den instinktiven Kräften ist sonst in der Gefahr, unterbrochen oder zumindest gestört zu werden.

Daneben kann die Schlange die Fülle aller Gegensätzlichkeiten des Lebens durch ihre Gestalt und ihre Äußerungen darstellen. In ihr werden die Gegensätze anschaulich und lebendig. Sie repräsentiert Heilung und Tod und manchmal Heilung durch den Tod einer alten Lebensform. Sie ist auch eine intensive Warnung vor falschem, dem Körper und der Seele entfremdetem bewußtem Leben. Sie kann für manchen Träumer/manche Träumerin eine Begegnung mit seiner/ihrer eigenen Bestimmung sein. Dann ist sie ein Selbstsymbol, sie taucht auch häufig gemeinsam mit anderen Selbstsymbolen auf. Der europäische Mensch hat vergessen, daß sich seine Vorfahren mit bestimmten Tieren besonders verbunden wußten. Die Schlange ist eines davon. Die unbewußte Seite unserer Psyche versucht das Bewußtsein durch dieses Bild wieder mit jenen Kräften zu verbinden. Die Träumer und Träumerinnen, deren Träume und Bilder ich hier freundlicherweise verwenden durfte, haben dies erfahren.

Regeln für den Umgang mit Schlangenträumen

1. Mit Schlangenträumen ist so wenig zu spaßen wie mit Schlangen.
2. Die Schlangenträume erfordern eine möglichst genaue Kenntnis der Schlangennatur.
3. Die Schlange hat in den Träumen keine festgelegte Bedeutung, daher fragen Sie sich: Was bedeutet mir persönlich die Schlange?
4. Schlangenträume erfordern eine genaue Beobachtung des körperlichen wie des psychischen Zustandes des Träumers.
5. Beachten Sie genau, welche Eigenschaften die Schlange im Traum hat.
6. Schauen Sie der Angst so weit ins Auge, daß Sie eine mögliche Gefahr erkennen. Aber lassen Sie sich nicht von der Angst auffressen, sondern lernen Sie von der Kaltblütigkeit der Schlange.
7. Beachten Sie auch, was Ihnen im Traum – das gilt nicht nur für Schlangenträume – selbstverständlich ist. Selbstverständlichkeiten verführen oft zu Unbewußtheit!
8. Die Schlange bringt oft unangenehme Wahrheiten. Stellen Sie sich diesen.
9. Gehen Sie nach Möglichkeit genau auf die einzelnen Träume ein, aber bedenken Sie, daß Schlangen in Träumen immer wieder erscheinen können, berücksichtigen Sie also alle Schlangenträume, soweit sie Ihnen zugänglich sind.
10. Wenden Sie sich erst jetzt der allgemeinen Symbolik der Schlange zu. Bedenken Sie die kulturgeschichtliche Bedeutung.
11. Stellen Sie sich die Frage: Was kann ich von meiner Schlange oder von meinen Schlangen lernen?
12. Seien Sie bereit, sich zu ändern, aber gehen Sie dabei so sorgfältig vor wie eine Schlange bei der Häutung.
13. Schlangenträume bringen das Gesetz von Werden und Vergehen nahe. Lassen Sie sich darauf ein.

Chevalier, Jean/Gheerbrant, Alain: *Dictionnaire des Symboles.* Seghers, Paris 1974.
Diederichs, Ulf/Hinze, Christa (Hrsg.): *Alemannische Sagen.* Diederichs, Köln 1984.
Egli, Hans: *Das Schlangensymbol.* Geschichte – Märchen – Mythos. Walter, Olten/Freiburg 1982, ^{2}1985.
Fischle, Willy H.: *Das Geheimnis der Schlange.* Bonz, Stuttgart 1983.
Franz, Marie-Louise von: *Zahl und Zeit.* Suhrkamp-Tb 602, Frankfurt 1980.
–: *Die Erlösung des Weiblichen im Manne.* Walter, Zürich/Düsseldorf 1997.
Freud, Sigmund: *Die Traumdeutung,* Studienausgabe, Bd. II. Fischer-Tb 3980, Frankfurt 1982.
Gottschalk, Herbert: *Reich der Träume.* Bertelsmann, Gütersloh, o. J.
Griehl, Klaus: *Schlangen.* Gräfe und Unzer, München 1996.
Harding, Esther: *Das Geheimnis der Seele.* Rhein, Zürich 1948.
Heinz-Mohr, Gerd: *Lexikon der Symbole.* Diederichs, Köln 1981.
Jung, Carl Gustav: *Der Mensch und seine Symbole.* Walter, Olten/Freiburg 1968, Sonderausgabe 1985.
–: *Gesammelte Werke.* Walter, Olten/Freiburg 1971 ff., Band 5, 8, 9/I, 9/II, 11, 12, 13, 15, 16, 17, 18/I, 18/II.
–: *Grundwerk C. G. Jung,* Band 1–9. Walter, Olten/Freiburg 1984/85.
Jung, Emma/Franz, Marie-Louise von: *Die Graalslegende in psychologischer Sicht.* Walter, Olten/Freiburg 1980.
Kast, Verena: *Traumbild Wüste.* Von Grenzerfahrungen unseres Lebens, Walter, Olten/Freiburg ^{3}1992.
Künzig, Johannes: *Schwarzwaldsagen.* Diederichs, Köln 1976.
Meier, C. A.: *Bewußtsein.* Walter, Olten/Freiburg 1975.
–: *Persönlichkeit.* Walter, Olten/Freiburg 1977.
–: *Die Bedeutung des Traumes.* Walter, Olten/Freiburg 1972.
–: *Die Empirie des Unbewußten.* Walter, Olten/Freiburg 1968.
Neumann, Erich: *Die große Mutter.* Walter Olten/Freiburg 1974, Sonderausgabe 1985.
Nola, Affionso M. di: *Gebete der Menschheit.* Insel-Tb 238, Frankfurt 1977.
Ranke-Graves, Robert von: *Die weiße Göttin.* Medusa, Berlin 1981.
Rathbauer-Vincie, Margareta/Vincie, Joseph F.: *C. G. Jung and Analytical Psychology.* Garland, New York/London 1977.
Stevens, Anthony: *Vom Traum und vom Träumen.* Kindler, München 1996.

Nachwort von Helmut Hark: Über die Schmerzen und die Tötung von Tieren

In meinem Schlußwort möchte ich noch kurz auf die Schmerzen und die Tötung von Tieren eingehen. Wenn wir von der therapeutischen Erfahrung und den tiefenpsychologischen Erkenntnissen in der Traumpsychologie ausgehen, spiegeln Träume nicht nur die individuellen Erfahrungen wider, sondern es können sich auch kollektive Probleme darin zeigen. Besonders in einer Zeit des Übergangs in ein neues Jahrtausend sowie in das kommende astrologische Zeitalter des Wassermanns gibt es zunehmend sensible Menschen, die intuitiv die verborgenen Nöte der Gesellschaft und selbst der Tiere spüren und davon träumen. Insbesondere gehört dazu das tiefe Mitgefühl für die Schmerzen der Tiere und ihre qualvollen Todesschreie. Es ist bekannt, daß vielen Tieren in den Forschungslabors die Stimmbänder durchtrennt werden, damit die Mitarbeiter nicht fortwährend die qualvollen Schreie hören müssen. Es ist ferner bekannt, daß insbesondere in Italien den Vögeln Schmerz zugefügt wird, wenn die Lockvögel mit einem glühenden spitzen Eisen oder mit einer Rasierklinge geblendet werden, damit ihre Lock- und Klagelaute ganze Vogelschwärme in die Käfige und Fangnetze locken. So sterben jährlich Millionen von Zugvögeln, die über Italien in ihre Winterquartiere nach Afrika fliegen. Ähnlich ergeht es den schon erwähnten Hunderttausenden von Versuchstieren, die dazu benutzt werden, die Wirkung von Medikamenten zu testen. Doch der Schmerz der Tiere und ihre sprachlose Klage bleiben weitgehend ungehört. Glücklicherweise wächst die Zahl der Tierschützer und ihre Mahnungen, die bedrohten Tierarten zu schützen.[1]

Im Zusammenhang mit unserem Thema «Tierträume» habe ich von einigen Analysandinnen und Patienten erfahren, daß sie zu ihrer Katze, dem Hund, einem Pferd oder einem anderen Tier eine stärkere emotionale Bindung haben als zu einem Menschen und von daher auch gelegentlich besonders eindrucksvoll von einem Tier träumen. Bei Kindern ist es beeindruckend mitzuerleben, wie die Krankheit oder der Tod eines geliebten Haustieres sehr tief empfunden wird und durch dieses Erleben eine tiefe Achtung und Ehrfurcht vor diesen Lebewesen erwachsen kann. Ich selber erlebte vor vielen Jahren ein eindrucksvolles Beispiel mit meinem damals sechsjährigen Sohn beim Tod einer Taube. Nachdem wir miteinander an der Gartenhecke ein Grab geschaufelt und die Taube hineingelegt hatten, pflückte mein Sohn noch ein paar Blumen im Garten und legte sie liebevoll auf die tote Taube. Während wir noch längere Zeit am offenen Grab verweilten und meinem Sohn Tränen über die Wangen rollten, sagte er schließlich: «Papa, nun sprich noch ein Gebet für die Seele der Taube!»

Die Dichter aller Zeiten haben immer wieder die geheimnisvolle Beziehung zwischen Mensch und Tier beschrieben und versucht, den Menschen die Augen zu öffnen für das Leiden der Tiere, das uns aus ihren Augen so sprachlos anblickt. Beispielhaft für viele möchte ich den 1979 verstorbenen St. Galler Lyriker Joseph Kopf zu Worte kommen lassen, der die Erfahrung mit Tieren mit unserem Thema des Tier-Traumes verknüpft und in unüberbietbaren Sprachbildern zum Ausdruck bringt. Um das Besondere und Geheimnisvolle, vielleicht auch das Spirituelle des Tieres einsichtig zu machen, spricht der Lyriker öfter von den «weißen Tieren». Vielleicht visualisiert er mit diesem Sprachbild etwas Ähnliches, wie wenn zum Beispiel ein Indianer von einem weißen Tier träumt und dann im Rate der weisen alten Männer orakelt wird, daß das Urbild dieses Tieres erschienen sei.

Hier sein Gedicht:

ich habe die weißen tiere aus ihren
wäldern gebeten
sie sind gekommen und haben kein
blatt an den sträuchern bewegt
ihre silbernen hufe haben kein gras in
der steppe zertreten

dies blieb mir als traum oder wie ein
verlornes gesicht
in ihren augen stand noch das wort
der schöpfung geschrieben
ich weiß es nicht mehr es war größer
und stiller als lieben
sie gingen und alles war wieder nur
eine bewegung von licht[2]

Mit wenigen Sätzen möchte ich diese Verklärung der Tiere im Hinblick auf den Traum ergänzen. Während in der Realität viele Menschen die Tiere nach ihrem Nutzwert beurteilen, leuchtet in manchen Träumen ihr tieferes Wesen auf und erinnert den Menschen an seine animalische Geschöpflichkeit. Besonders die Zeile: «in ihren augen stand noch das wort der schöpfung geschrieben» erinnert mich persönlich daran, wie ich mich als kleiner Junge beim Kühehüten in den großen Augen der Tiere spiegelte und darüber hinaus etwas zu ahnen glaubte von der dunklen Unergründlichkeit der Schöpfung. Und schließlich noch eine weitere Verklärung zum Licht in der letzten Zeile. Wenn Tiere sterben und selbst ihre Verinnerlichung im Traum verblaßt, dann wird «alles wieder nur eine bewegung von licht».

Aus Anlaß des zehnjährigen Todestages von Joseph Kopf hielt der Philosoph Paul Good, Inhaber des Lehrstuhls für Philosophie an der Kunstakademie in Düsseldorf, eine Gedenkrede unter dem Leitgedanken: «Ein Abgesang mit sprachlos hellen Tieren» und zitierte eine Auswahl von Tiermotiven aus dem Werk von Joseph Kopf. Über das Wesen der Tiere und die Weisheit des Tierischen führt Good zusammenfassend aus: «... daß in Tieren trotz menschlicher Sprachlosigkeit Helligkeit waltet – was kommt uns nicht Wunderbares von den unscheinbarsten Tieren zu, einmal ganz abgesehen davon, daß sich ihr gesamtes Verhalten in semiotischen Systemen darstellt –, daß ihr Stummsein ein deutlich Sprechendes in Blick und Gebärde etwa heraustreibt, nämlich ihr Verhältnis zum unbekannten Grunde zauberhaft, ihr Ausgesetztsein dem ebenso unbekannten Abgrund furchtlos bekundet, wobei es Angst und Schrei und Kampf wohl kennt, diese leuchtende Paradoxie der Weisheit des Tierischen bildet meines Erachtens den Hauptakzent beim Kopfschen Einsatz der Tiermotive.»[3]

Das letzte Wort zu diesem Thema soll der Dichter selber haben:

sollte dir ein scheues tier begegnen
halte ihm ein traumgeschenk bereit[4]

Den bereits angedeuteten Zusammenhang zwischen der Symbolik der Tiere und der Spiritualität im Bereich des Religiösen möchte ich mit dem Hinweis beleuchten, daß viele Heilige als Begleittier oder als Symbol ein Tier haben. Ähnliches wird bei der Vorbereitung auf das öffentliche Wirken Jesu berichtet. Als er vierzig Tage in der Wüste fastete, heißt es in der Textvariante nach Markus[5]: «Er lebte bei den wilden Tieren, und die Engel dienten ihm.» Aus dieser spirituellen Initiation Jesu können wir ableiten, daß auch heute noch zu jenem initiatischen Prozeß, also zu den notwendigen seelischen Reifungsschritten, die Begegnung und die Auseinandersetzung mit Tieren gehört, wozu auch die geträumten Tiere beitragen. Besonders eindrucksvolle Träume von Tieren verweisen uns also auf eine spirituelle Wirklichkeit, die in den archetypischen Träumen der Offenbarung des Johannes so beschrieben werden: «Und ich sah: zwischen dem Thron und den vier Lebewesen und mitten unter den Ältesten stand ein Lamm; es sah aus wie geschlachtet und hatte sieben Hörner und sieben Augen; die Augen sind die sieben Geister Gottes, die über die ganze Erde ausgesandt sind. Das Lamm (Christus) trat heran und empfing das Buch aus der rechten Hand dessen, der auf dem Thron saß.»[6] Die den Christen bekannte Symbolik von Christus als dem Lamm Gottes macht aufs eindrucksvollste deutlich, welch eine Würde und Heiligkeit den Tieren zugeschrieben wird.

Diese Belege und Hinweise mögen genügen, daß auch wir durch die Begegnung mit Tieren nicht nur etwas ahnen von unseren Tier-Ahnen oder durch Tierträume eine seelische Initiation erfahren können in das unergründliche Geheimnis des Lebens, sondern daß wir darüber hinaus auch gespannt sein dürfen auf die Begegnung mit Tieren in der zukünftigen Welt.

Anmerkungen

1 Th. Seifert: Der Schmerz der Tiere ist unser Schmerz. In H. H. Schultz (Hrsg.): *Schmerz.* Kreuz, Stuttgart 1990.
2 © Rimbaud Verlag, Aachen 1992.
3 P. Good: «Ein Abgesang mit sprachlos hellen Tieren». *Bodensee-Hefte* Nr. 1/1990, S. 16 ff.
4 a. a. O.
5 Markus 1,13.
6 Offenbarung 5,7 f.

Anhang

Tierträume selber deuten lernen – Von H. Hark

Verehrte Leserin, geehrter Leser,
die zahlreichen Beispiele in diesem Band haben Ihnen gezeigt, in wie vielfältiger Weise ein Tiertraum mit den Erfahrungen und der Lebensgeschichte der jeweiligen Träumerin oder eines Träumers in Beziehung steht. Durch eine Therapeutin oder einen Psychologen, der sich auf die Traumarbeit spezialisiert hat, wurden diese Zusammenhänge jeweils erhellt und beschrieben. Das Wesentliche bei dieser Traumbearbeitung ist das Gespräch mit der Umkreisung der einzelnen Traumbilder und der Symbole, bis sich der Sinn und die Bedeutung erschließen. In diesem Prozeß stellt die Therapeutin oder der Analytiker immer wieder Fragen an die Träumerin oder den Träumer und leitet sie damit zur Sinnfindung an. Mit meinem Gesprächsprotokoll von dem Interview mit der jungen Elisabeth über ihren Vogeltraum (S. 25 ff.) wollte ich einen Einblick in diesen Prozeß und die Vorgehensweise vermitteln. Wesentlich erleichtert wurde die Traumdeutung bei allen meinen Beispielen dadurch, daß es sich nicht um Patienten und Patientinnen handelt, die wegen eines seelischen Leidens in einer Psychotherapie waren, sondern um relativ gesunde und «normale» Menschen, die nicht durch Blockaden oder neurotische Erkrankungen in einer Ausnahmesituation leben und daher eines Therapeuten bedürfen. Ich erwähne diese Umstände besonders, weil dies Ihre Möglichkeiten begünstigt, Ihre Träume selber zu deuten.

Eine weitere Hilfe zur Selbsthilfe im Umgang mit eigenen Träumen könnte darin bestehen, daß Sie Ihren Traum im Kreise der Familie erzählen oder im Freundeskreis besprechen und durch das Gespräch und die Fragen der anderen Ihrem Traum auf die Spur kommen. Dem gleichen Zweck wollen auch die nachfolgenden Fragen dienen, die Sie möglicherweise in Ihrem Gesprächskreis zu dem erzählten Traum in Anwendung bringen. Sie können auch in Ihrer Freizeit oder im Urlaub in besinnlichen Stunden für sich ganz allein eine Frage nach der anderen an den zu deutenden Traum richten und durch Ihre Gedanken und Einfälle sich immer mehr in Ihren Traum vertiefen. Sie selber sind die Urheber Ihres Traumes und haben daher auch das Urheberrecht, Ihren Traum zu verstehen und zu deuten. Gehen Sie bitte auch von der therapeutischen Erfahrung aus, daß große Träume mit archetypischen Symbolen nicht endgültig und vollständig gedeutet werden können, sondern offen gehalten werden sollten für zukünftige Entwicklungen, die durch den weiteren Lebenslauf eingelöst werden.

Bevor ich Ihnen die Checkliste mit den sechzehn Fragen vorlege, sollten Sie Ihren Traum schriftlich neben sich liegen haben, ähnlich wie einen Text oder ein Gedicht, das Sie interpretieren wollen. Bei dem Aufschreiben Ihres Traumes mögen Sie die verschiedenen Szenen durch Absätze untergliedern, damit bekommen Sie einen ersten Überblick über den Verlauf und die Steigerung der Handlung bis zu ihrem Höhepunkt. In der Traumarbeit nach C. G. Jung können wir einen vollständigen Traum untergliedern in folgende vier Teile:

1. Exposition des Traumes
2. Verwicklung in Gegensätze
3. Kulmination oder Peripetie
4. Lysis (Lösung)

Der Anfang des Traumes zeigt die jeweilige *Ausgangslage* der Träumerin oder des Träumers, indem die handelnden Personen, die Tiere oder die für die Traumhandlung wesentlichen Dinge vorgestellt werden. Auch der Ort der Traumhandlung ist für das Verständnis der Story von grundlegender Bedeutung, weil er auf den «Sitz im Leben» hinweist. Wir können diese Ausgangslage des Traumes mit einem Bühnenbild im Theater vergleichen oder mit der sogenannten Eröffnungsszene im Film oder Fernsehen.

Der zweite Aspekt des Traumgeschehens, den Jung die *Verwicklung* nennt, zeigt den Träumer oder die Träumerin in ihre Problematik oder in Gegensätzlichkeiten verwickelt, die sich aus den ungeklärten und ungelösten Problemen der Lebensgeschichte ergeben. Eine besondere Psychodynamik erhält die Trauminszenierung dadurch, daß zu den bewußten Erfahrungen die vielschichtige unbewußte Sichtweise der Seele hinzukommt. Das Unbewußte versucht ein bestimmtes Problem in einer Bilder- und Symbolsprache dem Bewußtsein verständlich zu machen.

In der dritten Phase des Traumes treibt die Traumhandlung auf einen Höhepunkt zu, den Jung *Kulmination* oder Peripetie (Umschwung) nennt. Im dramatischen Höhepunkt geschieht nun etwas Entscheidendes. Häufig erlebt sich der Träumer oder die Träumerin in einer schwierigen Entscheidungssituation. In ausweglos erscheinenden Traumsituationen wird mancher auf diesem dramatischen Höhepunkt angsterfüllt oder schweißgebadet erwachen.

Den Abschluß des Traumes bildet die *Lysis* (Lösung), die nicht immer die erwünschte Patentlösung bietet. Das durch die Traumarbeit erzeugte Resultat gibt dem Träumer und dem Therapeuten meistens wichtige Hinweise über die weitere Entwicklung oder die notwendigen nächsten Schritte im Leben. Bei der für viele Menschen zunächst verwirrend erscheinenden Vielfalt und Vielgestaltigkeit der Träume ist gerade das Erkennen der verschiedenen Strukturanteile des Traumes eine erste Verstehenshilfe.

Nun folgen die Fragen zum Lebenskontext Ihres Traumes, zu seiner Psychodynamik und zu seiner kompensatorischen Funktion. Wenn Sie die Frage Nummer 1 gelesen haben, können Sie sich mit etwas Phantasie oder mit Hilfe Ihres Vorstellungsvermögens denken, wir würden miteinander über Ihren Traum sprechen und ich würde Ihnen die weiteren Fragen stellen.

Lebenskontext und persönliche Erfahrungen

1. Fragen Sie sich, was Sie mit dem geträumten Tier in der Realität erlebt oder erfahren haben.
2. Haben Sie dieses Tier in der letzten Zeit gesehen (zum Beispiel in einem Tierfilm oder in der Realität)?
3. Welche Bedeutung hat dieses Tier in Ihrer Lebensgeschichte und/oder in Ihrer Familie?
4. Welche Vorstellungen oder Phantasien haben Sie von dem geträumten Tier?

Erläuterungen:
Diese Fragen kreisen alle um reale Erfahrungen mit den geträumten Tieren in der äußeren Realität. Nach unseren Erfahrungen in der therapeutischen Traumarbeit stehen diese im Unbewußten gespeicherten Erinnerungen in einer Beziehung zu einer analogen Situation in der Gegenwart. Wie bei einem Puzzle die einzelnen Teile richtig zueinander passen müssen, so geht es jetzt um die Zusammenfügung und um die Beziehung der Traumbilder zu einer bestimmten Erfahrung, die Sie mit Hilfe des Traumes klären und lösen sollten.

Psychodynamik und Psychosomatik

5. Welche Emotionen und Triebkräfte beherrschen oder bestimmen den Traum?
6. Wie ist Ihre gefühlsmäßige Reaktion darauf?
7. Wie und/oder wo spüren Sie die Wirkungen des Traumes im Körper oder in einem bestimmten Organ?
8. Unter welchen psychosomatischen Erkrankungen oder funktionellen Störungen leiden Sie?

Erläuterungen:
Der Begriff der Psychodynamik benennt im Zusammenhang mit den Tierträumen jene Kräfte des Leibes und der Seele, die unser Leben antreiben und lebendig erhalten.

Nachdem Sie sich anhand der Fragen 1 bis 4 überwiegend mit dem äußeren Lebenskontext auseinandergesetzt haben, wollen die Fragen 5 bis 8 ihre Aufmerksamkeit nach innen lenken, damit Sie sich mit den Gefühlen und körperlichen Empfindungen auseinandersetzen, die sich in Ihrem Traum widerspiegeln. Sie erinnern sich zum tieferen Verständnis Ihres Traumes vielleicht an das eine oder andere Beispiel aus dem vorliegenden Buch, wie zum Beispiel die Fische in unseren Träumen, die ein Fruchtbarkeitssymbol für unser seelisches Wachstum sein oder die Schlangen, die mit psychosomatischen Prozessen in Verbindung stehen können. Die Träume vom Fuchs erinnern uns ganz besonders an die

Klugheit unserer Instinkte. Die Seelen-Vögel schließlich sind Symbol für unsere geistigen Lebensfragen.

Kompensation und Lebenswandel

9. Sind Sie in Ihrem Lebenswandel zu eingeschränkt oder zu einseitig, so daß die Tiere im Traum entweder krank sind oder Sie verletzen wollen und ängstigen?
10. Welche kompensatorische Wirkung hat das Tier auf Ihr Bewußtsein?
11. Wie könnte die Tierliebe im Traum oder das Mitgefühl mit einem Tier Ihre Nächstenliebe fördern und/oder Ihre Gesundheitsvorsorge für Ihren Körper verstärken?
12. Wie können die Triebkräfte, die die Tiere repräsentieren, zum Wachstum Ihrer Persönlichkeit beitragen?

Erläuterungen:
Die Fragen dieses Bereiches umkreisen die kompensatorische Funktion unserer Träume. In der Regel verhält sich jeder Traum kompensatorisch zur bewußten Lebenseinstellung der Träumerin oder des Träumers. Es handelt sich um einen fortwährenden psychischen Prozeß des Ausgleichs und der Balance zwischen der bewußten Lebenseinstellung und den unbewußten Triebkräften. Das Unbewußte verhält sich ausgleichend zum Bewußtsein, indem es zum Beispiel in den Träumen diejenigen Persönlichkeitsanteile in den Traumbildern aufnimmt, die bisher weitgehend unbeachtet und unbewußt waren. Durch die kompensatorische Funktion der Seele werden fortwährend die zwei psychischen Welten verbunden, vergleichbar mit einer Brücke, die eine Verbindung zu dem jenseitigen Ufer ermöglicht. Wichtig ist noch anzumerken, daß die kompensatorische Funktion der Träume nur dann wirksam werden kann, wenn sie vom Ich, dem Bewußtsein, anerkannt und verstanden wird und Ihre Lebensenergien in einem fortwährenden integrativen Prozeß zu einer ganzheitlichen Lebensgestaltung führen können.

Symbolik und Botschaft des Tiertraumes

13. Welche symbolische Bedeutung hat Ihr Tier?
14. Welche Amplifikationen verhelfen zum erweiterten Verständnis des Traumes?
15. Welche Wirkungen hat Ihr Vertrauen auf Ihre seelischen Empfindungen, Ihre körperlichen Wahrnehmungen und Ihre geistigen Lebensvorstellungen?
16. Welche Botschaft vermittelt Ihnen der Traum zur persönlichen Wandlung und zu einer ganzheitlichen Lebensgestaltung?

Erläuterungen:
Die Fragen 13 bis 16 betreffen die Symbolik des jeweiligen Tieres und seine Impulse zur ganzheitlichen Lebensgestaltung. Ähnlich wie die kompensatorischen Prozesse zur Selbstregulierung des psychischen Systems verhelfen, bewirken die Symbole eine Bewußtseinserweiterung in dem Sinne, daß sie unser begrenztes Ich in Verbindung bringen mit einer Weite und Tiefe des Lebens, die sich uns in den Träumen erschließen. Zu dem erweiterten Verständnis des jeweiligen Traumes tragen auch die Amplifikationen bei, also Anreicherungen und Ergänzungen zu unserem Traum aus Märchen, Mythen und Religionen. Es geht bei derartigen Anreicherungen nicht um eine beliebige Sammlung von entsprechenden Symbolen, zum Beispiel zu Träumen von Fischen, Schlangen, oder Vögeln, sondern darum, aus der Fülle des Materials jenes ausfindig zu machen, das ein Gefühl der Stimmigkeit erzeugt.

Wenn Ihnen diese Fragen hilfreiche Impulse gegeben haben, das Geheimnis und die Bedeutung Ihres Traumes zu entschlüsseln, dann möchte ich Ihnen abschließend noch die Empfehlung geben, mein Modell für den persönlichen Umgang mit Träumen durch weitere Fragen aus dem vorliegenden Buch zu ergänzen. Ich erinnere dazu an meine vier Grundfragen Seite 17, an diejenigen von Frau Pouplier Seite 126 f. sowie an die dreizehn Regeln für den Umgang mit Schlangenträumen am Ende des Beitrags von Gert

Sauer. Wenn Sie die Trauminterpretationen dieses Buches unter diesen Aufgabenstellungen nochmals lesen, werden Sie dort aus den Deutungen weitere Regeln ableiten können für Ihren persönlichen Umgang mit Träumen. Bedenken Sie, daß Sie selber der Regisseur Ihrer Träume und alle Tiere, Menschen und Dinge ein sichtbar gewordener Ausdruck der Lebensenergien Ihrer Seele sind und Ihnen damit die bewußten und vor allem auch die unbewußten Persönlichkeitsanteile vor Augen geführt werden. Das ganze «Traum-Theater» will dazu beitragen, daß Sie innerlich wachsen und sich seelisch wie geistig zu dem Menschen entwickeln, der Sie Ihren individuellen Möglichkeiten nach werden können. Was ich gerne zum Abschluß meiner Traumseminare und Workshops sage, paßt auch als Abschluß des vorliegenden Buches:

Verträumen Sie nicht Ihr Leben,
leben Sie Ihre Träume!

Karin Anderten/Verena Kast/Gisela Riess/Viktor Zielen

Die vier Elemente im Traum

herausgegeben und mit einem Vorwort von Ingrid Riedel

288 Seiten, Broschur

Träume können elementare Mängel und Störungen im persönlichen Leben anzeigen, aber auch auf die Wiederkehr dynamischer und belebender Faktoren und auf in uns verborgene Möglichkeiten hindeuten, die gleichsam gehoben werden wollen. Es ist etwas anderes, ob wir uns im Alltag frei und luftig fühlen, vom Feuer der Leidenschaft entflammt, vom Wasser erfrischt oder erdhaft und schwer. Genauso lassen die Bilder von Feuer, Wasser, Luft oder Erde in unseren Träumen unterschiedliche Befindlichkeiten unserer Gefühle, unserer Lebendigkeit und unserer Stimmungen erkennen. Elementeträume können aber auch kollektive Situationen meinen, gerade weil sie Grundgegebenheiten ansprechen wie die Bedrohung unserer Umwelt durch die Luftverschmutzung oder die verlorene Beziehung zur «Mutter Erde», zur Natur.

Ole Vedfelt

Dimensionen der Träume

Ein Grundlagenwerk zu Wesen, Funktion und Interpretation

527 Seiten, gebunden

«...Mit nachgerade enzyklopädischer Umsicht stellt Ole Vedfelt die verschiedenen Traumtheorien, Traumanalysen und Traumarbeiten aller wesentlichen Schulen und Richtungen vor, wobei er die historischen Leistungen der Traumforschung innerhalb ihres eigenen Bezugssystems beläßt. Dadurch gelingt es ihm, ihre Theorien und Methoden besonders deutlich zu vermitteln. Aber auch der Zusammenhang zwischen Traum und Körper, Traum und parapsychologischen Phänomenen, Traum und Meditation, Traum und Geburtserfahrungen, Traum und bewußtseinserweiternden Techniken, Traum und Psychosen bis hin zum Studium von Gruppenphänomenen und soziologischen Aspekten des Traums sind Gegenstand von Vedfelts Forschungsinteresse.

...Ole Vedfelts Buch ‹Dimensionen der Träume› mit seiner Fülle an Traummaterial und exzellenten Beispielen aus Theorie und Praxis der verschiedenen Schulen darf als die zur Zeit wohl beste allgemeine Einführung in diese faszinierende Materie gelten.»

Die Welt, 31.5.97